LE SYNDROME DU TIR AU BUT

Titre original : *Pressure*
International Rights Management : Susanna Lea Associates
avec l'accord de New River Books

Relecture-correction : Anne-Lise Martin et Gaëlle Fontaine
Maquette : Jennifer Simboiselle
Design de couverture : Two Associates,
adapté par Antoine Zucconi

une marque des éditions Leduc
76, boulevard Pasteur
75015 Paris
ISBN : 978-2-37935-467-0

Geir Jordet

LE SYNDROME DU TIR AU BUT

Comment gérer la pression au quotidien et surmonter la peur de l'échec

Préface d'Arsène Wenger

Traduit de l'anglais par Alexandra Forterre et Dominique Haas

ALISIO

SOMMAIRE

Pour Yanique

PRÉFACE

S'il y a un moment dans la vie du footballeur où la pression est à son comble, c'est celui du tir au but. Ce n'est pas un test technique, c'est une épreuve mentale.

Les tirs au but révèlent à quel point le mental peut interférer dans la technique. Quand j'ai vu Harry Kane rater son tir lors du match Angleterre-France, en quart de finale de la Coupe du monde 2022, j'aurais compris si ça avait été suite à un arrêt du gardien. Mais Kane a complètement manqué la cage. Cela montre la pression qui pesait sur lui.

Au moment du tir au but, le joueur doit s'efforcer de s'immuniser contre le monde extérieur. Le cirque qui l'entoure ne doit pas influer sur ce qu'il a décidé de faire. Les facteurs extérieurs contribuent à la pression intérieure. Les bloquer, c'est la clé pour réduire cette pression. Il faut se contrôler pour se concentrer sur ce qu'on veut faire.

Enfin, ce n'est jamais garanti. Le tir au but est un jeu de poker.

Je n'aime pas quand le gardien avance et vient se poster devant le ballon. Il existe maintenant une nouvelle règle qui interdit au goal de faire le clown. Cela dit, il est libre d'agir comme bon lui semble depuis sa ligne de but. J'aime bien qu'il essaie d'influencer le joueur. Cela participe de l'intensité émotionnelle que le public veut voir aussi.

Mes équipes s'exerçaient aux tirs au but. C'était au programme des entraînements. Pas systématiquement, mais un peu quand même. J'essayais de faire en sorte que le niveau de concentration lors de l'entraînement corresponde autant que possible à celui des matchs. Les récompenses y contribuaient : la récompense augmente la concentration de l'individu.

Durant la pause qui précède les tirs au but, la clarté de l'organisation est importante. J'essayais d'avoir assez tôt les noms des tireurs, et ensuite de convenir avec les joueurs de l'ordre de passage. Car certains étaient plutôt du genre : « Je prends le dernier tir. » Alors je disais : « Non, tu prendras le deuxième ! » La décision revient à l'entraîneur.

À ce moment-là, j'essayais aussi de renforcer la détermination des joueurs et leur conviction. Je leur disais : « C'est le moment de leur montrer que nous sommes mentalement plus forts qu'eux. On se concentre sur ce qui nous attend. On oublie le passé et on se concentre sur le présent. »

À Arsenal, j'ai vécu 15 séances de tirs au but. J'ai gagné les deux premières, j'en ai perdu quatre d'affilée, mais sur les neuf dernières, j'en ai gagné huit. Je n'y avais plus pensé, c'est Geir Jordet qui me l'a rappelé.

Aujourd'hui, l'utilisation des statistiques et leur analyse ont tout changé. Quand j'étais joueur, on ne voyait jamais les adversaires tirer. On connaissait peut-être le nom du principal tireur de l'équipe adverse, mais on ignorait tout des autres. Il n'y avait pas d'entraîneur spécifique pour les gardiens. On dispose aujourd'hui de bien plus d'informations. Parfois, on ne voit pas ce qu'on a sous le nez. Il est facile de tomber dans un mode de pensée routinier dans lequel le tir au but est jugé secondaire. On est tenté de se concentrer bien plus sur les autres aspects du jeu. Pourtant, les joueurs doivent réaliser que les tirs au but décident des grandes réussites comme des grands échecs. Bien plus que l'on ne pourrait le penser.

Les tirs au but sont importants aujourd'hui, et le seront encore plus à l'avenir. À la FIFA, nous avons fait passer le nombre d'équipes de la Coupe du monde de 32 à 48. Cela veut dire un échelon supplémentaire d'éliminatoires et davantage d'occasions pour les équipes de se trouver confrontées au tir au but. À partir de 2025, il y aura également une Coupe du monde des clubs, avec 32 équipes, et là aussi, il y aura des tirs au but. Il convient de réfléchir sérieusement à cette phase de jeu, ainsi que le fait Geir Jordet dans ce livre.

Roberto Baggio dit qu'il pense toujours au tir au but qu'il a raté pendant la Coupe du monde 1994. Cela dit bien une chose : ça vaut la peine de s'y préparer.

Arsène Wengler,
ancien entraîneur d'Arsenal FC (1996-2018),
directeur du développement du
football mondial à la FIFA
Mars 2024

INTRODUCTION

« Il n'y a que les grands joueurs qui peuvent manquer des tirs au but, parce que les joueurs médiocres n'en tirent pas. »

Ante Milicic, entraîneur de l'équipe féminine d'Australie, 2019

Imaginez que vous avez 23 ans et que vous êtes en position de faire la différence. Un tir, sous les yeux du monde entier. Si vous réussissez, ce sera considéré comme normal. Vous aurez peut-être droit à un hochement de tête respectueux, mais c'est tout. Au contraire, si vous échouez, cela brisera le rêve de millions de personnes, parmi lesquelles vos coéquipiers, votre famille et vos amis.

La dernière fois que vous vous êtes retrouvé dans cette situation, vous avez échoué. Les retombées ont été dévastatrices. Le public a fini par vous pardonner. Mais cette fois, si vous ratez, personne n'oubliera. Cela vous définira pour toujours. Votre nom sera à jamais associé à ce désastre.

À cela s'ajoute l'épuisement. Vous venez d'accomplir deux heures d'un travail difficile et physiquement éprouvant, à l'issue d'un mois complet durant lequel vous avez été constamment engagé avec votre équipe.

Quand vous êtes sur le point de tirer, il y a face à vous un adversaire, qui sourit. Ensuite viennent les invectives et les gestes perturbants, qui n'ont qu'un objectif : entrer dans votre tête, déclencher vos pires craintes et vous déstabiliser.

Une dernière chose : c'est une situation à laquelle votre équipe et vous n'avez pas été formés. Vous avez été projetés dans cette situation sans répétition générale. Pourquoi ? Parce que votre boss ne croit pas que l'on puisse préparer ce genre d'instant.

L'appréhension. L'anxiété. La peur.

Bienvenue dans l'univers du tir au but.

C'est dans cette situation que Kylian Mbappé se trouvait quand il a marché du rond central au point de pénalty le 18 décembre 2022, lors de la finale de la Coupe du monde entre la France et l'Argentine.

Dire que tous ceux qu'il connaissait avaient les yeux braqués sur lui à cette minute serait un euphémisme. Il y avait un milliard et demi de téléspectateurs devant leur poste[1].

À elle seule, la France en comptabilisait 29 millions. Un record national[2].

Mbappé avait affaire au gardien argentin, Emiliano Martínez, l'un des stoppeurs de pénalty les plus célèbres du circuit, grande gueule et déstabilisateur patenté. Or l'équipe de France était terriblement mal préparée – le sélectionneur ayant déclaré à maintes reprises qu'il était impossible de s'entraîner aux tirs au but.

La dernière fois que Mbappé avait participé à des tirs au but pour la France, c'était en huitième de finale, lors de la Coupe d'Europe 2020, jouée en 2021. Tous les joueurs suisses avaient marqué, tous ses coéquipiers avaient

---

1. FIFA (2023). Les détails des références brièvement citées dans les notes figurent dans la bibliographie de la p. 309.

2. Tartaglione (2022).

marqué, mais lui avait raté. La suite avait été moche. On lui avait fait porter la responsabilité de la défaite. Les fans avaient remis en question son caractère : c'était un égocentrique, qui jouait perso et pas pour l'équipe. On disait qu'il n'était pas assez investi. Qu'il était victime de discrimination raciale. C'était allé jusqu'à une rencontre avec le président de la Fédération française de football pour discuter de son éventuel retrait de l'équipe de France. Il avait finalement continué à jouer, mais les conséquences de sa participation à un tir au but étaient douloureusement claires.

Et voilà qu'un an plus tard il se retrouvait à nouveau au point de pénalty. Avec cette fois un enjeu encore plus important. Le trophée de la Coupe du monde. Mbappé était la plus grande star du foot français, celui dont on attendait qu'il fasse le job.

Il avait tout à perdre.

J'ai toujours été fasciné par les tirs au but et les pénaltys. Plus précisément, par les tirs manqués. Vous devez faire quelque chose que tout le monde s'attend raisonnablement à vous voir réussir, puis vous le ratez, et cet échec affecte tout le monde autour de vous… Ce scénario m'a toujours paru particulièrement terrifiant. Mon obsession date de l'époque où je jouais moi-même au football. J'étais un jeune joueur honorable, j'avais marqué des buts et j'étais souvent le capitaine des différentes équipes avec lesquelles je jouais, mais je redoutais les tirs au but ou les pénaltys. Je ne me portais jamais volontaire pour les tirer. En deux occasions cependant, je n'ai pas pu faire autrement.

La première fois, j'avais 15 ans. C'était lors de sélections pour l'équipe régionale d'Oslo. Je rêvais depuis des années d'intégrer cette formation. Une fois déjà, j'avais échoué au stage de sélection, et en route pour ce match décisif, j'étais plus nerveux que jamais.

Apparemment, cela ne s'était pas vu – du moins, pas au début. Je jouais le match de ma vie. Dribbles, passes, tout s'enchaînait. J'ai même marqué un joli but.

Puis un pénalty a été accordé à mon équipe.

Je me suis écarté, comme à mon habitude. D'autres s'en chargeraient. Sauf que l'entraîneur en a jugé autrement : « C'est Geir Jordet qui va le tirer ! »

D'un côté, je ne savais même pas que le coach connaissait mon nom, alors, ce n'était pas rien. D'un autre côté... tirer un pénalty ? Durant *ce* match-là ? L'appréhension m'a submergé. Mais je n'avais pas le choix. Alors j'ai pris le ballon.

Mes mains tremblaient tellement que je pouvais à peine le tenir pour le placer sur le point de pénalty. J'ai reculé, sans avoir la moindre idée de ce que j'allais faire. Mais j'étais capable de viser. Ce souvenir est clair et vivace – j'allais viser la cage au niveau du poteau droit. J'ai couru aussi vite que possible vers le ballon et j'ai tiré. Le ballon a lentement roulé dans les filets.

Soulagement. J'avais marqué. Mes coéquipiers étaient heureux, le coach semblait impressionné. Mais il y avait dans ce pénalty quelque chose que j'étais le seul à savoir : le ballon était entré dans la cage vers le poteau gauche – à l'opposé du côté que je visais. J'avais manqué ma cible d'environ sept mètres. Un coup de chance total.

Je n'en ai rien dit à l'époque. J'avais rendu l'équipe heureuse. C'est la première fois que j'en parle, en fait.

La deuxième occasion, j'avais 17 ans et je jouais dans ce qui était alors la plus grande compétition internationale de jeunes au monde, la Norway Cup. J'étais dans une bonne équipe U19, c'est-à-dire des moins de 19 ans, avec plusieurs jeunes espoirs internationaux norvégiens. Nous sentions que nous avions une chance de remporter la coupe. Nous avions survolé les huitièmes de finale et débordions de confiance. Mais ce match-là s'est joué aux prolongations, puis aux tirs au but. J'ai raté mon tir et nous avons été sortis.

Petite consolation : un autre joueur de l'équipe a aussi raté le sien. Qui plus est, un joueur plus expérimenté, si bien qu'il a dû se sentir un peu plus responsable de son échec. Pourtant, pour moi, cela reste l'été où j'ai brisé le rêve de mes coéquipiers et de mes amis. Car c'est ce qu'on ressent quand on rate un tir au but. Je n'en ai plus jamais tiré.

Toutefois, ma curiosité pour les tirs au but ne m'a jamais quitté. Au contraire, cette phase de jeu et la nature unique du drame qui l'imprègne m'ont de plus en plus fasciné. L'été 2004, mon doctorat en psychologie et football en poche, tandis que j'attendais de faire mes débuts dans mon premier poste universitaire, l'Euro se jouait au Portugal. La plupart des gens se souviennent de ce championnat-là, car c'est l'outsider, à savoir la Grèce, qui a gagné 1-0 contre le pays hôte. Pour moi, c'est le championnat qui a marqué le début de ma quête professionnelle pour comprendre la psychologie du tir au but.

En 2004, il y a eu deux séances dramatiques de tirs au but lors des quarts de finale. D'abord, Portugal-Angleterre, remporté 6-5 par le premier. Puis deux jours plus tard, Pays-Bas-Suède remporté 5-4 par les Néerlandais. Tout le monde parlait de David Beckham, qui était probablement à l'époque le joueur le plus en vue du match. Il avait été choisi pour effectuer le premier tir au but contre le Portugal. Le gardien portugais, Ricardo, est venu l'accueillir au point de pénalty en le narguant par des gestes et des insultes. Quelques secondes plus tard, Beckham envoyait une sphère qui est passée au moins un à deux mètres au-dessus de la cage – autant dire un sacré ratage. Je regardais en direct et je n'en croyais pas mes yeux. Pourtant, cela s'était déjà vu. Être une superstar est une responsabilité lors des tirs au but. La pression est plus forte qu'à tout autre moment. Tout à coup, des joueurs extraordinaires deviennent très ordinaires.

La Norvège est un petit pays et il n'y avait pas beaucoup de spécialistes en psychologie du foot à l'époque, alors le lendemain du match, une radio nationale m'a appelé pour me demander si je voulais parler du tir au but auquel on avait assisté. Juste avant que nous passions à l'antenne, l'animateur m'a signalé qu'un autre invité se joindrait à nous depuis un studio éloigné. Il s'agissait de Henning Berg. Ah, bon. Très bien. Berg était vraiment une personnalité en Norvège. Il venait de prendre sa retraite de joueur après une carrière éminente : 100 sélections en équipe nationale, dont deux Coupes du monde. Il avait aussi joué 66 matchs avec Manchester United en Premier League.

J'ai été le premier à intervenir durant l'émission. La question était : « Comment quelqu'un comme Beckham a-t-il pu rater ? » J'ai livré quelques observations et spéculations psychologiques que j'avais préalablement répétées : « La pression sur Beckham est énorme. C'est la plus grande superstar du match. Tout le monde attend de lui qu'il marque, il a probablement commencé à trop réfléchir à son tir et... »

Une voix tonitruante et cinglante m'a interrompu :

— C'est ridicule ! Et complètement faux !

Henning Berg.

— J'ai joué trois ans avec David Beckham, a-t-il enchaîné, et je le connais très bien. Il est extrêmement fort mentalement. Son tir raté n'a rien à voir avec la pression.

Son intervention m'a tellement ébahi que je n'ai même pas entendu la suite. Je ne pouvais en aucune façon remettre en cause son autorité, pas plus que son assurance. Je n'avais rien pour le contrer, et c'est à peine si j'ai pu placer un mot après cela. J'ai quitté la radio passablement anéanti.

Mais je me sentais aussi déterminé. En dépit du tacle appuyé de Berg, j'étais bien persuadé que tirer un pénalty était, dans une large mesure, une question de pression et de gestion de la pression, et que les tirs au but avaient une dimension psychologique qui méritait qu'on s'y intéresse. Je savais avec certitude que je voulais creuser plus avant ce sujet. C'est ainsi qu'a commencé une période d'intense exploration. J'ai recherché les études existantes – et trouvé que celles-ci s'appuyaient sur des simulations en laboratoire avec des étudiants footballeurs recrutés pour l'occasion. Cela me dépassait. Comment pouvaient-ils dans ces simulations s'approcher ne fût-ce qu'un tant soit peu de la pression réelle d'un tir au but capital ? Je savais que je devais me focaliser davantage sur ce qui arrivait vraiment dans le monde réel. Mon intérêt s'est rapidement transformé en mission. Je regardais des vidéos, je lisais des autobiographies, des interviews, j'explorais le drame et les émotions impliqués dans les expériences de pénaltys, et tentais d'identifier les comportements qui pouvaient signifier quelque chose. Je me demandais : qu'ont fait de différent les joueurs qui ont marqué par rapport à ceux qui ont raté ?

Voici une information certainement utile à connaître. La Coupe du monde masculine compte 35 séances de tirs au but depuis que cette méthode a été introduite en 1974 pour départager deux équipes qui font match nul, ce qui veut dire qu'un match sur cinq, soit 20 % des rencontres à élimination directe, s'est terminé sur des tirs au but lors des

Mondiaux de foot. Le nombre de tirs au but est plus élevé à l'Euro (26 %) et encore davantage dans la Copa América (30 %). Pour les femmes, les pourcentages s'élèvent respectivement à 11 %, 15 % et 30 %. Autant dire que n'importe quelle équipe s'engageant dans ces compétitions avec l'ambition de gravir tous les échelons ferait preuve d'une belle naïveté si elle n'anticipait pas et ne se préparait pas à rencontrer au moins une fois des tirs au but.

Par ailleurs, en ce qui concerne les pénaltys accordés pendant le temps réglementaire, au moins un pénalty a lieu dans 27 % des matchs de Ligue 1 masculine à travers l'Europe[3]. Étant donné que plus de la moitié de tous les matchs se terminent soit à égalité, soit par seulement un but d'écart, on peut raisonnablement penser que tout pénalty accordé est susceptible de jouer un rôle majeur dans l'issue de la plupart des matchs[4]. Une fois encore, comprendre le tir d'un pénalty dans toutes ses dimensions semblait être une bonne idée.

J'ai fait une première avancée à l'automne 2004, après ma prise de poste à l'université de Groningen, aux Pays-Bas. Les Pays-Bas et l'Angleterre ont des histoires de tirs au but très semblables : traumatisantes et douloureuses. Avant l'Euro 2004, les Pays-Bas avaient participé à quatre séances de tirs au but importantes : lors des Euros 1992, 1996 et 2000, et pendant la Coupe du monde 1998. Toutes perdues. La plus atroce avait sans doute été celle de l'Euro 2000, joué à domicile. Elle avait eu lieu en demi-finale, face à l'Italie, à l'Arena d'Amsterdam.

---

3. Sur la base d'une étude de 6 853 matchs dans six compétitions européennes majeures (Premier League, Serie A, Bundesliga, Eredivisie, La Liga, Ligue des champions) sur cinq saisons (2015-2016 jusqu'à 2019-2020) : Veldkamp & Koning (2023).

4. Edgar (2022).

Durant le temps réglementaire, les Oranje avaient manqué deux pénaltys, le score restait à 0-0 et cela s'était terminé aux tirs au but. Trois des quatre joueurs néerlandais avaient manqué leur tir. L'Italie avait donc gagné avec une confortable avance. Ainsi, lorsque les Pays-Bas ont remporté les tirs au but contre la Suède en quart de finale de l'Euro 2004, ça a été un moment de catharsis pour un pays obsédé par le football.

Avant même de commencer mon travail à l'université, j'avais songé à mener une sorte d'étude des pénaltys avec mes collègues néerlandais. Mais quand je suis arrivé, j'ai découvert que l'un d'eux, Chris Visscher, avait des contacts qui pouvaient nous ouvrir des portes auprès de l'équipe nationale. Par hasard, je connaissais moi-même certains des joueurs suédois qui avaient participé à ces tirs au but lors de l'Euro. Peut-être pourrais-je les amener à me parler de ce qu'ils avaient traversé. Cela a pris du temps et mobilisé tout notre pouvoir de persuasion, mais pour finir, nous avons réussi à obtenir des entretiens avec des joueurs des deux équipes, ce qui m'a permis de réunir le matériel nécessaire pour une étude unique, explorant en profondeur l'expérience des joueurs de deux équipes de haut niveau qui s'étaient affrontées dans la même séance de tirs au but.

Ce qui était clair et excitant à mes yeux, c'était que le tir au but dans le foot est un laboratoire naturel d'étude de la pression et de la performance humaine. Et un laboratoire qui présente d'énormes avantages. Tout d'abord, il apporte ce que les laboratoires ordinaires ne peuvent pas procurer : la production à des niveaux élevés d'une pression réelle, brute de décoffrage, qu'il serait impossible, et bien sûr immoral, de provoquer chez les participants à des études classiques. En d'autres termes, on y trouve une pression à l'état brut, naturellement générée et disponible à l'examen.

Deuxième avantage, on peut utiliser le tir au but pour étudier les effets de la pression sur des individus d'élite, hautement performants; un échantillon trié sur le volet qui serait difficile à constituer pour des études universitaires en laboratoire.

Enfin, même si l'issue binaire d'un pénalty ou d'un tir au but est simple – on marque ou on rate, on gagne ou on perd –, les variables cognitives, émotionnelles, sociales, techniques et tactiques qui entourent cet exercice sont incroyablement riches, offrant un panorama unique et éclairant sur l'expérience de la pression.

Ces années aux Pays-Bas ont marqué le début d'une passion durable qui m'a amené à publier de nombreuses recherches académiques sur les séances de tirs au but. Durant ce cheminement, j'ai interviewé à fond plus de 30 joueurs de haut niveau sur leurs pensées, leurs émotions, leur expérience durant les tirs au but, j'ai visionné en détail plus de 2 000 tirs. Et j'ai été amené à mettre mes prédictions en pratique en tant que consultant pour plus de 20 équipes de très haut niveau, dont la Mannschaft (pour le Mondial 2022), l'équipe féminine de Grande-Bretagne/Angleterre (pour les Jeux olympiques de 2020), l'équipe nationale néerlandaise (pour le Mondial 2006), les équipes nationales féminine et masculine norvégiennes (à intervalles réguliers pendant une décennie), ainsi que plusieurs clubs de pointe européens de Premier League et d'autres ligues majeures.

Dans ce livre, je présente les moments forts de ma recherche. Mon projet est d'approfondir les composantes de la pression, la manière dont elle se manifeste dans les séances de tirs au but, de décrire et d'expliquer comment des tireurs parmi les meilleurs (et certains des pires) font face et maintiennent leur performance dans des conditions de pression qui comptent parmi les plus extrêmes dans le domaine sportif. Mon étude porte principalement sur les hommes, ce qui tient au manque historique de vidéos et de données disponibles sur le foot féminin. Avec un peu de chance, il y aura davantage de recherches sur les femmes et les tirs au but dans un avenir proche.

Cela dit, je ne m'intéresse pas seulement aux footballeurs et à leurs tirs mais aussi à l'expérience et à la gestion du stress proprement dit. Comme on va le voir, la façon dont les tireurs qui réussissent se comportent sous la pression ne se résume pas seulement à un acte physique, taper dans un ballon. En toute franchise, ce n'est pas le tir en lui-même qui m'intéresse, ce qui arrive au ballon une fois que le pied l'a touché, mais plutôt la pression qui précède le tir, ce que les joueurs pensent et ressentent, ce qu'ils font, comment ils entrent en relation et communiquent les uns avec les autres. C'est là que la magie opère. Et c'est de là qu'on peut tirer les leçons les plus générales. Rares sont ceux d'entre nous qui se verront demander d'assumer un tir au but pour leur pays lors d'une Coupe du monde. Mais nous serons tous confrontés à la pression sous une forme ou une autre durant notre existence, et il pourrait être utile de savoir ce qu'on peut faire pour s'y préparer, surmonter la peur de l'échec et survivre, voire même s'épanouir, dans ces moments de pression intense.

C'est devenu pour moi le travail d'une vie, qui aurait pu ne jamais exister sans ce tacle appuyé de Henning Berg. Et pour boucler la boucle, dix ans exactement après cette éprouvante expérience radiophonique, le 1er juin 2014, le Legia Varsovie battait le Lech Poznań 2-0. C'était le dernier match de la saison et on venait de leur remettre le trophée de l'Ekstraklasa, la Ligue 1 polonaise. J'étais au stade et me trouvais dans les vestiaires pour fêter cette victoire avec les joueurs et mes amis, les entraîneurs du Legia Varsovie – Pål Arne Johansen, Kaz Sokołowski, et leur boss, l'entraîneur principal… Henning Berg. En 2016, le Legia Varsovie remportait le Championnat de Pologne. Le match le plus intense avait été le quart de finale, que les hommes de Henning Berg avaient gagné après une séance de tirs au but très bien exécutée.

Lors de la finale du Mondial 2022, Kylian Mbappé n'a pas seulement marqué le premier tir au but de la séance, il avait aussi réussi deux pénaltys durant le match : l'un 10 minutes avant la fin du temps réglementaire et l'autre 2 minutes avant la fin des prolongations. Chaque frappe était du genre « ça passe ou ça casse », à savoir qu'un ratage aurait presque certainement signifié l'élimination. Le « coup de pied de réparation » mérite bien son nom. Un simple coup de pied, des conséquences prodigieuses. Et de fait, la pression était proportionnelle à l'enjeu : immense.

La France a finalement perdu, mais Mbappé a marqué à chacune de ces trois occasions, réalisant l'une des plus extraordinaires performances sous pression jamais vues au football.

Qu'avait-il fait de différent par rapport à l'année précédente ?

Tel est, en définitive, le sujet de ce livre.

CHAPITRE 1

SENTIR LA PRESSION

« Les pénaltys ont l'air si simples,
c'est pourquoi ils sont difficiles. »

Johan Cruyff

Le tir au but a été adopté par la FIFA en 1970 en tant que moyen officiel de déterminer l'issue d'un match quand les deux équipes sont à égalité dans les compétitions à élimination directe. Les premières séances ont été – mais c'était peut-être inévitable – des événements bruts, mal dégrossis, perfectibles. Les tireurs n'avaient pas appris comment se comporter dans ce nouveau scénario extraordinaire. Les arbitres étaient inexpérimentés et très relâchés dans leur contrôle de la situation et des acteurs impliqués. Quand on regarde ces séances-là aujourd'hui, elles apparaissent sans fard, sans filtre – à vrai dire plutôt magiques, surtout quand on est un chercheur qui s'intéresse à la pression et à ses effets. On y voit la performance sous pression dans une forme très pure.

Prenez, par exemple, les tirs au but de la Coupe d'Europe des vainqueurs de coupe 1980 entre Arsenal et

Valencia[1]. Les prolongations s'étaient terminées sur un 0-0, donc pour la première fois, une importante finale de clubs en Europe allait se jouer aux tirs au but.

Valencia a naturellement envoyé en premier son tireur le plus sûr, l'une des superstars les plus brillantes du football : Mario Kempes, vainqueur de la Coupe du monde 1978 avec l'Argentine, avec six buts en tout, dont deux marqués lors de la finale contre les Pays-Bas, et désigné meilleur footballeur sud-américain de l'année. Il rate sa frappe. C'est la première fois que le monde voit l'une des légendes vivantes du ballon rond déshonorée par le spectacle impitoyable des tirs au but. Ce ne sera pas la dernière.

Peu après, le score restant toujours à égalité après les cinq tirs réalisés par chacune des équipes, il règne un certain flottement quant à la suite à donner : les cinq mêmes tireurs doivent-ils recommencer dans le même ordre ? Les autres joueurs doivent-ils prendre le relais ? Tandis que les gardiens discutent de ce point entre eux, l'encadrement des deux bords se précipite vers l'arbitre pour avoir des éclaircissements. Piochez dans les équipes, tel est le mot d'ordre.

Valencia remporte son sixième tir au but. C'est au tour de Graham Rix, 22 ans, de frapper pour Arsenal. Il a fait un bon match et doit absolument marquer pour que son club reste dans la course. S'il rate, Valencia remporte la Coupe.

Rix approche de la surface de réparation avec la tête d'un gars qui n'a qu'une envie : en finir au plus vite. Alors qu'il s'avance vers le point de pénalty, il regarde Carlos Pereira, le goal de Valencia, et tente une sorte de pied de nez en mimant une frappe du plat du pied avant que le ballon ne soit posé. Quand on revoit la scène aujourd'hui,

1. MrFandefoot (2009).

le geste est amusant, et en même temps pas tout à fait; elle crépite surtout d'énergie nerveuse. Évidemment. Ils étaient tous nerveux et le montraient de manière différente.

Rix ne recule que de quelques pas et, au coup de sifflet de l'arbitre, se précipite aussitôt. La frappe n'est pas mauvaise, mais le gardien part du bon côté et fait un arrêt relativement simple. Arsenal a perdu – la première équipe à connaître la douleur à nulle autre pareille de baisser pavillon sur tirs au but lors d'une finale européenne. Tandis que les joueurs de Valencia en liesse se ruent vers leur gardien pour lui sauter dessus, Rix se tient immobile, les chaussettes aux chevilles, penché sur une toute nouvelle forme de mortification.

Avançons un peu en accéléré jusqu'en 1984 et regardons les tirs au but de la finale de la Coupe de l'UEFA (la Ligue Europa aujourd'hui) entre Tottenham et Anderlecht. Selon les standards actuels, les joueurs semblent incroyablement impatients et précipités dans leurs mouvements. Neuf sur dix réagissent au coup de sifflet de l'arbitre comme s'il s'agissait de courir un 100 mètres. Comme l'arbitre de ce match siffle pendant qu'ils sont en train de reculer pour prendre de l'élan, ils ne marquent aucun arrêt et ne prennent aucune pause pour se concentrer, même pas une seconde. Ils s'élancent aussitôt. De plus, quatre joueurs de Tottenham sur cinq s'éloignent du ballon en tournant le dos au gardien. Le coup de sifflet les oblige donc à un mouvement de coordination certainement difficile à réaliser avec rapidité et fluidité : marcher, se retourner, courir et frapper. Gary Stevens, le seul Spur à ne pas tourner le dos au but, commence sa course d'élan avant le coup de sifflet, si bien que l'arbitre donne l'impression de réagir à son action plutôt que l'inverse. Stevens devient ainsi le seul joueur dans l'histoire des tirs au but majeurs à frapper le ballon au coup de sifflet. Il marque et le gardien belge, Jacques Munaron, proteste amèrement, ce qui se comprend, mais en vain.

Les joueurs belges sont également rapides, quoique pas tout à fait autant que les Anglais. Le seul joueur qui ait pris un peu plus de temps pour tirer est Enzo Scifo. 18 ans seulement, et pourtant incroyablement posé avant sa course d'élan. Par comparaison, sa pause d'une seconde après le coup de sifflet semble durer une éternité. Scifo continuera avec une carrière impressionnante, gagnant 84 rencontres internationales pour la Belgique. Néanmoins, Tottenham a gagné les tirs au but, 4-3, et la Coupe.

Rembobinons à nouveau et observons ce qui se passe lorsqu'Uli Stielike tire pour l'Allemagne de l'Ouest (République fédérale d'Allemagne, RFA) lors de la demi-finale de la Coupe du monde 1982 contre la France, à Séville, en Espagne. C'est la première fois que les tirs au but sont employés dans un match de Coupe du monde, et donc la première fois que ce drame suprêmement anxiogène se joue sur la scène mondiale.

Les joueurs sont épuisés après 120 minutes d'un jeu intense pour une place en finale. (À un moment donné, la France menait 3-1 en prolongation, jusqu'à ce que la RFA remonte à 3-3.) Dans le rond central, au lieu de la formation en ligne épaule contre épaule que nous sommes habitués à voir aujourd'hui lors des tirs au but, les joueurs sont éparpillés et étalés sur la pelouse. Aucun geste pour maintenir leur tonus musculaire, aucun geste pour paraître prêts ou dans la compétition. Ils s'abandonnent tout simplement à leur fatigue et ils sont assis.

Uli Stielike est le troisième tireur ouest-allemand, le sixième en tout à passer. Personne n'a encore raté. Lorsqu'il marche vers le ballon, il n'a pas du tout l'air confiant.

Lui aussi réagit très vite au sifflet de l'arbitre, mais il trottine plutôt qu'il ne court vers le ballon tout en regardant le gardien. Lors de ses derniers pas, il baisse le regard, puis frappe à mi-hauteur, mais juste à un ou deux mètres à gauche du goal. Qui l'arrête.

Oui, un Allemand a raté un tir au but. Savourez cet instant, car cela ne se reproduira plus avant 34 ans dans une compétition majeure.

Mais revenons à Stielike. Avant même que le gardien achève son plongeon, il tombe à genoux, le visage caché dans les mains. Puis il cède à une combinaison de honte et de gravité et se recroqueville en une boule de douleur. Pendant bien 10 secondes, il reste ainsi à côté du point de pénalty, jusqu'à ce que son goal, Harald Schumacher, vienne le soulever littéralement de terre pour l'éloigner, moitié le soutenant, moitié le poussant. Pierre Littbarski, le prochain à tirer pour la RFA, lui donne une accolade et le réconforte.

Pendant ce temps, Didier Six s'avance pour la France. Il va manquer son tir lui aussi. Mais le public ne le verra pas, car les caméras sont toujours braquées sur Littbarski en train de consoler Stielike. C'est l'euphorie soudaine de Littbarski qui indique ce qui vient d'arriver. Avant que le ralenti du tir de Didier Six passe à l'écran, les téléspectateurs aperçoivent la silhouette du Français qui termine sa course et s'effondre dans les six mètres, la tête dans les mains. Lui aussi restera prostré pendant 10 ou 15 secondes avant de se relever sur l'invitation pressante de son gardien. Il ne quitte pas pour autant la surface de réparation. En fait, il reste planté là, à regarder, voûté et défait, pendant que Littbarski frappe et met une mine dans la lucarne droite. Plus loin sur le terrain, Stielike demeure recroquevillé par terre toute la durée des tirs au but restants, relevant la tête de temps à autre pour voir ce qui se passe, mais se cachant le visage la plupart du temps. À la fin, la France rate à nouveau un tir et la RFA remporte la séance, mais le souvenir de la douleur de Stielike et de Six, ainsi que l'intensité de leur réaction, a marqué durablement les esprits. Quant à Didier Six, qui non seulement a manqué son tir, mais a perdu le match, le traumatisme l'a suivi après Séville : « J'ai eu du mal à retrouver un boulot, parce qu'ils disaient : "Celui-là, il est instable." Et tout ça, c'est venu de ce tir au but raté[2]. »

S'il est une chose que le monde a très vite apprise de ces images douloureuses, c'est qu'une séance de tirs au but est d'une bestialité sans merci. Voilà une procédure qui, en un dixième de seconde, peut transformer un homme en souris, des superstars en boucs émissaires et des sportifs de niveau international en pauvres mortels roulés en boule par terre.

Stielike et Six ont été parmi les premiers à faire étalage d'un traumatisme intense et d'une profonde honte après un tir au but manqué, mais ce ne sont pas les seuls. Afin d'effectuer les analyses descriptives de cet ouvrage, j'ai visionné les vidéos de chaque tir (718 au total) de toutes les séances de tirs au but des Coupes du monde, des Championnats d'Europe et de la Ligue des champions masculine depuis leur création en 1970 jusqu'en 2023. Elles montrent que 53 % des joueurs qui ratent se conduisent de manière semblable en se recroquevillant, en se laissant tomber par terre, en se cachant le visage dans leurs mains ou en fixant le sol et non leurs coéquipiers tandis qu'ils retournent vers eux.

Les tirs au but sont impitoyables et ne pardonnent pas. Comme le montraient clairement ces démonstrations d'émotion post-tir, la façon dont on sort de sa rencontre

---

2. FIFA (2022).

avec l'épreuve monstrueuse du tir au but varie grandement selon la manière dont on gère la pression – si on la supporte ou si on s'effondre.

FOOTBALL ET EFFONDREMENT

Le sport de haut niveau regorge d'exemples d'effondrement (*choking* en anglais), mais les plus criants tendent à se trouver dans les sports individuels : le golfeur Jean Van de Velde qui perd son avance de trois coups au 18e et dernier trou du British Open 1999; Jana Novotná qui s'incline en 1993 devant Steffi Graf lors de la finale de Wimbledon, alors qu'elle dominait largement; la nageuse australienne Cate Campbell en finale des Jeux olympiques 2016 qu'on voyait déjà détentrice du record du monde du 100 mètres nage libre et qui termine cinquième, « sans doute le plus grand effondrement, de l'histoire olympique », dira-t-elle plus tard.

Identifier des exemples d'effondrement dans les sports collectifs est plus compliqué. Cependant, au football, les équipes qui craquent dramatiquement au moment crucial des phases les plus importantes du jeu me paraissent être de bonnes candidates : l'AC Milan, qui menait 3-0 à la mi-temps de la finale des Champions 2005 à Istanbul et qui perd les tirs au but après s'être fait remonter; le Bayern de Munich, qui menait 1-0 à la 90e minute de la finale de la Ligue des champions 1999 et qui encaisse deux buts en trois minutes dans le temps additionnel; le Brésil, pays hôte de la Coupe du monde 2014, balayé d'un humiliant 7-1 alors qu'une place en finale est en jeu. Certes, tous ces échecs peuvent ne pas être imputables à un effondrement, mais résulter de performances époustouflantes de leurs adversaires : respectivement Liverpool, Manchester United et l'Allemagne.

Néanmoins, les pénaltys, tout comme les tirs au but, sont des moments dans le foot qui se rapprochent des conditions d'un sport individuel : une confrontation directe, avec le maximum de pression sur le tireur. Généralement, dans les matchs de foot, environ 80 % des pénaltys sont réussis – cela dit, nous verrons qu'il y a de grandes variations selon les individus et que ces pourcentages chutent pour les tirs au but lors de compétitions majeures. En tout cas, lorsque le tireur arrive au point de pénalty, on s'attend à ce qu'il marque. Les probabilités sont de son côté. J'ai eu le privilège d'assister à un entraînement de pénalty à un haut niveau et je peux vous dire que c'est toujours la même chose. Tout le monde marque, ou presque. Pour être précis, sur un groupe d'environ 20 joueurs, si chacun n'a qu'un seul tir, ils seront 19 ou 20 à marquer. Tirer un pénalty sans la pression, et sans le public, est relativement aisé. Mais ajoutez la foule, les téléspectateurs, les conséquences, la pression, et le match change dramatiquement, comme à aucun autre moment au foot, et les probabilités d'effondrement grimpent en flèche.

Soyons clairs, un tir au but raté n'est pas toujours dû au fait que le tireur a craqué. Il peut s'agir d'un arrêt remarquable de la part du gardien, de malchance ou d'une inexplicable absence de talent de la part du tireur, sans que l'anxiété entre en ligne de compte, ou très peu. (C'était peu ou prou l'opinion de Henning Berg quant au tir raté de Beckham à l'Euro 2004, vision que je ne partageais pas, et ne partage toujours pas.) Il est certain qu'un tir au but est un événement d'une complexité surprenante, dont les strates devraient être identifiées et analysées avec soin avant que n'en soient tirées des conclusions sur les causes et les effets. Toutefois, il est évident que les pénaltys et les tirs au but présentent un cadre unique pour observer ce que devient la performance sous le coup d'un stress et d'une anxiété aigus. Et croyez-moi, ça craint.

STRESS AIGU

Un jour d'été lambda, dans la région de Munich, en Allemagne, les hôpitaux voient arriver en moyenne une vingtaine de patients pour des pathologies cardio-vasculaires du genre crise cardiaque ou attaque. Le 30 juin 2006, ce chiffre a plus que triplé, montant à 64. Que s'est-il passé pour que ce jeudi-là soit différent ? Eh bien, au moins une chose : l'Allemagne contre l'Argentine en quart de finale de la Coupe du monde organisée à domicile, match qui s'était conclu sur des tirs au but.

Cet été-là, l'hôpital a enregistré des pics d'admission pour problèmes cardiaques chaque fois que la Mannschaft jouait, soit à sept reprises : 43 admissions lors du match d'ouverture contre le Costa Rica, 49 pour le match de poule contre la Pologne voisine. Et le match avec les tirs au but (remportés par l'Allemagne, cela va presque sans dire) a décroché le pompon[3].

Le phénomène est loin de ne concerner que les Allemands. Aux Pays-Bas, lorsque l'équipe nationale a perdu aux tirs au but contre la France en quart de finale de l'Euro 1996, 14 personnes de plus que la normale sont bel et bien *mortes* des suites d'une crise cardiaque

3. Wilbert-Lampen et coll. (2008).

ou d'un accident vasculaire cérébral[4]. Plus de 20 autres études documentent les mêmes effets de morbidité à travers le monde – le fait de simplement regarder un match excitant peut avoir des conséquences dramatiques[5]. La lecture de telles études incite à se demander si regarder des tirs au but ne devrait pas être considéré comme un sport extrême en tant que tel.

En tout cas, si le simple fait de regarder ces événements a un tel effet, on peut se demander à quel genre de stress sont soumis les individus qui y participent. Certains joueurs qui l'ont vécu donnent parfois des descriptions très parlantes de ce qu'ils ont ressenti, de l'effet produit. Stuart Pearce, qui a tiré et raté lors de la séance de tirs au but de son équipe contre la RFA en demi-finale de la Coupe du monde 1990, en parle en ces termes : « Tout ce que tu as à faire, c'est marcher 45 mètres, frapper et marquer. Le pire moment, ce sont ces foutus 45 mètres depuis le milieu du terrain. Pourquoi ils nous font attendre là, aussi loin ? Dieu seul sait quel masochiste a décidé ça. C'est clairement quelqu'un qui ne s'est jamais retrouvé dans ce genre de situation qui joue avec les nerfs, parce que ça augmente la tension à un degré incroyable[6]. »

Pareillement, l'un des joueurs que j'ai interviewé à propos de son expérience de tirs au but pendant un match d'Euro me racontait qu'il était presque submergé par l'anxiété : « Quand on était dans le rond central, je suis devenu super nerveux. Je me suis dit qu'à la télé, on devait

4. Witte et coll. (2000).

5. Voir la méta-analyse de 13 études par Lin et coll. (2019) et la méta-analyse de 19 études par Wang et coll. (2020).

6. Pearce (2000), p. 3.

voir mes jambes trembler, ça vous donne une idée du degré de nervosité dans lequel je me trouvais[7]. »

Occasionnellement, des images émergent de ce qui se passe dans le rond central pendant les tirs au but. Elles illustrent merveilleusement une partie du stress aigu qui s'empare de ces joueurs durant cette phase de la séance. L'une de mes préférées est celle du Brésilien Marcelo. C'est un footballeur talentueux, et très expérimenté – 386 matchs officiels avec le Real Madrid, 58 sélections en équipe nationale. Et pourtant, son langage corporel tandis qu'il se tient dans le rond central évoque celui d'un enfant pétrifié. Face au Chili, lors de la séance de tirs au but qui décidera du vainqueur de ce huitième de finale du Mondial 2014, chaque joueur brésilien du groupe est clairement affecté par la pression, mais Marcelo se démarque. Une photo le montre, dans ce moment d'intense pression, agrippé aux shorts de ses coéquipiers de droite et de gauche.

On le voit faire quelque chose d'approchant en club, avec le Real Madrid, lors d'un match de Ligue des champions en 2011-2012. Cette fois, il est accroupi et c'est à la cuisse de son coéquipier Pepe qu'il se cramponne comme à une planche de salut.

La plupart des gens s'identifieront à ce comportement. Le toucher est réconfortant et tenir quelque chose procure un sentiment de sécurité quand on est stressé. Pour moi, par exemple, quand je fais des présentations ou que je parle devant un vaste public – ce qui est l'un de mes moments de pression coutumiers –, le fait de tenir la télécommande pour faire défiler les images m'apaise. Une télécommande, la cuisse de Pepe… c'est la même chose, peut-être.

---

7. Jordet & Elferink-Gemser (2012).

Lorsqu'on se retrouve sous une pression intense – et il ne s'agit pas que des tireurs de tirs au but, tout le monde est concerné –, le rythme cardiaque augmente, la respiration s'accélère, les muscles se tendent et on commence à avoir mal au ventre, pour dire les choses courtoisement. La pression, tout comme la menace, enclenche une cascade de réactions psychophysiologiques : les glandes surrénales libèrent du cortisol dans le sang[8] ; les pupilles se dilatent pour recevoir plus de lumière, tandis que la vision périphérique se floute et que la perception s'étrécit, nous amenant peut-être à expérimenter « la vision tunnel[9] » ; l'audition s'altère, presque comme si les oreilles étaient couvertes, et il devient difficile de localiser des bruits particuliers[10] ; enfin, l'attention se concentre sur ce qui est perçu comme la source du stress, ce qui impacte la capacité à mémoriser et la flexibilité cognitive : on devient monocentré[11].

Certaines de ces réactions contribuent à la performance. Par exemple, la focalisation et la concentration de l'attention et de l'énergie vers un seul point peuvent s'avérer utiles, car il y a clairement des occasions où ne pas se laisser trop distraire est un avantage. Néanmoins, ce processus psychophysiologique peut aussi se révéler contre-productif en raison d'autres conséquences moins bénéfiques : une conscience insuffisante de l'environnement, un jugement faillible, un surcroît d'erreurs cognitives, une augmentation de la prise de risque et une baisse de la motricité fine[12].

---

8. Russell & Lightman (2019) ; Rohleder et coll. (2007).

9. Rogers et coll. (2003).

10. Jafari et coll. (2017) ; Stephenson et coll. (2022).

11. Shields et coll. (2016).

12. Stephenson et coll. (2022) ; Balk et coll. (2013).

Ces réactions humaines au stress sont des réponses universelles, d'autant plus probables en situation de stress très intense, qu'il s'agisse de s'avancer pour marquer un tir au but quand une place en finale de Coupe du monde est en jeu, de monter sur les planches lors d'une première au théâtre ou de se lever pour faire un discours au mariage de son meilleur ami. Malheureusement, on n'a pas encore réussi à fixer d'appareils de mesures psychologiques aux joueurs sur le point de procéder à un tir au but, mais nous avons systématiquement puisé dans leurs pensées et leurs émotions. Que savons-nous spécifiquement de l'expérience du stress vécue par les tireurs au point de pénalty ?

Lors des entretiens menés avec les 10 joueurs impliqués dans les tirs au but du quart de finale de l'Euro 2004 entre la Suède et les Pays-Bas, nous avons fourni une liste de 24 émotions, dont 14 avaient une tonalité positive et 10 une tonalité négative. Il a été demandé aux participants de repenser à la séance de tirs au but et d'identifier dans cette liste les émotions ressenties[13]. Bien que les joueurs aient expérimenté aussi des émotions positives (la détermination comptait parmi les plus populaires, identifiée par 8 footballeurs), l'émotion la plus fréquemment mentionnée a été l'anxiété. C'était en effet la seule commune aux 10 personnes interrogées. Rien d'étonnant.

Cependant, après un examen plus attentif, l'anxiété n'était pas une émotion stable, qui se serait maintenue tout au long des tirs au but[14]. Elle avait plutôt évolué en permanence, allant et venant au gré de la situation. L'un des joueurs nous a confié que son anxiété avait été plus intense au début : « C'est là que j'ai été le plus nerveux,

13. Jordet et coll. (2008).

14. Jordet & Elferink-Gemser (2012).

entre le premier et le second tir. Oui. Vraiment sur les nerfs. Absolument. Absolument. Sans aucun doute. » Puis l'anxiété a disparu dès que l'un de ses coéquipiers a raté : « Ça m'a d'abord rendu furieux, et amer, et puis la nervosité s'est envolée. Je suis devenu beaucoup plus calme. »

Détail intéressant, pour plusieurs d'entre eux, l'anxiété a semblé plus intense et présente lorsqu'ils se tenaient au centre du terrain que lorsqu'ils s'avançaient vers le ballon. Attendre et regarder faire les autres, avec le sentiment d'impuissance que cela comporte, était perçu comme très difficile : « Quand l'un de chez nous, ou l'un de chez eux, tire, la tension est bien plus forte que pour celui qui va tirer. Parce que ça ne dépend pas de soi. » Pour ces joueurs, cela représente une part importante du risque contenu dans un tir au but – des conséquences potentiellement très négatives si l'affaire se passe mal, et aucune prise dessus.

Durant ces entretiens, trois footballeurs ont dit explicitement que leur anxiété avait graduellement baissé durant leur marche entre le rond central et le point de pénalty : « Quand [la séance] a commencé, j'étais en effet stressé. J'étais parcouru de petits frissons. Et puis, quand je me suis avancé vers le ballon, ça s'est arrêté. » Si l'anxiété décroît durant ces quelques pas vers le point de pénalty, c'est sans doute parce qu'à ce stade, les joueurs reprennent jusqu'à un certain point la main et le contrôle de la situation. Leur performance commence et ils peuvent se concentrer sur ce qui leur est familier : prendre le ballon et essayer de l'envoyer dans les filets. Cela dit, certains joueurs ont été anxieux également en avançant, mais, contrairement à Stuart Pearce, ils n'ont pas désigné la marche vers le but comme la phase la plus stressante. L'angoisse ressentie par les joueurs à ce moment précis varie bien plus qu'on ne l'aurait supposé.

Le fait que leur performance commence au moment où ils quittent le rond central est cohérent avec certaines des théories dominantes quant à l'anxiété dans le sport, qui décrivent celle-ci comme étant à son pic juste avant le début de la compétition et se dissipant une fois l'épreuve commencée[15]. Ainsi, quand les joueurs arrivent au point de pénalty, la nervosité est moindre, la préoccupation du moment étant plutôt de se concentrer efficacement. Deux joueurs ont dit qu'avant de tirer, « il fallait qu'ils le sentent » : « Je ne me lançais que quand je me sentais prêt. Il faut prendre le temps pour ça. C'était très important pour moi de le sentir ou non. » Quatre joueurs ont même dit être calmes au point de pénalty (« J'étais calme, très calme, mets-la simplement dedans, très relax »), tandis que deux autres ont clairement ressenti de la nervosité : « Quand on marche vers le ballon, tout va bien, mais au moment où on le pose, il y a ce truc dans tout le corps. » Deux autres indiquent que leur anxiété a décru à l'approche du point de pénalty : « À un moment donné, j'ai posé le ballon et tout s'est envolé. Avant ça, j'étais vraiment très nerveux et tendu. »

L'anxiété est une réaction normale à la pression. Maintenant, une question se pose quant à la façon dont cela impactera la performance : comment l'interprète-t-on et qu'en fait-on ? Plus tard, je montrerai comment les athlètes de haut niveau, en particulier les tireurs de pénalty, arrivent à se contrôler face à l'anxiété, et donc, à mieux performer. Mais d'abord, voyons ce qui peut arriver lorsque les tireurs laissent la nervosité prendre le dessus.

---

15. Martens et coll. (1990).

TROP RÉFLÉCHIR ?

Lors des tirs au but concluant la finale de l'Euro 2020 à Wembley, Marcus Rashford, de l'équipe d'Angleterre, s'est retrouvé face au gardien italien Gianluigi Donnarumma. Rashford ne le savait pas encore, mais son comportement allait faire date. Le sifflet de l'arbitre a retenti et l'Anglais est resté immobile pendant 11 secondes avant de faire mouvement vers le ballon. Sur les 718 tirs au but frappés de 1976 à aujourd'hui, toutes compétitions masculines confondues (Coupe du monde, Euros ou Ligue des champions), personne n'avait attendu aussi longtemps pour tirer.

Qu'est-ce donc qui l'a retenu ? Le lendemain de la finale, il l'a formulé en ces termes : « Quelque chose ne collait pas. Pendant cette longue pause, je me suis ménagé un peu de temps, mais malheureusement, ça n'a pas donné ce que j'aurais voulu[16]. » Dans son livre, sorti l'année suivante, il en dit un peu plus : « Normalement, je ne suis pas nerveux quand je joue. Mais ce jour-là, quand j'ai pris le ballon pour le porter au point de pénalty, je me suis senti différent, comme si quelque chose avait lâché[17]. »

De plus, tandis qu'il portait le ballon, il semble s'être fixé un défi élevé : « Je ne sais pas pourquoi, au lieu de me souffler "fais de ton mieux" comme il le fait d'habitude, mon cerveau me disait "tu dois être parfait". » Rashford a alors donné dans l'inédit : « J'ai tenté quelque chose de différent de mes frappes habituelles. Une course d'élan ralentie. J'ai freiné légèrement dans mon élan pour essayer

16. Guardian Sport (2021).

17. Rashford & Anka (2021).

de faire partir Donnarumma plus tôt et faciliter ainsi mon tir. »

Vers la fin de sa course d'élan, il semble hésiter un peu avant de frapper. Le ballon touche la base du poteau. Tir raté. L'Angleterre ne remontera jamais au score. Derrière, Jadon Sancho et Bukayo Saka ratent aussi. L'Italie remportera cet Euro-là.

Onze secondes, c'est de loin le temps de pause le plus long que Rashford ait marqué de toute sa carrière lors d'un tir au but ou d'un pénalty. Il est courant qu'il prenne son temps, mais jamais autant. Pour les 10 tirs qui avaient précédé ce tir au but contre l'Italie, son temps de pause tournait autour de 5,7 secondes en moyenne (voir le diagramme ci-dessous). Et il les avait tous réussis. Mais pas celui contre l'Italie.

MARCUS RASHFORD

Temps de pause post-sifflet

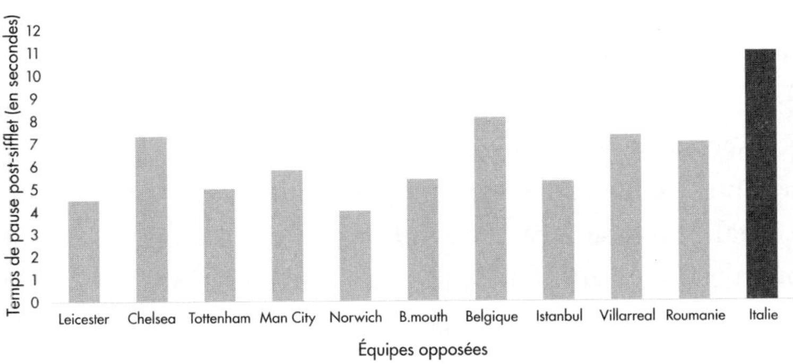

Les 10 derniers pénaltys pour Manchester United et l'Angleterre avant les Euros 2020-2021 + le pénalty contre l'Italie

Buts
Ratés

Alors, cette pause extra-longue a-t-elle contribué à altérer sa performance au moment crucial ? Avant de tenter de répondre à cette question, voici un autre exemple dans un contexte similaire, lors de la Coupe du monde féminine de 2023, marquée par une série de tirs au but spectaculaires et dramatiques. Le premier cas a eu lieu entre la Suède et l'un des favoris de la compétition, les États-Unis. Les Américaines, championnes en titre, avaient battu les Néerlandaises en finale en 2019. À cette occasion, Megan Rapinoe avait ouvert le score sur un pénalty magnifique. En 2023, elle jouait pour la dernière fois pour son pays, ayant annoncé avant la compétition qu'elle prendrait sa retraite internationale à l'issue de la Coupe du monde. Lorsqu'elle s'avance pour frapper le quatrième tir au but contre la Suède, beaucoup de choses sont en jeu : ce moment particulier de son histoire personnelle, sa présence décisive dans le match, le fait que tout le monde s'attend à la voir marquer. Cela fait beaucoup. Une pression énorme.

Avant sa frappe, tout semble normal. Rapinoe est à l'évidence tendue, mais ce n'est guère surprenant. L'arbitre siffle et la joueuse attend. Elle est coutumière du fait, donc pas de quoi s'inquiéter. Quoique ? Elle reste immobile pendant 5,7 secondes. Plus longtemps que lors des 20 frappes précédentes (voir le diagramme page suivante[18]). Et elle rate. Le ballon passe largement au-dessus de la cage. C'est son premier échec en 16 tirs, et la première fois, sur les 21 tirs au total de sa carrière, qu'elle manque complètement le but.

---

18. Elle a bel et bien marqué une pause plus longue pour le dernier tir contre Louisville avant la Coupe du monde – 7,5 secondes. Mais elle était en train de réajuster son short lorsque l'arbitre a sifflé et elle a pris le temps de finir de le faire avant de s'élancer. L'étude de ces temps de pause ayant pour objectif de montrer la préparation cognitive, et non le temps nécessaire pour réajuster sa tenue et son équipement, ce pénalty a été exclu du diagramme.

MEGAN RAPINOE

Temps de pause post-sifflet

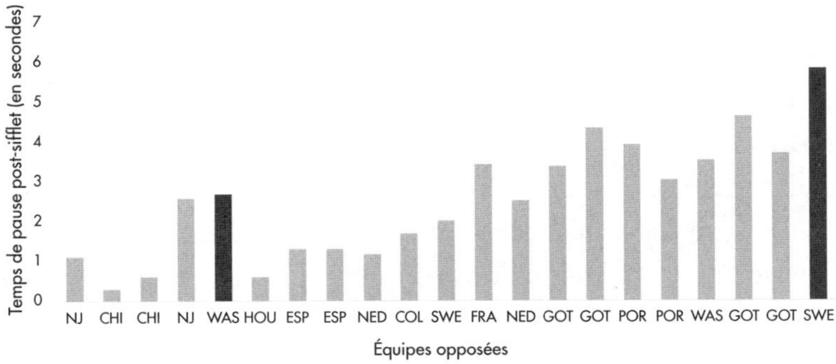

Les 20 derniers pénaltys de Rapinoe pour l'OL Reign et les États-Unis avant la Coupe du monde 2023 + le pénalty contre la Suède pour la Coupe du monde

Buts
Ratés

Qu'est-il arrivé à Rashford et à Rapinoe ? Voilà deux tireurs expérimentés, confrontés à ce qui était sans doute le tir le plus important de leur carrière. Tous deux ont marqué la plus longue pause de tout leur parcours footballistique, et tous deux ont raté.

Le moment est venu de se livrer à quelques spéculations. Lorsqu'un joueur prend plus de temps que d'habitude avant sa course d'élan, cela indique parfois (mais assurément pas toujours) qu'il est tombé dans le piège de la sur-réflexion. Or il y a une corrélation entre le fait de trop réfléchir et quelques-unes des théories classiques expliquant pourquoi les gens craquent sous la pression[19].

Fondamentalement, d'après les théories selon lesquelles l'effondrement serait dû à un excès de réflexion, l'anxiété de la performance viendrait perturber ce qui, normalement,

19. Il existe plusieurs noms pour ces théories, tels que les « théories du faire face », le contrôle explicite ou le processus conscient (Gray, 2020). Par souci de simplicité, je parlerai simplement de théories de la sur-réflexion (*overthinking*).

serait un automatisme. Au lieu de se concentrer sur les informations extérieures entrant en ligne de compte pour l'accomplissement correct de la tâche (la pose du ballon, la position du goal, la partie de la cage à viser, etc.), l'attention est tournée vers soi et la réalisation de ses propres mouvements. Soudain, sous la pression, le joueur en proie à l'anxiété se retrouve à contrôler des mouvements et/ou à prendre des décisions avec une conscience suraiguë, quand, normalement, il aurait accompli ces tâches sans y penser. Ce qui d'habitude se fait en douceur, naturellement et sans effort devient mesuré, contraint, compliqué. Et la performance en souffre.

Ce type d'effondrement a été pour la première fois étudié en 1984 par l'un des plus grands spécialistes mondiaux en psychologie sociale, Roy Baumeister. En six expériences, il a établi le lien entre pression, conscience de soi et baisse de performance[20]. Des études ultérieures ont approfondi ces découvertes. Par exemple, dans une expérience sur le dribble, il a été démontré que lorsqu'un joueur confirmé portait son attention sur l'enchaînement de ses mouvements, sa performance en pâtissait, alors qu'au contraire, cela bénéficiait à des joueurs moins expérimentés[21].

Une équipe de chercheurs néerlandais spécialistes du cerveau a mis en lumière le bien-fondé de cette théorie pour les tirs au but. Ils ont utilisé une technique de pointe de monitoring du cerveau appelée fNIRS (spectroscopie optique proche infrarouge fonctionnelle) pour mesurer la concentration d'hémoglobine dans le sang dans différentes parties du cerveau, et suivre sa variation en fonction des contextes, des émotions et des performances de tir.

20. Baumeister (1984).

21. Beilock et coll. (2002).

Une de leurs découvertes significatives montre que les footballeurs confirmés sujets à l'anxiété avaient une activité du cortex temporal gauche relativement plus importante. Comme c'est une zone du cerveau associée à la réflexion et à l'auto-instruction, il en a été déduit que ces joueurs avaient cessé d'exécuter machinalement leurs mouvements pour commencer à y réfléchir[22].

Dans le cas de Rashford et Rapinoe, il se pourrait que ces théories expliquent leurs tirs manqués. Leur temps de pause extraordinairement long peut indiquer qu'ils ont pris le temps de planifier explicitement, contrôler et surveiller le détail des mouvements menant à la frappe. Les déclarations de Rashford semblent aller dans ce sens. Il ressentait clairement la pression : « Quelque chose ne collait pas » et « Quelque chose avait lâché ». Il s'est ensuite focalisé sur ce qui fait le mouvement : « Tu dois être parfait » et « J'ai tenté quelque chose de différent de mes frappes habituelles ». Cela correspond à la phase de centrage sur soi, de sur-réflexion, dans les théories de l'effondrement.

À vrai dire, la marge dans ces tirs au but est incroyablement étroite, et interpréter les mécanismes cognitifs impliqués relève inévitablement de la spéculation. Ces deux ratages monumentaux peuvent n'être que des coïncidences, le genre de raté qui arrive de temps en temps sans raison particulière. En tout cas, les tirs de Rashford comme de Rapinoe constituent des anomalies. Ils ont marqué des pauses bien plus longues que d'habitude avant de tirer, et ni l'un ni l'autre n'a l'habitude de manquer la cage à ce point. De plus, les déclarations de Rashford expriment clairement que, pour lui, ce tir était différent. Ce raté, comme celui de

22. Slutter et coll. (2021).

Rapinoe, présente de fait nombre des caractéristiques d'un effondrement dû à une sur-réflexion classique.

En parallèle, certaines théories expliquant pourquoi les joueurs craquent suggèrent une vision presque *opposée* des mécanismes impliqués. Penchons-nous un peu sur elles.

PROCESSUS PARADOXAUX

Les tireurs de haut niveau ne se contentent pas d'espérer simplement ne pas rater leur frappe, ils veulent *intensément* ne pas la rater. Nos entretiens avec les joueurs ayant pris part à des séances de tirs au but majeures sont absolument probants sur ce point. L'un d'entre eux a dit : « Tu ne veux pas tout gâcher. Tu ne veux pas *ne pas* être qualifié pour le tour suivant parce que c'est TOI qui as raté. Alors, tu espères juste ne pas rater ton tir. Et tu te dis : Ne rate pas, ne rate pas, ne rate pas, NE RATE PAS ! Je ne pensais à rien d'autre[23]. »

Et pourtant, paradoxalement, il se pourrait que ce désir impérieux de ne pas rater soit le facteur qui rend le ratage plus probable. De nombreuses recherches (et peut-être votre expérience personnelle) montrent comment le fait de s'ordonner de ne pas faire quelque chose, alors qu'on est en situation de charge cognitive ou physique (par exemple, la pression), augmente la probabilité de faire précisément la chose même qu'on essaie d'éviter[24]. Une série d'études menées par un groupe de chercheurs de l'Université libre

23. Interview d'un joueur néerlandais après la séance de tirs au but entre les Pays-Bas et le Nigeria lors de la Coupe du monde U20 2005.

24. Wegner et coll. (1998).

d'Amsterdam a montré que les tireurs de pénalty sont aussi perméables que n'importe qui à ce genre de processus paradoxaux[25]. Des joueurs talentueux se sont vu donner des instructions différentes pour leurs tirs réalisés en laboratoires. Paradoxalement, ceux à qui il avait été demandé de frapper hors de portée du gardien ont fini par regarder le gardien et par tirer vers lui plus souvent que ceux à qui l'on avait dit de simplement tirer aussi précisément que possible ou juste vers les zones dégagées du but.

« ŒIL CALME » ET MOUVEMENTS OCULAIRES DÉSORDONNÉS

Lors de la séance de tirs au but de la Coupe du monde féminine 2023 entre la Suède et les États-Unis, les trois premières tireuses américaines, Andi Sullivan, Lindsey Horan et Kristie Mewis, ont donné une démonstration éblouissante de sang-froid et de concentration focalisée. Leur expression faciale trahit clairement leur nervosité, mais elles ont déployé une routine pré-tir presque identique qui les a plus que vraisemblablement aidées à garder une certaine maîtrise de leurs nerfs : trois secondes de pause après le coup de sifflet de l'arbitre, une grande inspiration avant de s'élancer et le regard de bout en bout braqué fermement sur le ballon. Résultat : trois tirs réussis. Trois démonstrations d'une équipe et de tireuses qui ont préparé et répété les exigences spécifiques des tirs sous haute pression.

25. Bakker et coll. (2006) ; Binsch et coll. (2010).

À l'issue de leurs quatre premiers tirs, les Suédoises comptabilisaient deux points gagnants. Côté américain, Megan Rapinoe avait manqué le but. Cela signifiait que si Sophia Smith marquait, les États-Unis allaient en quart de finale. Autant dire que ce tir était capital, mais avec une issue positive possible – si ça passe, c'est gagné.

Tout comme ses coéquipières, Smith marque une pause de trois secondes après le coup de sifflet. Elle prend également une profonde inspiration. Cependant, alors que les autres n'ont pas quitté le ballon des yeux pendant ce laps de temps, les yeux de Smith laissent transparaître un énorme malaise. Son regard ne se fixe pas, il passe sans cesse du ballon au gardien, et inversement. Soudain elle s'élance. La gardienne suédoise anticipe et plonge vers la gauche, mais Smith la prend à contre-pied. Toutefois le ballon passe largement au-dessus de la barre. Raté.

Les mouvements oculaires jouent-ils un rôle dans la réussite ou l'échec du tir au but ? Avant d'aller plus loin, je tiens à insister sur le fait qu'il n'y a pas de règle intangible en la matière. Le regard de Rapinoe était l'exact opposé de celui de Smith : ferme, fixé sur le ballon, et elle a malgré tout raté. Néanmoins, certains comportements peuvent rendre le succès plus ou moins probable. Que dit la recherche ?

Beaucoup de travaux ont été réalisés sur la performance des athlètes sous pression, et en particulier sur le concept de *quiet eye*, autrement dit « œil calme ». L'œil calme est la durée de fixation visuelle d'une cible donnée avant l'initiation du mouvement final[26]. Plus de 30 études ont été menées, et ensemble elles établissent l'effet positif significatif d'une période d'œil calme prolongée sur

26. Vickers (1996).

la performance, à de nombreux moments de différentes disciplines sportives[27]. Cela veut dire que plus les athlètes seront capables de fixer avec concentration leur cible, plus ils auront de chances de fournir une bonne performance.

Plusieurs études montrent également que, sous pression, les athlètes réduisent leur durée d'œil calme. Par exemple, dans une étude sur les tireurs de lancer franc au basket, les taux de réussite passent de 68 % sous faible pression à 57 % sous forte pression[28]. Dans ces conditions, le temps d'œil calme chute de manière significative, ce qui permet de penser que la pression pousse les tireurs de lancer franc à diminuer leur temps de fixation oculaire finale et que cela peut contribuer à perturber le lancer.

Cependant, les sportifs sous pression ne souffrent pas tous d'une diminution de leur période d'œil calme. Des études montrent que, confrontés aux mêmes situations stressantes, certains athlètes interpréteront la situation comme une menace (et donc négativement), quand d'autres y verront un défi (et donc quelque chose de positif). Ceux qui se sentent menacés sont plus susceptibles d'avoir un temps d'œil calme court, tandis que ceux qui se sentent stimulés par le défi affichent des périodes plus longues[29]. Et donc, un bon mental peut contrecarrer les effets négatifs de la pression.

Pourquoi la réduction du temps d'œil calme impacte-t-elle la performance ? Les chercheurs lient cela aux théories de la distraction dans le *choking*, ou effondrement, théories selon lesquelles l'anxiété ou la fatigue augmenteraient la vulnérabilité à la distraction. Cela veut dire que

27. Lebeau et coll. (2016).

28. Giancamelli et coll. (2022).

29. Brimmell et coll. (2019) ; Moore et coll. (2013).

dans des situations de pression, l'anxiété perturbe la capacité de maintenir l'attention visuelle (la fixation du regard) sur les informations cruciales pour la performance[30]. Les tireurs sous pression courent davantage le risque d'être distraits et de ne pas être parfaitement attentifs aux aspects les plus importants de leur situation – le ballon, le gardien de but, la zone qu'ils veulent viser. Résultat : davantage de pénaltys ratés.

LE COMPORTEMENT D'ÉVITEMENT VISUEL

« Je ne peux pas voir ça. » On a tous ressenti cela, on l'a sans doute dit, peut-être même qu'on s'est caché les yeux. Et cela vaut pour l'encadrement et les entraîneurs des équipes pendant les tirs au but.

Lors des tirs au but de la finale Italie-Angleterre de l'Euro 2020, l'adjoint de l'entraîneur de l'équipe d'Italie, Roberto Mancini, a résolument tourné le dos au terrain jusqu'à la victoire de l'Italie. Zlatko Dalić, le sélectionneur/entraîneur de la Croatie, qui affrontait la Russie en quart de finale pendant le Mondial 2018, est resté assis sur le banc, le visage dans les mains, tout le temps de l'épreuve. La Croatie a fini par gagner. L'entraîneur du Liverpool FC, Jürgen Klopp, assume systématiquement le fait de tourner le dos au terrain lorsque son équipe est en position de tirer un pénalty. Il l'a fait quand James Milner a frappé un pénalty tardif contre Swansea, en novembre 2015 ; et en octobre 2022, à l'Emirates Stadium, quand Bukayo Saka est remonté au score 3-2 face à Arsenal grâce à un pénalty

30. Eysenck et coll. (2007) ; Wilson et coll. (2009).

à la 75e minute. Pour terminer, on a pu apercevoir Emma Hayes, l'entraîneuse de l'équipe féminine de Chelsea, regarder par terre ou ailleurs pendant les tirs au but du quart de finale contre Lyon pendant la Ligue des champions féminine 2023. Tous les entraîneurs qui se détournent saisissent rapidement ce qui se passe, bien sûr, à partir des réactions de ceux qui les entourent et de la foule. Mais ils préfèrent ne pas le voir de leurs propres yeux.

Les joueurs font la même chose. Quand le Bayern de Munich est confronté à un dernier pénalty potentiellement décisif de la part de Chelsea pendant la finale de la Ligue des champions 2012, le milieu de terrain Bastian Schweinsteiger reste assis dans l'herbe à l'autre bout du terrain, le dos tourné à l'action. Le ballon n'est pas entré dans la cage, Schweinsteiger s'est retrouvé peu après à frapper un tir au but, qu'il manquera, et il terminera au final du côté des vaincus.

En demi-finale du Mondial 2014 contre les Pays-Bas, Kun Agüero se tient avec ses coéquipiers argentins dans le rond central. Tandis que ses camarades regardent les tirs avec nervosité, Agüero tourne le dos à l'action et regarde dans la direction opposée. Le défenseur portugais de Chelsea, Ricardo Carvalho, en a fait autant pendant la finale de la Ligue des champions 2008 contre Manchester United. Quant à l'Anglais Paul Ince, il a été violemment critiqué par les médias britanniques pour s'être assis dans le rond central, dos à la cage, durant la séance épique de tirs au but de la demi-finale de l'Euro 1996 contre l'Allemagne. Si l'on remonte à 1980, soit les débuts de ce genre de drame, lors de la finale de la Coupe d'Europe des vainqueurs de coupe, les caméras de télévision ont filmé Paul Barron, le gardien remplaçant d'Arsenal, debout sur la ligne de touche, le dos tourné pendant toute la séance de tirs au but.

Le cocktail d'émotions déplaisantes servi à ces joueurs quand ils participent à une séance de tirs au but peut être explosif, et certains décident clairement que le mieux est de ne pas du tout regarder. Cet « évitement perceptif », ou « évitement empirique[31] », est un comportement que tout le monde peut sans doute comprendre. Nous avons tous plus ou moins fait la même chose à un moment ou à un autre, en passant près d'un animal écrasé sur l'autoroute ou en anticipant une scène particulièrement rebutante dans un film d'horreur, ou encore (eh oui) quand notre équipe s'apprête à tirer un pénalty important dans un match. On regarde ailleurs pour s'épargner le traumatisme.

Et pourquoi pas ? Regarder une séance de tirs au but est une épreuve stressante : il est compréhensible qu'on cherche à se protéger. Et cela vaut autant pour ceux qui regardent depuis le banc de touche que pour ceux qui regardent depuis leur salon. Il y a quand même une différence, bien sûr, pour les membres d'une équipe sur le terrain. Peut-être devriez-vous, dans ce cas-là, vous interdire l'évitement perceptif. Si vous êtes un joueur qui prend une part active aux tirs au but, vos actions et votre comportement sont toujours susceptibles de parler et d'affecter les autres joueurs. Vous ne pouvez pas ne pas communiquer[32]. Et peut-être devez-vous veiller à ne pas véhiculer des émotions qui auraient un impact négatif sur vos coéquipiers.

Nous reviendrons sur ce point au chapitre 4, lorsque nous étudierons dans quelle mesure les tirs au but sont vraiment un jeu d'équipe. En attendant : chez les tireurs eux-mêmes, qu'en est-il de leur regard et du réflexe naturel

31. Hayes et coll. (1996) ; Gardner & Moore (2004).

32. Watzlawick et coll. (1967).

d'évitement ? On ne peut évidemment pas tirer un pénalty dos au ballon…

À moins que… ?

Deux ans après que Paul Ince s'est assis dans le rond central, le regard à l'opposé de l'action, il s'est trouvé impliqué dans une autre séance de tirs au but pour l'Angleterre. C'était durant le quart de finale du Mondial 1998 contre l'Argentine, un magnifique affrontement (magnifique pour les non-concernés, bien évidemment). Cette fois-là, Ince n'est pas resté spectateur pendant toute la durée de l'action, car il a dû tirer. Lorsqu'il marche vers le ballon, il a un petit sourire. Est-ce de la confiance ? Ou une tentative pour en masquer l'absence ? Difficile à dire. Néanmoins, ce qui arrive alors, bien que ce soit d'une certaine façon banal et attendu, peut fournir un indice.

Une fois que les joueurs ont posé le ballon sur le point de pénalty, ils ont généralement deux façons de rejoindre le point de départ de leur course d'élan. Soit ils reculent en restant face au gardien (j'appelle cela le regard d'approche). Soit ils tournent les talons et s'éloignent dos au gardien (le regard d'évitement). Cette dernière stratégie offre au tireur le soulagement de ne pas regarder le gardien de but, de ne pas s'impliquer avec lui, et c'est totalement cohérent avec la théorie de « l'évitement perceptif » décrite plus haut. C'est la stratégie adoptée par Ince. Il pose le ballon et tourne immédiatement le dos au goal pour couvrir la distance de sa course d'élan. Il s'offre une pause dans la perception visuelle. Il prolonge l'évitement perceptif. Puis il se retourne face au ballon, et au gardien. Pour finir, il s'élance rapidement. Et rate.

Que sait-on exactement de cette stratégie visuelle durant les tirs au but ? En 1982, quand le Français Alain Giresse se retrouve le premier tireur de la toute première séance de tirs au but d'une Coupe du monde, il se tient d'abord dos à Harald Schumacher, le gardien allemand. À propos de cette attitude, Giresse a dit : « Je ne veux pas voir Schumacher. Je ne veux pas. Je regarde ailleurs. On ne sait jamais, il aurait pu me déstabiliser, avec des gestes, alors, je ne l'ai pas regardé[33]. » Dans nos entretiens, plusieurs joueurs ont évoqué combien il est stressant de regarder le gardien pendant qu'on se prépare à tirer. Par exemple, l'un d'eux a détourné le regard après avoir observé les actions du goal. Ce dernier avait pris son temps pour rejoindre la cage, il avait jeté sa bouteille avec ostentation puis remis en question le positionnement du ballon par le joueur. « Généralement, je ne me tourne pas pour m'éloigner du ballon, mais là, ça faisait du bien de rester une seconde sans avoir à le regarder », dit le joueur.

Nous savons que, dans les moments de grande intensité que sont les séances de tirs au but, les joueurs ont plus recours au regard d'évitement que dans d'autres circonstances. Nous avons publié un article en 2008, montrant que, jusqu'alors, quand les joueurs des compétitions majeures frappaient l'un de ces tirs à très haute tension, pouvant induire instantanément la défaite de leur équipe en cas de raté, ils tournaient le dos au gardien dans 44 % des cas[34]. Soit bien plus que lorsque le tir impliquait une victoire immédiate (14 %) ou quand le but ne faisait pas immédiatement la différence (30 %). Il semble vraiment que lorsque la pression est à son maximum, les footballeurs recherchent le soulagement en regardant ailleurs.

En matière de regard d'évitement, il y a aussi des différences nationales marquées. En 2009, j'ai publié un article

33. FIFA (2022).

34. Jordet & Hartman (2008).

intitulé « Pourquoi les joueurs anglais échouent-ils aux tirs au but[35] ? » Je me suis penché sur les différences entre pays concernant certaines variables et certains comportements. Les joueurs issus de nations traditionnellement considérées comme fortes au football, avec des championnats nationaux de très haut niveau – nations parmi lesquelles l'Angleterre figure incontestablement –, ces joueurs-là montrent plus de comportements d'évitement que les joueurs d'autres pays. Par exemple, 57 % des tireurs anglais tournent le dos au gardien quand ils se préparent pour leur course d'élan. C'est de loin le taux le plus élevé parmi les huit nations européennes de l'étude, et bien plus que le pays possédant le second taux le plus élevé de regards d'évitement (voir le diagramme ci-dessous).

REGARD D'ÉVITEMENT PRÉ-TIR

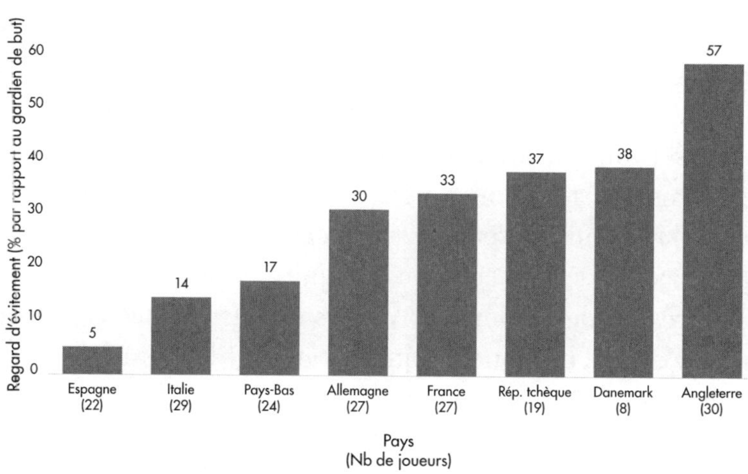

Tous les tirs au but de la Coupe du monde et des Championnats d'Europe masculins de 1976 à 2023

35. Jordet (2009a).

Dans cet article, je conclus que les joueurs anglais sont sans doute soumis à davantage de pression que ceux des autres nations européennes, pression qui vient des attentes nationales très élevées (peut-être démesurément), de la longue traversée du désert depuis leur dernière victoire à une compétition majeure (la Coupe du monde 1966), et de la cruauté insurpassable des médias anglais. Ces facteurs sont vraisemblablement à l'origine d'un stress plus intense pour les joueurs anglais lors des moments de haute pression, stress qui s'accompagne d'une anxiété accrue et d'autres émotions désagréables et déstabilisantes. Peut-être est-ce la raison pour laquelle ils ont tendance à tourner le dos au gardien.

Mais le regard d'évitement impacte-t-il la performance ? Cela dépend. Mon analyse de tous les tirs au but frappés lors des compétitions masculines majeures entre 1976 et 2023 montre que les joueurs faisant appel à cette stratégie marquent dans 72 % des cas, contre 74 % pour les joueurs qui reculent face au gardien. La différence est maigre et statistiquement peu significative. Cependant, une série d'études en laboratoire menées par des chercheurs français, allemands et anglais, a montré que les gardiens qui sont confrontés à des joueurs regardant par terre ou ailleurs se sentent significativement plus confiants que lorsque les joueurs ne les quittent pas du regard[36]. D'autres études montrent que les gardiens jouent en fait mieux contre des joueurs qui détournent le regard[37].

Ricardo, le gardien portugais lors des tirs au but contre l'Angleterre en Coupe du monde 2006, a pu se sentir supérieur en constatant que des joueurs tels que Frank Lampard,

36. Furley et coll. (2012) ; Furley et coll. (2012) ; Greenlees et coll. (2008) ; Laurin & Pellet (2023).

37. Bijlstra et coll. (2020).

Steven Gerrard et Jamie Carragher ne lui retournaient pas son regard : « Ils ne voulaient pas me regarder droit dans les yeux », a-t-il dit plus tard, sur un ton plutôt satisfait[38].

Cependant, mis à part ce que le comportement visuel communique au gardien, une question clé, je pense, consiste à se demander *pourquoi* les joueurs tournent le dos au gardien avant de tirer. Ce geste est-il délibéré et fait-il partie d'une tactique répétée à l'avance pour gérer la pression ? Ou s'agit-il d'une réaction plus spontanée pour réduire la gêne ? Je dirais que dans le premier cas, la manœuvre est futée et modulable. Lorsque les joueurs regardent délibérément ailleurs par stratégie, ils prennent le dessus, ils se sentent plus en contrôle et peuvent même *gagner* davantage de contrôle. Curieusement, il ressort de notre analyse des regards d'approche et d'évitement réalisée à partir des vidéos de tous les tirs au but depuis 1976, que les attaquants qui regardent ailleurs quand ils reculent marquent bien plus (87 % des cas) que ceux qui fixent le gardien (70 % de réussite)[39]. Les attaquants sont par essence des buteurs et des tireurs plus expérimentés. Prenez le super-tireur et spécialiste des pénaltys, le joueur polonais Robert Lewandowski. Il tourne toujours le dos au gardien avant de tirer. Cela fait partie intégrante de sa routine, et lui donne l'occasion de relâcher un peu son attention avant de passer à la vitesse supérieure et de tirer. Deux autres spécialistes de grande envergure des tirs au but tournent eux aussi souvent le dos au goal : Ivan Toney, de Brentford (à l'occasion, quand le gardien est une grande gueule et occupe beaucoup d'espace), et

38. FIFA (2022).

39. Les défenseurs et les milieux de terrain marquent plus en reculant face au goal (regard d'approche), mais pas de manière significative.

le brillant Néstor Ortigoza, joueur du San Lorenzo en Argentine et pour l'équipe du Paraguay, qui tourne systématiquement le dos au gardien. Pour ces joueurs, le regard d'évitement est sans doute un terme inapproprié. Désengagement stratégique serait probablement plus juste (voir le chapitre 3 pour en savoir plus).

Qu'en est-il de ceux pour qui le regard d'évitement n'est pas planifié, mais une réaction spontanée ? Peut-être s'agit-il de joueurs qui ont moins l'habitude des tirs au but, qui se sentent, dans une certaine mesure, submergés par l'anxiété, et recherchent un bref instant de répit. Regarder ailleurs n'est pas nécessairement mauvais pour eux non plus ; simplement, il se peut que cela ne suffise pas, et pendant qu'ils essaient de se sentir mieux, ils sont distraits de leur tâche. Quand ils se retournent pour faire à nouveau face au gardien, la situation n'a pas changé, ils n'en ont pas fini, et désormais, ils doivent affronter la peur qu'ils avaient évitée d'instinct – c'est le scénario de Paul Ince. Le soulagement temporaire n'apporte pas nécessairement des résultats.

Cela dit, depuis l'époque (en 2008) où nous avons publié pour la première fois nos découvertes sur la pression et le comportement visuel, les choses ont clairement changé dans la pratique des joueurs. À quelques exceptions notables près, comme celles mentionnées ci-dessus, presque plus aucun joueur ne tourne le dos au gardien ni n'emploie la stratégie du regard d'évitement (voir le diagramme page suivante). Aujourd'hui, presque tous les tireurs continuent à fixer le goal pendant qu'ils reculent.

Pourquoi ? L'une des raisons pourrait être simplement que des joueurs de premier plan, respectés et talentueux, ont adopté certains comportements et qu'ils ont été copiés. Par exemple, au milieu des années 2000, Cristiano

Ronaldo a effectué une percée en introduisant de nouveaux standards dans bien des aspects du jeu, dont sa routine pré-frappe lors des tirs au but, très mesurée et déterminée, impliquant un regard confiant, dominateur, fixé avec assurance sur le goal pendant qu'il reculait. Peut-être est-ce à Ronaldo que nous devons tout cela.

LE REGARD D'ÉVITEMENT PRÉ-FRAPPE DANS LE TEMPS

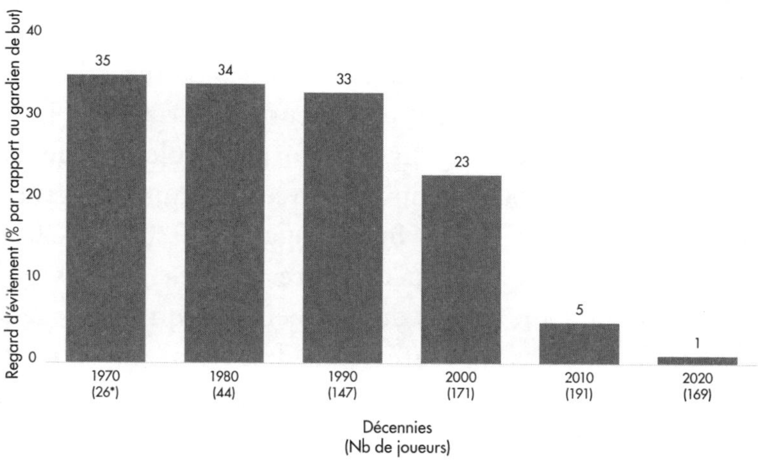

Tous les tirs au but de la Coupe du monde, des Championnats d'Europe et de la Ligue des champions masculins de 1976 à 2023

* La petite finale de l'Euro 1980 est incluse dans les années 1970.

Maintenant, il n'est pas totalement improbable que notre étude, ainsi que les recherches d'autres chercheurs publiées à partir de 2008, ait mis en lumière ces deux façons de s'éloigner du ballon et amené les joueurs à arrêter le regard d'évitement parce qu'ils voulaient apparaître plus dominateurs, confiants et en contrôle.

Quelle qu'en soit la raison, il est intéressant de voir combien une simple façon de faire peut soudain émerger, se répandre et au final dominer dans le sport le plus populaire du monde. Les tireurs sont particulièrement vulnérables à l'émergence de telles orthodoxies soudaines, parce que les tirs au but, bien qu'ils soient cruciaux pour l'issue de nombreux matchs, sont peu étudiés parmi les entraîneurs et les analystes. Dans ce contexte, un certain impératif comportemental peut vite s'établir fermement, et rares sont ceux qui savent exactement pourquoi.

Cela dit, il faut reconnaître une chose : notre mesure binaire (tourner le dos au goal ou non) manque de nuance et laisse de côté des formes plus subtiles de regard d'évitement. Dernièrement, des chercheurs ont critiqué à juste titre notre recherche et suggéré un protocole de codage plus affiné des mouvements de la tête[40]. Dans leur étude de tous les tirs au but en Bundesliga entre 2011 et 2016 (400 tirs), ils ont mis en évidence que les joueurs qui détournaient leur visage du gardien, ou qui baissaient le regard pendant une durée considérable avant de tirer, manquaient bien plus souvent leur tir que les autres. Cela suggère que le comportement visuel des tireurs peut en effet révéler quelque chose du succès potentiel de leur action. Néanmoins, encore une fois, rien n'est inscrit dans le marbre, et corrélation n'implique pas causalité – même en rêve, jamais je n'irais dire à Lewandowski d'arrêter de détourner le regard sous prétexte que les chercheurs disent qu'il devrait le faire.

40. Furley & Roth (2021).

L'ACCÉLÉRATION

Pendant la séance de tirs au but du quart de finale du Mondial 2006 entre son pays et le Portugal, Jamie Carragher a tiré en quatrième position pour l'Angleterre. Il a posé le ballon au point de pénalty, tourné le dos au gardien, s'est éloigné puis a fait volte-face et s'est aussitôt élancé. Il a envoyé un boulet de canon à droite. Ricardo, le gardien portugais, a plongé à gauche. But.

Sauf que non. L'arbitre siffle et désigne le point de pénalty. Il faut recommencer. Carragher a commis une faute rare en tir au but : un faux départ. Il était tellement impatient d'y aller et d'en finir qu'il est parti trop tôt, avant le coup de sifflet. Et donc, il doit à nouveau positionner le ballon. Il répète sa stratégie. Tourne le dos au gardien et s'éloigne. Le sifflet retentit avant qu'il ne se soit arrêté. Il pivote aussitôt pour se précipiter vers le ballon et tirer, cette fois vers la gauche. Ricardo arrête la balle.

Les Anglais sont-ils plus enclins à se précipiter que les joueurs d'autres pays ? Dans l'étude britannique de 2009 susmentionnée, j'ai aussi mesuré le temps de réaction des joueurs au coup de sifflet. La réponse est sans appel. Entre 1976 et 2008, les footballeurs anglais mettent en moyenne 0,28 seconde à réagir au signal du sifflet, bien moins que les autres (voir le diagramme ci-après).

PAUSE POST-COUP DE SIFFLET

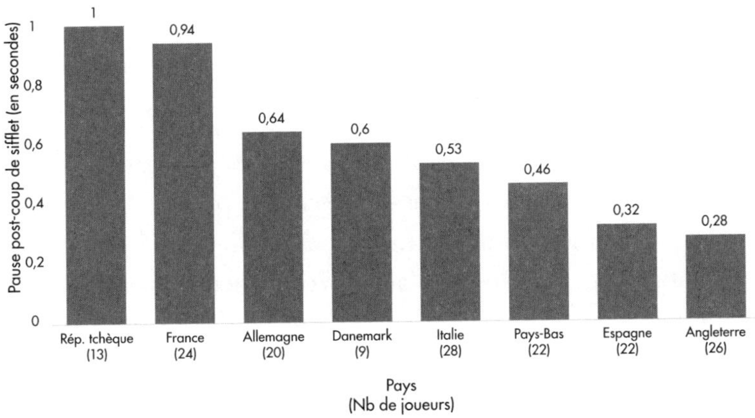

Tous les tirs au but de la Coupe du monde et des Championnats d'Europe masculins de 1976 à 2023

0,28 seconde, est-ce rapide ? Usain Bolt, qui a couru le 100 mètres en 9,58 secondes à Berlin en 2009, actuel record du monde, réagissait en 0,15 seconde au coup de pistolet. Ainsi, comparés à l'homme le plus rapide du monde, les footballeurs anglais sont relativement lents. Mais comparés aux autres joueurs de leur catégorie, ils sont extraordinairement véloces. Ils n'attendent pas du tout après le signal de l'arbitre.

Cela étant dit, dans notre étude sur les tireurs avant 2007, la plupart d'entre eux prenaient moins d'une seconde pour réagir (0,7 seconde en moyenne[41]). C'est absurdement plus rapide que les athlètes d'autres sports dans des circonstances analogues. Par exemple, une étude sur les basketteurs de la NBA a calculé le temps écoulé entre le moment où le joueur reçoit le ballon des mains de l'arbitre – signe qu'il peut tirer – et le moment où le

41. Jordet, Hartman & Sigmundstad (2009).

ballon est lâché : ce temps s'élève à environ 6 secondes[42]. Une étude sur les rugbymen de la Coupe du monde 1999 fait état d'une durée de 10 à 11 secondes entre le moment où le buteur ayant reculé s'immobilise et se concentre, et celui où il enclenche sa course d'élan[43]. Et parmi les meilleurs rugbymen, nombreux sont ceux qui prennent plus de temps – jusqu'à 15 secondes[44]. De leur côté, les golfeurs retiennent parfois leur coup jusqu'à 20-30 secondes.

Cela amène une question : alors que des athlètes dans tous ces autres sports prennent jusqu'à une demi-minute pour se concentrer avant d'accomplir une performance similaire, pourquoi les footballeurs mettent-ils moins d'une seconde ? Pourquoi, dans le football, le sifflet de l'arbitre est-il si souvent interprété comme une injonction d'y aller plutôt que pris pour ce qu'il est réellement, le signal qu'il est *permis* de tirer ? Pourquoi les joueurs sont-ils tellement pressés ? Une partie de la réponse se trouve dans le fait que ceux qui frappent les tirs au but effectuent moins consciemment, moins délibérément, leur routine pré-tir que leurs *alter ego* dans d'autres sports. Ils n'ont ni plan ni stratégie, à part se demander comment et où tirer. Le coup de sifflet devient alors le pistolet de départ du 100 mètres. Il ne faut cependant pas oublier que dans une séance de tirs au but, les joueurs sont soumis à une pression extrême, et cela peut transparaître dans leur timing. On en voit la trace dans la façon dont les tireurs anglais qui ont manqué leur tir parlent de leur expérience. Chris Waddle, qui a raté pendant la Coupe du monde 1990, l'évoque en ces termes : « Je voulais juste que ce soit fini[45]. » Gareth Southgate, le

42. Lonsdale & Tam (2008).

43. Jackson (2003).

44. WorldRugby (2021).

45. Stein (1997), p. 1.

sélectionneur de l'équipe d'Angleterre depuis 2016, est célèbre pour son tir au but raté en demi-finale de l'Euro 1996 contre l'Allemagne. Voici ce qu'il en dit : « Tout ce que je voulais, c'était le ballon : le poser sur le point de pénalty, en finir, et basta[46]. » Steven Gerrard, qui a raté face au Portugal, en quart de finale du Mondial 2006, en donne peut-être la description la plus haute en couleur : « P***, j'aurais préféré passer en premier. En être débarrassé. L'attente me tuait. Je pouvais à peine regarder Simão marquer... J'étais prêt. Pas Elizondo. Allez, l'arbitre, bouge-toi ! Siffle ! P***, pourquoi attendre ? Intérieurement, je hurlais[47]. » Ce que tous ces joueurs ont en commun, c'est une terreur intense, une urgence et un désir de mettre fin à l'attente et d'arrêter la torture.

Le fait d'accélérer sous la pression n'est pas propre au football, ni aux tireurs de pénalty. Plusieurs études ont documenté et illustré la manière dont les athlètes se précipitent et accélèrent quand ils sont soumis à une pression élevée et qu'ils ne peuvent pas se contrôler[48]. En général, la recherche démontre que, lorsqu'on donne le choix aux gens d'attendre quelque chose de douloureux ou d'y aller rapidement, beaucoup choisissent d'en finir rapidement[49]. D'après une étude, dans 70 % des cas, les gens redoutent tellement de recevoir des chocs électriques légers mais douloureux qu'ils préfèrent recevoir un choc plus douloureux tout de suite plutôt que d'attendre une douleur moindre dans un futur proche. Il faut croire que l'anticipation de la douleur est plus redoutable que la douleur elle-même[50].

---

46. Southgate et coll. (2003), p. 191.
47. Gerrard (2006), p. 420.
48. Gucciardi et coll. (2010) ; Hill et coll. (2010).
49. Berns et coll. (2006) ; Mischel et coll. (1969).
50. Story (2014).

La question est de savoir si accélérer pour faire face à la pression aide ou dessert la performance. En 2009, en réfléchissant à cet enjeu, nous avons publié notre étude sur tous les tirs au but réalisés jusqu'alors dans les compétitions majeures du foot masculin (37 séances de tirs au but, 366 frappes)[51]. Les résultats montraient que les joueurs qui se précipitaient au coup de sifflet de l'arbitre marquaient significativement moins (moins de 60 % de buts) que ceux qui observaient un temps d'arrêt avant de s'élancer vers le ballon (plus de 80 % de réussite).

Les choses ont alors commencé à changer. Les médias ont repris notre étude et ont sorti des histoires avec des titres tels que « En quoi prendre son temps avant un tir au but pourrait aider l'Angleterre à gagner ? » (*Daily Telegraph*) ou « Pour les tirs au but, les tortues réussissent mieux que les lièvres » (*Wall Street Journal*). À peu près à la même période et dans les années qui ont suivi, plusieurs joueurs de premier plan, Cristiano Ronaldo, Nani et Neymar, ont commencé à faire une pause de trois à cinq secondes avant de frapper. Par exemple, quand Neymar a marqué le but gagnant dans la séance de tirs au but de la finale olympique contre l'Allemagne en 2016, il a attendu près de cinq secondes avant de bouger. Depuis, les joueurs semblent avoir commencé à marquer un temps progressivement et considérablement plus long après le coup de sifflet de l'arbitre. Que ce soit à cause de ces pionniers, de la publication de notre recherche, d'une tout autre raison ou d'une combinaison de raisons, toujours est-il que la moyenne de cette pause post-sifflet a plus que doublé durant la décennie suivante, celle des années 2020, dépassant les deux secondes (voir le diagramme page suivante).

51. Jordet et coll. (2009).

TEMPS DE PAUSE POST-SIFFLET DEPUIS LES ANNÉES 1970

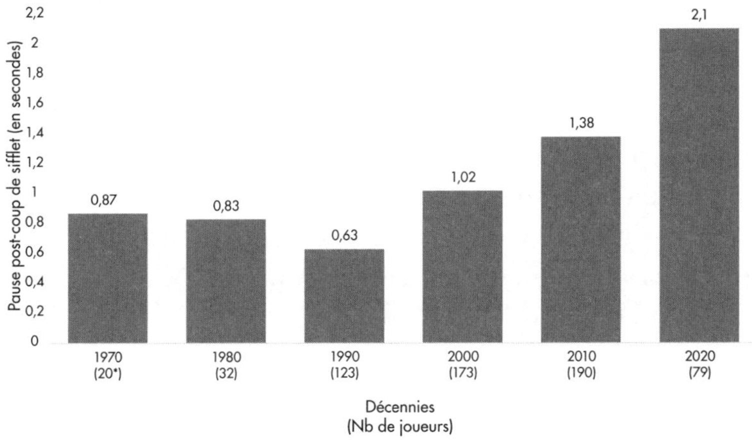

Tous les tirs au but de la Coupe du monde, des Championnats d'Europe et de la Ligue des champions masculins de 1976 à 2023

* La petite finale de l'Euro 1980 est incluse dans les années 1970.

Quand les joueurs tendent à écourter le temps de pause post-sifflet, on remarque clairement une baisse de la performance pour les pauses les plus courtes. Mais comme on l'a vu précédemment, il peut aussi se produire une baisse de performance pour les pauses les plus longues. Surtout quand la pause introduit la possibilité de notre vieille ennemie, la sur-réflexion – l'exemple de la pause de 11 secondes de Marcus Rashford à l'Euro 2020 le démontrait peut-être déjà. Ainsi, observer le temps pris par les joueurs pour tirer permet d'identifier deux façons différentes de craquer : 1) un déficit d'attention portée au processus (une courte pause est associée à une sous-performance), et 2) un excès d'attention au processus (une longue pause est associée à une sous-performance). Généralement, nos données les plus récentes montrent que les joueurs réussissent mieux quand ils prennent plus de temps. Cependant, ce n'est en aucun cas une garantie de succès. Les exemples de joueurs ayant marqué une longue pause et échoué sont assez nombreux pour servir d'alerte – on peut également prendre trop de temps.

Maintenant, d'après une analyse de toutes les séances de tirs au but des compétitions internationales tant féminines que masculines de ces trois dernières années, les joueurs ayant mis le plus de temps à réagir au coup de sifflet ont eu tendance à réussir davantage, et le taux de buts marqués monte à 78 % pour ceux qui ont attendu le plus longtemps[52], contre 51 % pour ceux qui ont marqué les pauses les plus courtes. Ces effets s'observent aussi au niveau d'une équipe. Par exemple, aux Jeux olympiques de 2020, où il y a eu cinq séances de tirs au but (deux chez les hommes, trois chez les femmes), tous les tirs ont été gagnés par l'équipe qui, en moyenne, avait pris le plus de temps après le coup de sifflet.

Notons qu'il ne découle pas de tout cela que toutes les pauses courtes sont mauvaises. Certains joueurs ne marquant virtuellement aucune pause, comme les Français Kylian Mbappé et Antoine Griezmann, sont des tireurs de haut niveau qui prennent *toujours* peu de temps. Cela fait partie de leur routine, et ça marche pour eux. L'élément essentiel tient à ce que les joueurs *font* de ce temps de pause, ce que nous verrons au chapitre 2.

52. Hommes : Euro 2020, Jeux olympiques 2020, Copa América 2021, CAN 2022, Coupe du monde 2022. Femmes : Jeux olympiques de 2020, Euro 2022, Coupe du monde 2023.

DE L'IMPORTANCE DU TIR

Certains tirs au but sont plus cruciaux que d'autres. Pour la Coupe du monde 1994, aux États-Unis, le Brésil a joué en finale contre l'Italie à Pasadena. Le match s'est tenu par une chaude journée de juillet, une fournaise, devant 94 000 personnes et un nombre de téléspectateurs estimé plus tard à deux milliards[53]. Pour correspondre aux horaires des diffuseurs européens, le coup d'envoi avait été donné à 12 h 30 heure locale, par 27 degrés à l'ombre, soit 40 degrés au soleil – Californie oblige. Aucune des deux équipes n'étant parvenue à ouvrir le score, même en prolongations, le match est allé aux tirs au but – les premiers dans l'histoire du foot à déterminer l'issue d'une Coupe du monde.

Le début de la séance est hésitant. Franco Baresi rate le premier tir pour l'Italie, tout comme le Brésilien Márcio Santos ensuite. Les spectateurs commencent à se demander s'ils verront jamais le ballon toucher le filet pendant ce match. Les deux équipes finissent par marquer. Mais quand Daniele Massaro rate le quatrième tir italien et que le Brésilien Dunga fait de même après lui, tous les espoirs italiens reposent sur les épaules de Roberto Baggio.

Le tireur à la queue-de-cheval de la Juventus est alors la star incontestée de la compétition : joueur de l'année de la FIFA et détenteur du Ballon d'or. Il a cinq buts à son actif dans cette Coupe du monde. Qu'il marque à nouveau et son équipe reste dans la course ; s'il rate, le Brésil sera

53. Soccer Illustrated (1994). Toutefois, en raison des méthodes de mesure utilisées dans les années 1990, le nombre réel pourrait avoir été considérablement inférieur.

champion du monde. Jamais sans doute un tir n'a porté autant d'enjeu. Une seule frappe peut sauver la coupe.

Et pourtant, lorsqu'il s'avance, Baggio semble serein et concentré. Les mouvements sont maîtrisés, le visage est quasi impassible. Sa course d'élan est longue et il démarre instantanément au signal de l'arbitre hongrois. Une première foulée tranquille et les sept autres rapides. Puis il envoie un boulet de canon.

Sitôt le ballon parti, Baggio semble savoir. Le cuir passe au-dessus de la barre transversale. Bien, bien au-dessus. Ce n'est pas juste un raté, c'est un raté monumental et dramatique. Tandis que les Brésiliens passent autour de lui en essaim euphorique, Baggio baisse lentement la tête.

Cinq ans plus tard, l'Italien publie son autobiographie. Dans un livre au titre révélateur : *Una porta nel cielo* (Une porte sur le ciel), il révèle combien ce tir l'a affecté[54]. « Cette fois-là, j'ai échoué. Point final. Et ça m'a poursuivi pendant des années. Ça a été le pire moment de ma carrière. J'en fais encore des cauchemars. »

L'importance relative du tir a un impact sur son issue. Le taux de réussite des pénaltys est nettement plus élevé que celui des tirs au but. De multiples études le démontrent. Par exemple, une étude sur la Ligue 1 française établit un taux de réussite de 73,1 % pour les tirs au but (252 séances, 2 504 frappes), contre 76 % pour les pénaltys sur la même période[55]. On sait aussi que les joueurs régulièrement choisis pour frapper des pénaltys et qui participent à des tirs au but ont un différentiel de réussite d'environ 4 % en faveur

54. Baggio (2022).

55. Arrondel et coll. (2019).

des pénaltys[56]. Les tirs au but ajoutent de la pression et la performance en souffre.

Mais revenons à Roberto Baggio. Il n'est pas le seul à avoir raté ce genre de tir. La différence entre les frappes pour lesquelles un raté signifie *ipso facto* la défaite, et celles pour lesquelles un but n'implique que la poursuite de la séance réside dans leur conséquence négative potentielle. J'appelle le premier des deux un tir négatif. Nos analyses de toutes les séances de tirs au but dans les tournois majeurs depuis le début montrent que les joueurs ne réussissent que 63 % des tirs négatifs[57]. C'est-à-dire beaucoup moins que le type de tir opposé, quand un raté n'induit que d'autres tirs, et un but la victoire de son équipe. Ces tirs-là réussissent à 89,9 %. Les tirs avec des conséquences directes plus neutres, c'est-à-dire ceux dont l'échec n'implique que la poursuite de la séance, affichent un taux de réussite de 72 %[58].

Les résultats de ces analyses se retrouvent dans une étude des compétitions de niveau national en France. Cette étude montre que dans des situations dont l'enjeu était maximal,

---

56. Vollmer et coll. (2023).

57. Publié pour la première fois par Jordet & Hartman (2008), mis à jour avec toutes les séances de tirs au but dans les mêmes tournois jusqu'en 2023.

58. Les équipes ont tendance à placer leurs cinq meilleurs tireurs en premier et, par conséquent, on peut raisonnablement supposer que ce sont les tireurs les moins habiles qui font fréquemment face aux tirs négatifs, la prépondérance de ces tirs dans une séance de tirs au but étant plus importante à partir du sixième tir, ce qui fausserait ces chiffres. Au contraire, lorsqu'on répète l'analyse en utilisant uniquement les cinq premiers tirs, la relation entre le type de tir et la performance est encore plus forte (négatif 58 %, neutre 72 % et positif 87 %), la différence entre les tirs négatifs et les tirs neutres étant également significative.

les joueurs ne marquaient qu'à 56 %[59]. Toutefois, cela n'a pas été recoupé par une étude opérée sur un échantillon plus large issu de 115 compétitions européennes suivies sur 11 ans[60]. Bien sûr, dans mes études, nous ne regardons qu'un échantillon de très haut niveau de joueurs triés sur le volet, évoluant dans les trois plus grandes compétitions au niveau mondial, où les conséquences d'un échec sont fondamentalement différentes d'une séance de tirs au but à des niveaux moins élevés.

Donc, ce que ces chiffres semblent nous dire, c'est que pour les tireurs impliqués dans une séance au niveau le plus élevé de performance, lorsque la perspective de gagner est là pour exercer son attrait, la performance s'améliore (ou reste à un niveau élevé). Mais lorsque la perspective de perdre se dresse devant un joueur, la performance en souffre et le risque de craquer augmente.

Autrement dit : le tir au but est un jeu mental. Quelles stratégies mettre en place pour se préparer à pareil défi ? Y a-t-il quelque chose à apprendre de ces stratégies pour faire face à la pression en général ?

59. Arrondel et coll. (2019).

60. Vollmer et coll. (2023).

CHAPITRE 2

CONTRÔLER LA PRESSION

« Ce qui fait que j'ai réussi tant de tirs au but pendant si longtemps tient à une chose : réaliser et accepter que je les raterai. »

Megan Rapinoe

Certains comparent les tirs au but à une loterie. C'est souvent ce qu'ils disent quand leur équipe vient de perdre à cet exercice. Fabio Capello : « Les tirs au but sont une loterie[1]. » Louis van Gaal : « C'est une question de chance, une loterie[2]. » Guus Hiddink : « On ne peut en vouloir à personne de rater un tir au but. C'est toujours une loterie[3]. » Et Danny Murphy : « En ce qui concerne les tirs au but, c'est une loterie… tout le monde peut rater[4]. »

1. Sky Sports (2009).
2. AFP (2022).
3. Lyttleton (2021).
4. White & Murphy (2023).

Christian Karembeu, ancien international français, monte encore d'un cran : « Ça revient à charger une balle dans le barillet et à demander à tout le monde d'appuyer sur la gâchette. Quelqu'un se prendra la balle, on le sait. Et il ne s'en remettra pas[5]. »

Loterie, roulette russe… les métaphores ne manquent pas. Mais elles vont toujours dans le même sens : le renoncement au contrôle. L'abandon de soi à des forces sur lesquelles on n'a pas prise. On sait qu'avoir le contrôle, ou l'impression de contrôler quelque chose, joue un rôle fondamental dans la gestion des tirs au but réalisés sous pression[6] – en fait, dans n'importe quel genre de situation de stress. Sentir qu'on maîtrise la situation résulte du fait de croire que ses efforts peuvent influencer l'issue – par exemple croire que ce n'est *pas* une loterie (ou la roulette russe), ou en tout cas pas complètement. De notre examen psychologique des tireurs lors de séances de tirs au but au plus haut niveau, il ressort que ceux qui en faisaient une question de chance étaient plus susceptibles de ressentir une angoisse gênante que ceux qui se disaient que ce n'était qu'une question d'aptitude[7]. Pareillement, ceux qui n'évaluaient pas spécialement leur niveau en matière de tir au but ou de pénalty étaient plus sujets à l'angoisse. Donc, il est clair que l'analogie avec la loterie ne joue pas en faveur du tireur. Comment peut-on remédier à cela ?

Dans ce chapitre, je vais examiner les moyens permettant aux footballeurs de retrouver l'impression de contrôler les événements, et leurs réactions, au moment des tirs au but, et ainsi de mieux gérer les exigences de la situation.

---

5. Ball & Shaw (1996), p. 178.

6. Navia et coll. (2019).

7. Jordet et coll. (2006).

Peut-être découvrirons-nous que ces techniques peuvent s'appliquer plus largement à des situations de pression dans notre quotidien.

Mais d'abord, essayons de voir jusqu'à quel point la compétence entre en jeu dans le tir au but. Jusqu'à quel point est-ce vraiment une *loterie* ?

LE PROBLÈME MESSI

Il est communément admis que le meilleur joueur de ces 10 ou 15 dernières années est Lionel Messi. Mais quel est son niveau exact en matière de tirs au but ou de pénaltys ? Il existe des critères permettant de le mesurer. Le plus basique est le taux de réussite dans le top 30 des ligues européennes de ces trois ou quatre dernières années. Ce taux est de 78,6 %[8]. Pendant la saison 2022-2023, la dernière de Messi en Europe avant qu'il n'aille à l'Inter Miami, il a joué en Ligue 1 en France. Cette saison-là, la moyenne de tirs réussis a été légèrement plus élevée : 79,7 %[9]. Et le taux moyen de réussite, sur l'ensemble de leur carrière, de tous les joueurs de Ligue 1 de cette année-là était encore plus élevé : 81,9 %[10].

Qu'en est-il de Messi ? Eh bien, comme il a tiré 140 pénaltys ou tirs au but dans sa carrière, dont 109 réussis, cela donne un taux de réussite de 77,9 %[11]. Lionel Messi, le meilleur joueur du monde de la décennie écoulée

8. Observatoire du football CIES (2022).

9. Deux-Zero (2023).

10. Données obtenues auprès de transfermarkt.com.

11. Ce taux et les suivants proviennent de transfermarkt.com.

et un buteur d'exception, est donc en dessous de la moyenne pour ce qui est des pénaltys et tirs au but.

En fait, il y a un large panel d'excellents joueurs, et des joueurs habitués à marquer, qui tous affichent une réussite aux pénaltys et tirs au but étonnamment moyenne. Cela inclut certains des meilleurs buteurs de ces dernières années en Europe, comme Ciro Immobile (82,8 % sur une base de 93 tirs), Edinson Cavani (81,6 %, pour 76 tirs), Kylian Mbappé (80,4 % pour 51 tirs), Marco Reus (79,2 % pour 24 tirs), Radamel Falcao (79,1 % pour 67 tirs), Thomas Müller (78,9 % pour 38 tirs), André Silva (78,4 % pour 37 tirs) et Pierre-Emerick Aubameyang (78 % pour 50 tirs). D'autres buteurs renommés sont clairement en dessous de la moyenne, comme Sadio Mané (73,9 % pour 23 tirs), Joselu (69 % pour 29 tirs), Victor Osimhen (68,4 % pour 19 tirs), Lautaro Martínez (65,2 % pour 23 tirs) et Alexis Sánchez (47,6 % pour 21 tirs).

Même les joueurs de la décennie passée qui passent pour être les meilleurs tireurs de pénaltys et de tirs au but des grandes ligues européennes arrivent tout juste à la moyenne ou à peine au-dessus : Cristiano Ronaldo (84,9 % pour 192 tirs), Zlatan Ibrahimović (83,2 % pour 102 tirs), Neymar (81,3 %pour 91 tirs), Mo Salah (80,4 % pour 51 tirs) et Karim Benzema (79,2 % pour 53 tirs).

Que dit la recherche sur l'impact du talent sur les tirs au but ou les pénaltys ? D'accord, le talent est difficile à quantifier et à mesurer. Dans nos toutes premières études, nous prenions le poste comme indicateur de talent. Il paraissait sensé que les joueurs les plus offensifs (milieux de terrain et attaquants), qui ont bien plus d'expérience de la frappe que les défenseurs, soient plus qualifiés pour tirer des pénaltys. Les résultats montrent que les attaquants (80 % de buts) marquent plus que les défenseurs

(67,7 % de buts)[12]. Néanmoins, dans les études sur les pénaltys, le poste ne semblait jouer qu'un rôle marginal ou insignifiant. L'examen de 833 pénaltys sur huit saisons de la Primeira Liga portugaise montre que les attaquants affichent 79,6 % de réussite, les milieux de terrain, 78,7 % et les défenseurs, 75,4 %[13]. Dans un rapport d'InStat, société spécialisée dans l'analyse des performances sportives, rapport réalisé sur une base de plus de 100 000 tirs, la différence est même encore moins significative, pour un classement qui reste cependant identique : 76 % de réussite pour les attaquants, 75-76 % pour les milieux de terrain, 73-74 % pour les défenseurs et 72 % pour les gardiens.

Une autre étude récente s'est penchée sur 1 711 tirs (pénaltys et tirs au but confondus) réalisés lors de la Coupe du monde, l'Euro, la Ligue des champions et la Ligue Europa de 2005-2006 à 2019-2020[14]. Là encore, il y a peu, voire pas, de différence dans les résultats, quel que soit le critère de talent retenu. La valeur du joueur sur le marché, par exemple, semble ne pas compter du tout. Ceux qui valent 35 millions d'euros ou plus réussissent 74,9 % de leurs tirs, ceux qui valent entre 10 et 35 millions marquent dans 74,8 % des cas et ceux qui sont cotés à moins de 10 millions, 73,2 %. Autant d'écarts statistiquement non significatifs.

Toutefois, les joueurs évoluant dans des formations de niveau supérieur affichent plus de tirs réussis (76,4 %) que ceux qui jouent dans des équipes plus faibles (71,2 %). Quand on ne regarde que les tirs au but des Coupes, où parfois des équipes de niveaux très différents s'affrontent,

12. Jordet (2009b).

13. Almeida & Volossovitch (2023).

14. Brinkschulte et coll. (2023).

la différence de qualité des équipes est nettement plus prononcée. Une étude réalisée sur 1 067 tirs au but frappés entre 2004-2005 et 2017-2018 dans 14 Coupes différentes montre que les équipes favorites, censées être les meilleures, en ont marqué 559 (52,5 % des tirs) et les outsiders, 506 (47,5 %)[15]. Ces résultats tendraient à démontrer que les joueurs des meilleures équipes se débrouillent mieux dans les tirs au but. Mais cela ne signifie pas automatiquement que cette différence tienne entièrement au talent. Il se peut que les joueurs des grandes équipes soient également meilleurs sous la pression et, de ce fait, mieux armés pour relever le défi à nul autre pareil des tirs au but.

Il semble donc qu'en règle générale le talent du footballeur joue un certain rôle dans la capacité à transformer un pénalty ou un tir au but, mais un rôle relativement mineur. Qu'il s'agisse de Lionel Messi ou d'un joueur moins talentueux, ce genre de tir semble aplanir les différences de niveau de jeu.

Mais le fait que tout un chacun ait à peu près les mêmes chances de réussir son tir au but transforme-t-il pour autant l'exercice en loterie ? Les joueurs peuvent-ils faire quelque chose pour prendre en main leur destin ? Nous allons nous intéresser, pour commencer, aux différentes approches du tir proprement dit, et aux joueurs qui semblent avoir réglé la question.

---

15. Wunderlich et coll. (2020).

LES SPÉCIALISTES

Pour moi, les tireurs de pénalty, ou de tir au but, les plus impressionnants sont ceux qui en marquent régulièrement, au plus haut niveau et pendant des années, en maintenant avec constance un taux de réussite nettement au-dessus de la moyenne. Ce sont les spécialistes. Harry Kane fait partie du lot, avec une moyenne de 86,6 % de tirs transformés (82 frappes) et un taux exceptionnel de 89,2 % sur ses 37 frappes en Premier League. Ou encore Robert Lewandowski, avec un taux impressionnant de 89,7 % pour 87 frappes, dominant la Bundesliga allemande.

Même si Kane et Lewandowski se ressemblent dans la mesure où ils gèrent la pression propre à la temporalité du tir au but ou du pénalty, chacun a une technique de frappe bien spécifique. Typiquement, Kane adopte ce qu'on appelle la « technique indépendante du goal ». Quand le tireur décide en amont où et comment il compte tirer – c'est ce que font la plupart des joueurs. On choisit le point à atteindre, on s'avance, on vise et on tire. Décider à l'avance où tirer simplifie dans une certaine mesure la tâche. Ce genre de tir présente aussi l'avantage d'être relativement facile à mettre en œuvre, même s'il est difficile de l'exécuter aussi magnifiquement que Kane.

Mais où tirer ? En hauteur, c'est ce que la sagesse recommande communément. Des études portant sur les pénaltys en Premier League anglaise et Primeira Liga portugaise suggèrent que les tirs devraient arriver dans les zones supérieures de la cage, le risque que cela passe au-dessus étant moins élevé qu'un arrêt du gardien sur un tir plus bas[16].

16. Horn et coll. (2021) ; Almeida & Volossovitch (2023).

Dans notre base de données sur les tirs au but de compétitions majeures, on constate (comme on pouvait s'y attendre) qu'il n'y a pas de différence significative entre les tirs orientés à gauche (70,7 % de réussite) et ceux tirés à droite (71,2 % de réussite). Quelle zone enregistre néanmoins le meilleur taux de réussite ? En plein milieu, là où le gardien se tenait avant de plonger. D'après nos chiffres, 77,9 % des pénaltys tirés dans cette zone entrent. Le milieu de terrain tchécoslovaque Antonin Panenka a clairement ouvert une piste de réflexion en 1976 lorsqu'il a bluffé le monde entier en poussant le goal à partir tôt, de sorte qu'il n'avait plus qu'à envoyer le ballon au centre avec un tir à la trajectoire courbe mais nette – un style de frappe qui porte aujourd'hui son nom. (Ce mouvement, que Panenka avait apparemment répété pendant deux bonnes années, a valu à la Tchécoslovaquie le titre de championne d'Europe contre la RFA cette année-là.) Les goals ont une préférence pour l'action : plonger à droite ou à gauche, ainsi qu'on l'attend d'eux en général, plutôt que de rester statique, au risque d'avoir l'air idiot ou pire, pas engagé[17]. Les probabilités suggèrent qu'ils ont intérêt à faire un peu les deux et à rester au centre au moins occasionnellement.

L'inconvénient de cette technique indépendante du goal, c'est si le gardien part dans la bonne direction. À vrai dire, c'est là que je rejoins les adeptes de la métaphore de la loterie. La grande majorité des goals s'engagent et plongent d'un côté avant que le ballon ne soit touché, choisissant parfois le bon côté, parfois non. Dans notre analyse des tirs au but majeurs, si les gardiens optent pour le mauvais côté, par exemple à gauche, et que le ballon va à droite, les tireurs marquent dans 91 % des cas. Si le gardien a choisi le bon côté, seuls 54 % des tirs réussissent. Réfléchissons une seconde : cela veut

17. Bar-Eli et coll. (2007).

dire que le tireur appliquant la technique indépendante du goal voit son taux de réussite chuter de moitié à cause d'un élément sur lequel il n'a aucune prise, le côté où le gardien plonge. On comprend que le joueur ait souvent l'impression de ne rien maîtriser dans pareille situation.

Toutefois, si vous avez un coup de pied puissant, comme celui de Kane, même si vous ne pouvez pas tordre le cou aux probabilités, vous pouvez grandement les infléchir en votre faveur. Ainsi, Kane a réussi sur toute sa carrière 95 % de ses tirs lorsque le goal plongeait du mauvais côté, et tout de même 81 % quand le gardien allait du bon côté, un score impressionnant. Bien au-dessus de la moyenne de 54 % de la plupart des joueurs. Il était tout simplement excellent.

Peu de joueurs sont capables de frapper des tirs indépendants du goal avec autant de constance et d'une telle qualité. Il existe cependant une autre exception, le capitaine hongrois Dominik Szoboszlai. Ce dernier a rejoint Liverpool en 2023, mais deux ans plus tôt, à juste 21 ans, il jouait pour le RB Leipzig. Cette année-là, son équipe s'est retrouvée en Ligue des champions face au PSG lors des phases de groupe. Mené 2-1, Leipzig s'est vu accorder un pénalty et donc la possibilité de remonter au score dans les arrêts de jeu. Immédiatement, Szoboszlai a pris le ballon et s'est positionné au point de pénalty. Il s'est alors trouvé nez à nez avec Neymar du PSG, qui semblait prêt à en découdre, quasi au corps-à-corps.

Dans une interview après le match, Szoboszlai a révélé le contenu de leur échange. « Neymar m'a demandé : "Tu vas marquer ?" et j'ai répondu : "Oui." Alors il m'a demandé : "Tu es sûr ?" Ce à quoi j'ai dit : "Oui, je ne loupe jamais. C'est comme ça[18]." »

18. Farkas (2023).

Et Szoboszlai a été aussi bon que sa déclaration extrêmement confiante l'annonçait. Il a frappé d'un coup sec et rasant à l'extrême gauche et le ballon est allé dans les filets. Alors même que Gianluigi Donnarumma, le goal, avait plongé du bon côté. Le tir était trop puissant et trop précis pour être arrêté.

Comment Szoboszlai pouvait-il être si sûr de lui ? Surtout dans un contexte comme celui-là, le tir d'un pénalty de dernière minute dans un match à gros enjeu, et donc porteur du genre de pression qui peut briser même les tireurs de très haut niveau, avec ou sans un Neymar pour essayer de leur instiller le doute. De plus, Szoboszlai faisait face au formidable Donnarumma – et son 1,96 mètre sans les semelles.

Eh bien, c'est que Szoboszlai, malgré son jeune âge, n'en était pas à son premier pénalty. Avant celui-là, il en avait déjà tiré 10 pour des équipes confirmées. Et, comme il l'avait dit à Neymar, il n'en avait manqué aucun. Un taux record de 100 %. D'accord, 10 tirs constituent un échantillon ridiculement faible, mais ce qui est intéressant, c'est que sur ces 10 pénaltys, 8 avaient été cadrés exactement au même endroit, à gauche. Depuis, Szoboszlai en a tiré 6 de plus, tous à gauche. Ce qui fait en tout 14 pénaltys frappés à gauche, contre 2 à droite (voir le graphique page suivante). Cela le rend extrêmement prévisible. Autant annoncer au goal où il compte tirer. Mais il frappe ses ballons avec une précision et une vitesse incroyables, ce qui les rend difficiles à arrêter. Même le seul pénalty qu'il a raté sur les 16 tirés, ce n'est pas le gardien qui l'a stoppé, c'est le poteau. J'ai demandé au goal Ørjan Nyland, qui a joué avec Szoboszlai à Leipzig et qui est aujourd'hui à Séville, en Espagne, comment arrêter les pénaltys du Hongrois. Réponse de Nylan : « On a beau savoir où il tire, c'est incroyablement difficile. Son pied droit est tout simplement exceptionnel. Ce qui aide aussi, c'est son immense confiance en lui. Il est fort mentalement et n'est pas influencé par l'environnement ou les préparatifs que les gardiens font en amont. »

ZONES DE TIR DE PÉNALTY DE DOMINIK SZOBOSZLAI

(numérotés chronologiquement, le 1 étant son premier tir et le 16 le dernier, en novembre 2023)

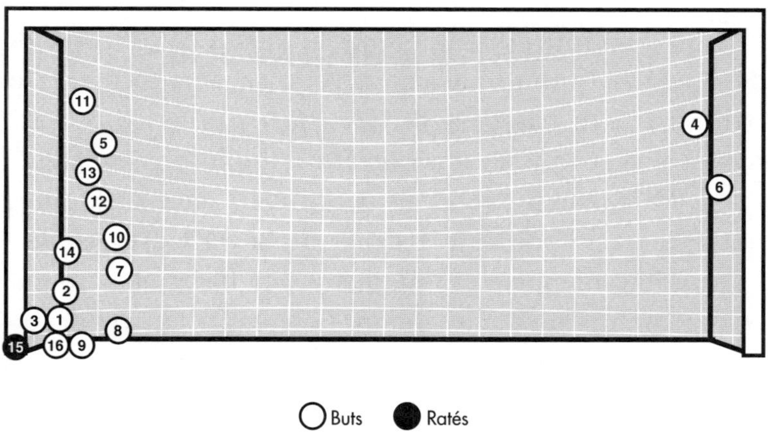

C'est du pénalty tiré indépendamment du goal au sommet de son art. Visée, et frappe, avec force et précision. D'autres joueurs de haut niveau ont également perfectionné cette technique : Chris Wood (90,6 % de tirs réussis sur 32 frappes), le spécialiste paraguayen du pénalty Néstor Ortigoza (91,8 % réussis sur 49 tirs) et Olivier Giroud (89,2 % de tirs transformés sur 37 frappes). Ces joueurs étant dotés d'une force et d'une précision de frappe hautement efficaces, ils n'ont pas trop à s'inquiéter de ce que s'apprête à faire le gardien.

Robert Lewandowski opère tout autrement. En 2014, le buteur polonais est passé du Borussia Dortmund au Bayern Munich. Il a joué son premier match officiel pour son nouveau club en Coupe d'Allemagne contre un club de niveau inférieur, le Preussen Münster. Le Bayern menait confortablement 4-1 à la 91e minute quand l'arbitre leur a accordé un pénalty. Lewandowski ne figurait pas encore au tableau d'affichage, c'était l'occasion pour lui de marquer son premier but. Malgré la tranquille avance de son équipe, c'est avec une nervosité visible qu'il attend le coup de sifflet de l'arbitre. Lorsqu'il retentit, il réagit alors au quart de tour, recule de quelques pas sur le côté avant de s'élancer vers le ballon. Il tire bas et à droite, mais pas assez proprement, si bien que le goal arrête le ballon assez facilement. Et le match s'achève sur ce tir. La gêne de la toute nouvelle et importante recrue du Bayern est visible : Lewandowski porte les mains à son front et s'éloigne en marmonnant et en secouant la tête, un sourire désolé aux lèvres. Lorsque je l'ai rencontré à Munich pour l'interviewer dans le cadre du documentaire d'Amazon, *Lewandowski – Unknown*, voici comment il commente l'incident : « La leçon que j'en ai tirée, c'est qu'il fallait changer quelque chose. Après ce pénalty, j'ai commencé à chercher une nouvelle technique[19]. »

Avance rapide jusqu'en mai 2016. Le Bayern joue contre Ingolstadt. Une victoire ferait d'eux les champions de la ligue allemande. Après un quart d'heure, ils obtiennent un pénalty et Lewandowski s'avance. Il a l'air extrêmement agité tandis qu'approche le moment de tirer, respirant

19. Les citations de Lewandowski qui figurent dans ce livre n'ont jamais été intégrées dans le film, mais sont publiées ici avec l'autorisation des producteurs du film et de Lewandowski lui-même.

bruyamment à plusieurs reprises, pendant que l'arbitre se prépare. Lewandowski entame sa course d'élan, mais sans son accélération habituelle. Cette fois, il maintient d'abord une allure constante avant de décélérer, rallongeant en fait d'une très longue seconde sa dernière foulée, qui se termine par une pause avant d'atteindre le ballon. Anticipant fortement, le goal, Ramazan Özcan, prend la décision de se déplacer vers la droite, et Lewandowski achève alors sa course, plaçant tranquillement le ballon dans les filets, à gauche. Lewandowski vient juste d'adopter officiellement ce qu'on appelle « la technique dépendante du goal », dont il deviendra sans doute l'expert le plus redouté.

Dans cette technique, le tireur garde les yeux rivés sur les mouvements du gardien juste avant et pendant la frappe, de manière à ajuster le tir en fonction de ce qu'il observe, afin d'envoyer le ballon (idéalement) à l'endroit où le goal n'est pas. Cette stratégie donne au tireur bien plus de contrôle, au final, que la technique indépendante du goal, mais seulement au prix d'un certain contrôle initial. En effet, cela implique de laisser au gardien la décision de la trajectoire du tir à venir. C'est une technique très sophistiquée, parce que le gardien engage généralement son mouvement le plus tard possible, ce qui peut ne laisser au tireur que quelques dixièmes de seconde pour décrypter le déplacement du goal, prendre une décision et finalement frapper. Souvent, le ballon est tiré sans que le joueur lui accorde un regard, ce qui entraîne un stress supplémentaire ; sans compter qu'il y a peut-être un titre ou un trophée en jeu, tout cela sous le regard de millions de gens, ce qui ajoute encore plus de pression.

Durant les sept années et demie qui ont suivi, Lewandowski a tiré au total 62 fois de cette façon, ne manquant que quatre frappes, soit un taux de réussite de 94 %. Étant donné le très haut niveau auquel ces tirs ont eu lieu (Bundesliga, Ligue des champions, matchs internationaux), c'est un record époustouflant. Qui se double d'une autre statistique parlante : dans seulement 16 % des cas, Lewandowski a tiré dans la même direction que le goal.

Varier les techniques permet au tireur de garder une longueur d'avance sur l'adversaire. Ainsi, après 80 pénaltys indépendants du goal, Kane a soudain changé de tactique et attendu que le gardien bouge avant de tirer lors du quart de finale de la Ligue des champions 2023-2024 contre Arsenal. De son côté, tout au long de sa carrière, Lewandowski a tout de même frappé 21 fois, dont 17 avec succès, en visant et envoyant un boulet de canon dans les filets (81 % de taux de réussite[20]). Cela veut dire que même lorsque Lewandowski décide à l'avance où tirer, il reste dans la moyenne des tireurs, alors que quand il force le gardien à prendre l'initiative, il est un tireur incroyablement bon.

Lewandowski est aussi incroyablement doué pour ne pas dévoiler ses méthodes. Quand je l'ai interviewé pour ce documentaire, je lui ai demandé par cinq fois de décrire en détail sa concentration au début de sa course d'élan. Il a botté en touche à chaque fois. C'est de bonne guerre. Plus les tireurs entourent de mystère leur technique pour entretenir l'incertitude, plus ils ont de chances de continuer à marquer des pénaltys et des tirs au but.

---

20. Il est intéressant de noter que les gardiens ne se sont trompés que sur sept de ces tirs (33 %). Cela pourrait indiquer que Lewandowski a eu un peu de chance avec ces tirs-là et que son taux de réussite pour les tirs indépendants du goal est quelque peu gonflé.

Un autre joueur qui utilisait l'approche dépendante du goal était Diego Maradona. Sur un total de 109 tirs officiels, 82,6 % ont été transformés, mais le taux monte à 93,1 % pour les 58 ballons frappés pour Naples, quand il était au pic de sa carrière[21]. Voici comment Maradona parle de sa technique dépendante du goal : « C'est très, très difficile. J'ai raté beaucoup de pénaltys, et ils en ont arrêté beaucoup, mais j'en ai aussi marqué plein... Généralement, je m'arrange pour gagner ce genre de chose en faisant ça, je me tiens sur un pied et je regarde le gardien. »

Voici une liste d'autres excellents tireurs qui, tout comme Lewandowski et Maradona, utilisent ou utilisaient, régulièrement ou à l'occasion, la technique dépendante du goal :

- Michel Platini 95,7 % (sur 46 tirs)
- Raúl Jiménez 94,4 % (sur 36 tirs)
- Ivan Toney 93,8 % (sur 32 tirs)
- Sébastien Haller 93,3 % (sur 30 tirs)
- Bruno Fernandes 89,8 % (sur 59 tirs)
- Erling Haaland 89,4 % (sur 47 tirs)
- Mikel Oyarzabal 88,9 % (sur 36 tirs)
- Gabriel Barbosa 86 % (sur 50 tirs)

La leçon plus générale à en tirer, c'est qu'être prêt à accepter une vulnérabilité initiale et à sacrifier un contrôle et un confort à court terme peut être une excellente façon de gagner en fin de compte *davantage* de contrôle et d'atteindre de meilleurs résultats. Cela dit, tout dépend si l'on a un talent hautement spécialisé et si l'on est capable de se placer dans un état mental productif au moment de la performance.

21. Mukherjee (2022).

Comment atteindre pareil état mental ? Y a-t-il un autre moment du tir au but où l'on peut acquérir l'impression de contrôler la situation ?

LA ROUTINE PRÉ-TIR

Janvier 2015. Tottenham contre West Bromwich Albion. Pénalty pour Tottenham. Du haut de ses 22 ans, Harry Kane paraît concentré. C'est son premier pénalty en Premier League. Que fait-il ? Il pose le ballon sur le point de pénalty et recule calmement. Il s'immobilise et prend une pose digne d'une statue, le regard fixé sur le ballon, le pied gauche en avant, le corps légèrement penché vers l'avant, les bras tendus vers le bas. Il commence sa course en ramenant en arrière son pied gauche, sur lequel il prenait appui, puis, en quelques foulées rapprochées, il prend de la vitesse et frappe avec rapidité. Un tir indépendant du goal. But.

Avance rapide de près de neuf ans et 70 tirs. On est en août 2023. Bayern Munich contre Augsbourg. Pénalty pour le Bayern. Harry Kane, 30 ans, paraît concentré. C'est son premier pénalty en Bundesliga. Que fait-il ?

Il pose le ballon sur le point de pénalty et recule calmement. Il s'immobilise et prend une pose digne d'une statue, le regard fixé sur le ballon, le pied gauche en avant, le corps légèrement penché vers l'avant, les bras tendus vers le bas. Il ramène en arrière son pied gauche, sur lequel il prenait appui, puis, en quelques foulées rapprochées, il prend de la vitesse et frappe avec rapidité. Un tir indépendant du goal. But.

Vous voyez une différence ? Il n'y en a pas. Pour Kane, la clé, c'est la stabilité. Il se prépare toujours à tirer de la même façon. Les fondements de son comportement menant au tir sont restés les mêmes depuis près d'une décennie. Pour le citer : « Tout le monde a une manière différente de tirer un pénalty. La mienne, c'est la routine, la même course d'élan, le même angle, viser, bien sûr, et foncer[22]. »

Cela ne veut pas dire qu'il n'y a pas de place pour un ajustement, si c'est utile. Durant sa première année en Premier League, quand il entendait le coup de sifflet, Kane s'élançait presque tout de suite. L'année suivante, il a commencé à prendre une profonde inspiration et un petit temps de pause avant sa course d'élan. Puis, pendant la saison 2016-2017, il a introduit une étape supplémentaire : position de départ et course restent identiques, mais lorsque le sifflet retentit, Kane prend une longue inspiration suivie d'une expiration puissante, puis il regarde le gardien, reprend une bonne inspiration, regarde à nouveau le ballon et alors seulement il s'élance. Ces inspirations, effectuées de la même façon et dans le même ordre, caractérisent sa technique depuis huit ans.

La constance du comportement pré-tir de Kane se retrouve dans le temps qu'il prend pour se mettre en mouvement après le coup de sifflet (voir le diagramme page suivante). Bien que ce temps ait légèrement augmenté au fil des ans, la durée de sa pause post-sifflet indique constance et solidité, à un moment où la pression est réelle, et où le chaos et le spectacle environnants distrairaient et troubleraient la plupart des gens.

22. HaytersTV (2018).

HARRY KANE
Pause post-sifflet 2013-2023

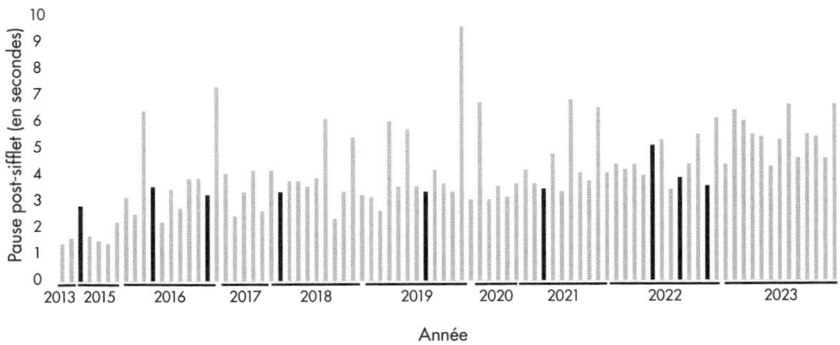

Chaque trait représente un pénalty, par ordre chronologique, pour un club et une équipe nationale.

Buts
Manqués

Cela dit, Kane peut aussi être affecté par le spectacle. Il y a des cas particuliers, des pauses inhabituellement longues, qui correspondent aux pics occasionnels dans le diagramme. Le plus important – une attente de plus de neuf secondes – a eu lieu en 2020 à Norwich, alors qu'à la 83e minute, Tottenham est mené 2-1. Coup de pression supplémentaire ? Peut-être. Mais une observation poussée de la vidéo suggère plutôt qu'au milieu de tout ce vacarme, Kane n'a tout simplement pas entendu le sifflet, si bien qu'après un long moment debout à attendre, il regarde l'arbitre et prend conscience que le coup de sifflet a déjà été donné. Ce n'est qu'à ce moment-là qu'il commence sa routine de respiration, qu'il exécute d'ailleurs normalement. Une frappe sèche à droite. But.

Une routine pré-performance stable et tenue est une manière d'avoir plus de contrôle en situation de forte pression. Il y a une multitude de façons de se constituer pareille routine. Martin Ødegaard d'Arsenal n'était pas à l'origine un tireur, mais il a commencé à être sélectionné en 2023 pour des pénaltys et des tirs au but. Il m'a confié combien son comportement était délibéré avant de tirer :

« Je sais comment placer le ballon sur le point de pénalty. Je sais quoi faire quand je recule. Je prends le temps qu'il faut. Et je sais quoi faire quand je m'élance, et sur quoi me concentrer à ce moment-là. C'est vraiment là-dessus que mes pensées se focalisent, et sur pas grand-chose d'autre. On ne sait pas si le ballon va entrer ou non, mais jusqu'à ce que le ballon parte, j'ai une bonne maîtrise de ce que j'ai à faire. »

Cela l'aide clairement à adopter l'état d'esprit approprié, productif, qui convient dans ces moments de pression intense : « Il y a cette sensation de totale concentration. Je suis concentré. Je me concentre exclusivement sur ce que je suis censé faire. »

Le contrôle, c'est l'élément critique : « C'est moi qui décide pour le ballon. Je veux être celui qui contrôle la situation, et non pas laisser la situation prendre l'ascendant. Ce qui sous-tend toutes les choses que je fais, c'est que je tiens à avoir le contrôle de la situation. C'est moi qui commande. »

Il explique aussi que cette maîtrise ne vient pas toute seule ; c'est quelque chose qu'il travaille : « Il faut trouver sa zone et être à l'aise dedans. J'ai travaillé dessus de façon à me sentir dans la bonne zone de confort pour moi. »

La routine aide à se concentrer plus efficacement sur les tâches et à canaliser l'attention dans ces moments critiques juste avant de passer à l'action. Les études montrent aussi que l'adoption d'une routine pré-performance identifiable minimise les sources de distraction, augmente le sentiment d'être en contrôle et réduit l'anxiété[23]. Une méta-analyse de 61 études portant sur des athlètes de différentes disciplines sportives a conclu que les routines pré-performance ont un effet réel et sérieux sur la performance[24]. Les composantes précises de ces routines sont propres à chacun – la façon de reculer, de se mettre en position, de s'élancer, le nombre de foulées, et le fait de regarder le ballon ou le gardien. Il n'y a pas nécessairement *une* bonne méthode. Ce qui compte, c'est que le joueur se sente à l'aise avec sa routine personnelle, qu'il prenne le temps de s'entraîner à la répéter, de la perfectionner et de la consolider.

Kane est le modèle par excellence de ce type d'approche.

LE POSITIONNEMENT DU BALLON

Notre étude sur les temps de préparation et les performances a montré que les joueurs qui prennent plus de temps pour poser le ballon au point de pénalty marquent plus de buts que ceux qui écourtent l'exercice[25]. Cela pourrait indiquer qu'il est payant de veiller délibérément, avec soin et méticulosité, à ce que le ballon soit bien placé.

Erling Haaland de Manchester City a poussé les choses encore un peu plus loin. C'est un excellent tireur de pénalty. Malgré son jeune âge (23 ans au moment où nous écrivons), il a frappé 43 fois, dont 38 tirs réussis, soit un taux de réussite honorable de 88 %. Au début de sa carrière, Haaland utilisait la technique dépendante du goal.

23. Cotterill (2010) ; Perry & Katz (2015) ; Hill et coll. (2010) ; Hazell et coll. (2014) ; Cohn et coll. (1990).

24. Rupprecht et coll. (2021).

25. Jordet et coll. (2009).

C'était efficace, mais brut de décoffrage. Par exemple, pour son tout premier pénalty senior, en avril 2018, lors du match de Molde contre Lillestrøm pendant l'Eliteserien norvégienne, il lève la tête avant d'atteindre le ballon, voit le gardien plonger à gauche et tire dans la lucarne en haut à droite. Était-il absolument nécessaire de placer la balle si haut alors que le goal était déjà parti ? Peut-être pas. Sur ce point, le jeune Haaland, âgé de 17 ans à l'époque, dit après le match : « Le goal était parti à gauche, alors je l'ai mise à droite[26]. »

Quelques mois plus tard, il marque un pénalty décisif dans un match de qualification à l'Euro U19 contre l'Italie. Il a maintenant ajouté à sa technique un saut pré-frappe. Sa dernière foulée tenant en effet plus du saut et donc de l'atterrissage, il touche cette fois-là accidentellement quoique légèrement le ballon de son pied droit avant de tirer du gauche. Techniquement, c'est une faute, mais elle a échappé à l'arbitre si bien que le but a été validé. Par la suite, Haaland a maintenu cette décélération pré-frappe en laissant simplement traîner son pied avant de tirer. Il a marqué ses sept pénaltys suivants, amenant la technique dépendante du goal à un point de perfection – les gardiens sont partis du mauvais côté dans six cas sur les sept. À la question « Quel est votre secret ? », posée après l'un de ces matchs, il a répondu : « Je regarde le goal[27]. »

Après son transfert au Borussia Dortmund, en Allemagne, Haaland a d'abord continué un parcours sans faute avec les pénaltys, avant de rencontrer quelques difficultés. Cela a commencé par un pénalty raté contre Augsbourg en janvier 2021. Le gardien est cette fois resté en

26. Hustad (2018).

27. Horsinek & Barth (2019).

place plus longtemps et le ballon a touché la barre transversale. Quelques mois plus tard, Haaland s'est retrouvé face à Bono, le goal du FC Séville. Il existe une contre-mesure potentiellement redoutable contre la technique dépendante du goal, c'est que le gardien amorce au bon moment sur sa ligne de but un mouvement trompeur, avant la frappe. De fait, Bono a exécuté une feinte gauche-droite-gauche parfaitement orchestrée, qui a peut-être déconcerté Haaland. Ce dernier a tiré à droite. Un ballon que Bono a facilement arrêté. Malheureusement, comme il était parti trop tôt de sa ligne, l'arbitre a fait retirer le pénalty. Cette fois, Haaland marque, même si le goal est parti du bon côté et touche le ballon. Lors d'une interview post-match à la télévision norvégienne, Haaland déclare avec un mélange de confiance et d'insolence : « J'ai raté quand il a triché… J'ai marqué quand il n'a pas triché. »

Il se peut tout de même que cet incident l'ait davantage affecté qu'il ne l'admettait, car un mois plus tard, il a complètement changé sa technique de tir. Contre le Werder Brême en avril 2021, il se contente de frapper le ballon proprement et de le placer relativement haut à gauche. Au début de la saison suivante, il met au point une course d'élan régulière, sans pause, mais en regardant le gardien presque tout le temps, avant de baisser enfin le regard sur le ballon pour bien le frapper.

Ces comportements ne sont pas du tout caractéristiques d'un joueur qui utilise la technique dépendante du goal. Il n'y a pas de saut, pas d'arrêt ni de pause. En fait, on pourrait supposer que Haaland s'est déjà engagé dans son tir et qu'il a rejoint les rangs des tireurs de pénaltys indépendants du goal. Cependant, sur les 11 tirs suivants, le gardien s'est trompé de côté neuf fois. Alors soit Haaland a une veine de pendu, surnaturelle, soit il capte les mouvements imperceptibles du gardien, sans doute en utilisant sa vision périphérique alors qu'il donne l'impression de regarder vers le ballon, et cela sans perdre le rythme de sa frappe. Franchement, je ne sais pas comment il fait. Et il ne me le dira certainement pas.

Ce qui est plus facile à affirmer, c'est qu'en 2021, Haaland opère un grand changement dans sa routine pré-tir, routine restée inchangée depuis. Avant cela, il posait le ballon, reculait en faisant face au gardien et attendait le coup de sifflet de l'arbitre. Mais soudain, lors du match contre Mainz, il est resté au point de pénalty, le ballon dans les mains, le regard tourné vers l'arbitre. Quand celui-ci a été sur le point de souffler dans son sifflet, alors seulement Haaland a posé le ballon et reculé. Et c'est ce qu'il fait désormais. Il lui arrive parfois de poser le ballon au point de pénalty et de le reprendre, cela plusieurs fois de suite.

D'autres fois, il donnera l'impression de penser à autre chose : il s'essuie le nez, crache plusieurs fois, remonte ses chaussettes. Pourquoi passe-t-il autant de temps au point de pénalty ? L'intention première est probablement de se ménager un supplément d'initiative et de contrôle dans un contexte où le tireur ne sait jamais combien de temps le gardien va mettre pour se caler et l'arbitre pour siffler. Une telle routine permet à Haaland d'ajuster le ballon jusqu'à la dernière seconde, et c'est lui qui décide du moment où il va s'élancer. Après ce changement de routine, non seulement il s'est accordé bien plus de temps après le coup de sifflet (voir le diagramme page suivante), mais il a aussi marqué les 15 pénaltys suivants[28].

28. Logiquement, il se tient souvent à côté du ballon lorsque le coup de sifflet retentit, et il lui faut du temps pour reculer.

ERLING BRAUT HAALAND

Pause post-sifflet 2018-2023

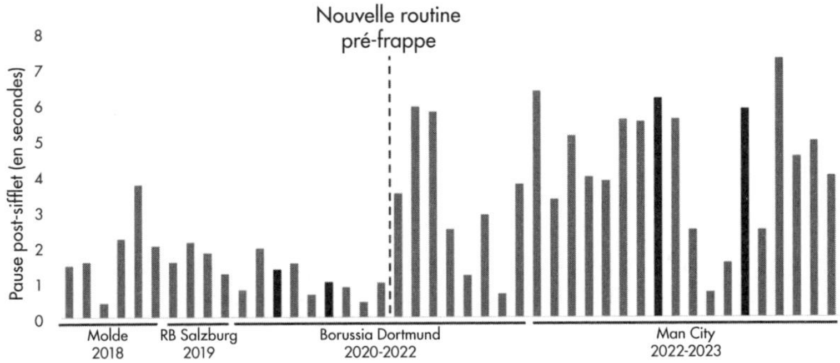

Chaque trait représente un pénalty, par ordre chronologique, pour un club et une équipe nationale.

Buts

Manqués

Ainsi, avec Haaland, on voit comment même le simple fait de positionner le ballon sur le point de pénalty peut constituer une facette supplémentaire de la routine pré-frappe et une opportunité supplémentaire pour le tireur de reprendre le contrôle d'une situation de pression extrême.

LA PAUSE POST-SIFFLET

Yasuhito Endō est une légende du football japonais. Avec 150 sélections en équipe nationale, c'est le joueur le plus capé du Japon. Il aura joué au total plus 1 100 matchs professionnels avant de prendre sa retraite en 2024, à 43 ans.

On lui doit un tir au but d'anthologie lors de la Coupe du monde 2010 en Afrique du Sud. C'était pendant les huitièmes de finale Japon contre Paraguay. Aucun but n'avait été marqué durant le temps réglementaire. Pas plus durant les prolongations. L'issue du match allait donc se jouer aux tirs au but. Endō s'est avancé le premier pour le Japon. Quand il est arrivé au point de pénalty, il a pris quelques secondes pour aplatir l'herbe autour. Un geste délibéré, mais calme. Il a ensuite posé le ballon, jeté un coup d'œil au goal, et il s'est éloigné à reculons. Une fois atteint le point de départ de sa course d'élan, il a fixé le ballon et ne l'a plus quitté du regard tout en se tenant aussi immobile qu'une statue.

Au coup de sifflet de l'arbitre, Endō ne bouge pas d'un pouce, en apparence hypnotisé par le ballon. Toujours aussi immobile. Les caméras de télé zooment sur son visage. On n'y voit pas l'once d'une expression. Il semble méditer. Cela dure 6,4 interminables secondes. Le monde entier attend. Soudain, il se réveille. Un coup d'œil au gardien. Une course d'élan très courte. Deux foulées. Un tir dans le coin droit. But.

Pour la plupart des gens, ce tir peut sembler anodin, un ballon juste bien frappé. Mais pour moi, avec mon intérêt de spécialiste, ce moment a été tout simplement énorme. À ce point de l'histoire des tirs au but en compétition majeure, personne n'était resté immobile aussi longtemps après le coup de sifflet de l'arbitre.

J'ai caressé l'idée de courir dans la rue pour en parler à quelqu'un, mais il y avait la fin des tirs au but à regarder, alors…

J'ai tenu à rencontrer Endō pour lui demander pourquoi il s'était arrêté si longtemps. En premier lieu, il voulait désarçonner le goal : « Si je pars juste après le coup de sifflet, le gardien peut plus facilement calculer ses mouvements, du coup, j'essaie de prendre mon temps avant de tirer… Avant cela, il m'était peut-être arrivé d'attendre plus de six secondes pour tirer. Je tire rarement dans la seconde ou dans les deux secondes après le coup de sifflet, donc pour moi, le moment opportun c'est sans doute entre six et dix secondes. C'est toujours comme ça. »

Mais à quoi pense-t-il quand il attend ? « Pour moi, la méditation, c'est rester immobile en ne pensant à rien – eh bien, c'est vraiment proche de ça. J'étais concentré et, bien sûr, je ne doutais pas de marquer. Ce sont les deux choses les plus importantes : tirer avec confiance et se mettre en condition de réussir. Avant un pénalty, je pense à ces deux points-là. Pas vraiment à autre chose. Je reste calme et immobile. »

Et voilà. Il réduit son attention à l'essentiel. Calme, confiance et concentration sur la réussite de son tir.

Rien ne réglemente la pause post-sifflet, donc sa durée dépend entièrement du joueur. Historiquement, comme on l'a vu au chapitre précédent, les tireurs prennent normalement, et instinctivement, moins d'une seconde avant de s'élancer vers le ballon. Ceux qui se précipitent, qui partent immédiatement, semblent rater plus de tirs que les autres. D'un autre côté, ceux qui mettent plus de temps avant de s'élancer vers le ballon sont peut-être du genre à trop réfléchir, on peut donc en déduire qu'attendre trop longtemps n'est pas bon non plus.

Les cinq joueurs qui ont marqué les pauses les plus longues dans l'histoire des tirs au but de compétitions majeures sont : 1) Marcus Rashford (Angleterre), 2) Tameka Yallop (Australie), 3) Paul Pogba (France), 4) Yasuhito Endō (Japon), et 5) Megan Rapinoe (États-Unis).

Les listes des 10 joueurs et des 10 joueuses qui prennent leur temps font apparaître que cette pratique est relativement récente.

PAUSE POST-SIFFLET

Top 10 des joueuses ayant frappé des tirs au but en Coupe du monde, aux Championnats d'Europe et en Ligue des champions 1999-2023 (N = 249 tirs)

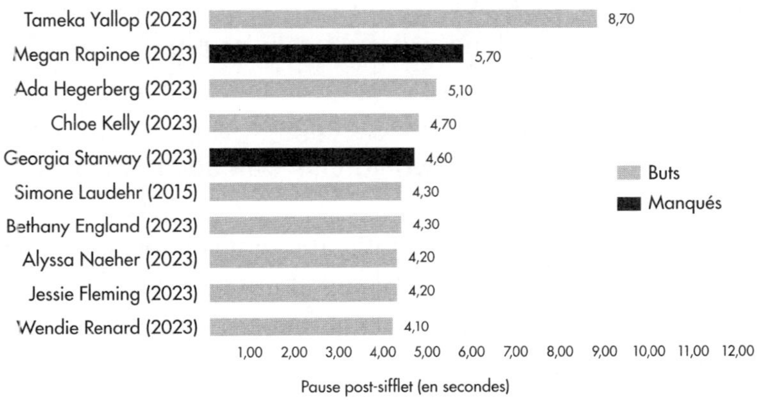

PAUSE POST-SIFFLET

Top 10 des joueurs ayant frappé des tirs au but en Coupe du monde, aux Championnats d'Europe et en Ligue des champions 1999-2023 (N = 718 tirs)

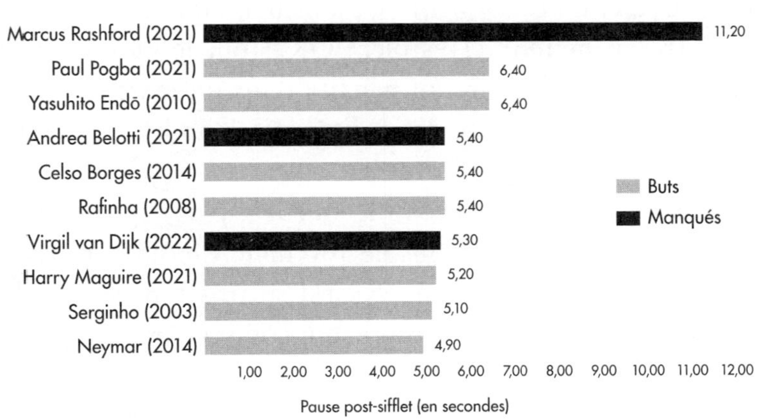

Le temps que les joueurs mettent à partir après le coup de sifflet de l'arbitre est affaire de penchant naturel; aussi, lorsqu'ils étirent l'instant, c'est presque toujours délibéré. Ce n'est pas une simple réaction, il y a une intention derrière. Prendre un moment après le coup de sifflet sert à s'ancrer avant de s'élancer, pour atteindre plus de contrôle sur soi-même et sur la situation (dont le goal), et s'assurer aussi que la frappe est bien alignée et préparée. Voici quelques exemples de la façon dont s'y prennent les joueurs de très haut niveau.

Celso Borges affiche le cinquième temps le plus long de l'histoire des tirs au but majeurs du foot masculin. Il a connu un début de carrière très difficile en tant que tireur. À 20 ans, en équipe U23, il a raté un tir décisif pour le Costa Rica lors des qualifications 2008 aux Jeux olympiques, face à une équipe panaméenne entraînée par son père, Alexandre Guimarães, ce qui n'arrange rien. Borges m'a dit : « Ça a été l'un des moments décisifs de ma carrière. Un traumatisme. Une tragédie. Je n'ai pas tiré de pénalty pendant six mois, jusqu'à ce que mon père me dise : "Tôt ou tard, tu vas devoir en tirer. Ça ne définit pas qui tu es en tant que joueur ; c'est juste un moment comme un autre du match." Très bien. OK. Tout le monde rate. Passés six mois, j'ai tiré un pénalty dans un match amical en Uruguay. J'ai changé de côté, et ça a marché. Après ça, j'en ai tiré beaucoup d'autres. »

Celso Borges allait devenir le joueur le plus capé de l'histoire costaricienne avec plus de 160 matchs pour son pays. Au Mondial 2014, le Costa Rica a surpris tout le monde en arrivant premier d'un groupe qui comprenait l'Uruguay, l'Italie et l'Angleterre, les deux dernières places étant éliminatoires. Contre la Grèce en huitièmes de finale, les prolongations se sont terminées sur un 1-1. Tirs au but imposés.

Borges s'en souvient encore : « Mon Dieu, c'était la première séance de tirs au but de mon pays dans une Coupe du monde. C'est moi qui frappais le tout premier tir au but de toute l'histoire du Costa Rica dans un Mondial. Du coup, j'étais très nerveux. Très nerveux. Je ne sais pas comment décrire ça autrement. »

Pourtant, Borges ne s'est pas laissé submerger par sa nervosité : « J'étais tellement focalisé sur ce que j'allais faire. Je me fichais de ce qui se passait autour de moi. J'ai pris mon temps en ne pensant tout du long qu'à ce que j'avais à faire et où j'allais tirer. »

Borges a marqué. Le Costa Rica a remporté les tirs au but et rencontré les Pays-Bas en quart de finale. Avec encore des tirs au but à la clé. Ceux-là ne se sont pas terminés aussi bien. Une fois encore, Borges a été le premier à s'avancer pour le Costa Rica, droit dans l'œil du cyclone face au terrible gardien néerlandais Tim Krul : « J'ai fait tout pareil. J'ai pris mon temps, attendu un peu. Respiré un bon coup. Et puis action. » Nouveau but.

Maintenant, il est intéressant de remarquer que pour ces deux tirs, Borges a pris un temps étonnamment long après le coup de sifflet avant de commencer sa course d'élan (plus de cinq secondes la seconde fois). Pourquoi ? À ma question, il a répondu : « Oui, j'ai pris mon temps, sur le conseil de mon père. Il m'avait dit que le coup de sifflet de l'arbitre n'était pas un signal de départ pour se mettre à courir. C'est le signal pour commencer son rituel. Ce n'est pas comme au tennis où ils ont, quoi ? Vingt-cinq secondes avant de devoir servir. Nous, on peut prendre tout le temps qu'on veut. »

Du coup, c'est devenu pour Borges l'occasion de prendre l'ascendant dans le duel avec le goal : « Mon père m'a toujours dit : Laisse le gardien commencer à s'angoisser aussi.

Ce que tu veux, c'est que le goal se dise : "P..., il va finir par y aller, oui ou m... ?" Je ne commence mon tir qu'une fois que cette pensée leur est venue. Quand je le vois craquer un petit peu, je respire un bon coup et j'y vais. Voilà pourquoi je prends mon temps. Il ne faut pas se précipiter. »

Beaucoup des plus grands tireurs internationaux – Lewandowski, Kane, Giroud, Toney – marquent maintenant une pause de 3-5 secondes entre le coup de sifflet et la course d'élan. Et le nombre de jeunes tireurs qui font la même chose, voire sur des temps plus longs, est en augmentation. En janvier 2024, Jude Bellingham tirait son premier pénalty pour le Real Madrid. C'était un jeune tireur inexpérimenté (c'était seulement le troisième pénalty de sa carrière professionnelle), mais il a adopté la même routine de positionnement du ballon que Haaland et Toney, ce qui lui a permis de retarder le moment de reculer, et là encore, il a pris son temps avant de s'élancer. Beaucoup de temps. Il est resté debout sans bouger plus de 10 secondes avant de partir. Et de marquer.

Il est impératif que les joueurs comprennent le *pourquoi* de cette pause : l'objectif est d'acquérir un certain contrôle, de prendre de l'assurance, et le rôle de la pause est essentiellement de les aider à atteindre cet état. Martin Ødegaard d'Arsenal prend toujours 2-3 secondes avant de courir vers le ballon. Je lui ai demandé pourquoi, et il a commencé par rire avant de dire : « J'ai écouté des gens comme vous, qui disent que ça fait sens. » Mais ensuite, plus sérieusement, il a ajouté que c'était une question de contrôle : « L'arbitre siffle, mais c'est moi qui décide quand je commence à courir. Je ne réagis pas au coup de sifflet, l'impulsion, c'est moi qui la donne. C'est moi qui ai le contrôle sur ça. » Lorsque j'ai demandé à Robert Lewandowski pourquoi il attendait si longtemps, il était parfaitement conscient des avantages qu'il en retirait : « Je ne bouge pas pendant un long moment après le coup de sifflet pour avoir plus de temps pour me calmer. Pour me concentrer. Et je sais que pour le gardien, c'est pénible. » Il a souligné ensuite qu'il travaillait activement pour que cette partie de son rituel soit aussi optimale que possible : « Je veux prendre le temps de travailler sur moi, pas contre moi. C'est du mental. Une longue pause avant de courir. En prenant plus de temps, je contrôle la situation. J'ai travaillé là-dessus, et j'ai trouvé une bonne solution. »

Cela dit, les joueurs devraient aussi se voir donner *vraiment* la possibilité de ne *pas* marquer de pause, s'ils pensent ne pas en avoir besoin pour atteindre un état de calme et de concentration. Si les joueurs marquent une pause uniquement parce que l'entraîneur le leur a dit, cela peut ajouter à leur stress au lieu de les aider à se détendre. Une étude sur les archers de haut niveau montre que lorsqu'ils sont obligés de retarder leur tir de cinq secondes par rapport à leur temps habituel, cela affecte drastiquement et négativement leur performance[29]. Un choix personnel judicieux, orienté par les entraîneurs, augmentera en soi le sentiment d'avoir le contrôle et devrait très vraisemblablement améliorer la performance.

Dans l'idéal, une routine pré-tir doit suffisamment tenir le coup pour être utile dans toutes les situations de pression, et notamment les situations prolongées. L'expérience de la joueuse de Chelsea, Maren Mjelde, durant le match retour du quart de final de la Ligue des champions féminine 2023 contre Lyon en est une bonne illustration. On la fait entrer à 15 minutes de la fin du temps réglementaire,

29. Robazza et coll. (1998). Cependant, les exigences physiques d'une tension prolongée de l'arc peuvent avoir contribué à ces effets.

à un poste inhabituel pour elle, celui d'arrière latéral. Ainsi qu'elle me l'a confié : « Je me suis retrouvée à courir derrière une ailière lyonnaise super rapide, et au bout de 10 minutes, mon mollet a commencé à se manifester. » Quand elle passe au poste de milieu de terrain, son mollet proteste encore plus : « Qu'est-ce qui ne va pas avec mon corps ? » Elle parvient cependant à garder son sang-froid : « D'un autre côté, je peux marcher. Rien n'est fini tant que le sifflet final n'a pas retenti. »

En effet. À ce moment du match, alors que son mollet l'inquiète, l'état d'esprit de Mjelde n'est pas au beau fixe. « Dans ma tête, c'est comme si je ne comprenais pas que si on marque un autre but, on est à égalité. J'imagine que c'est juste fini. » C'est alors que dans les ultimes secondes des deux minutes du temps additionnel, Lyon menant 2-1, une joueuse de Chelsea est soudain accrochée dans la surface de réparation lyonnaise et le couperet tombe. « Merde. Si on marque maintenant, ce sera sur pénalty. Vous voyez les pensées bizarres qui vous passent par la tête quand vous êtes sous une pression pareille. Une seconde plus tôt, vous pensez être sortie, et la seconde d'après, "non, ce n'est qu'un but de plus". »

Pendant que l'arbitre est appelé à vérifier la vidéo, quelque chose d'autre arrive à Mjelde. « J'ai regardé autour de moi et je me suis dit : "OK, c'est pour moi. Je suis celle qui va tirer." Parce qu'aucune des deux autres tireuses prédésignées ne se trouvait sur le terrain à ce moment-là. Du coup, j'ai compris : "OK, je dois me préparer." Alors, je me suis dirigée vers ma gardienne. Je voulais juste un endroit calme et prendre du temps. J'ai marché, je ne sais pas combien de pas. Mais quand la décision est tombée, j'ai dû faire un bon bout de terrain en sens inverse pour revenir au point de pénalty. Mais j'avais besoin de ce temps-là pour me préparer. »

Apparemment, prendre du temps est toujours une composante essentielle pour elle dans ces situations, et elle avait eu de mauvaises expériences par le passé : « J'essaie de faire toujours la même chose à chaque pénalty. Et peut-être que c'est sur le facteur temps que je me concentre le plus. Il y a eu des pénaltys pour lesquels je n'ai pas pris de temps et qui ne se sont pas bien passés. Je n'avais pas pu occulter tout le reste. Je me disais : "Je dois juste en finir !" et je ratais. »

Contre Lyon, elle ne risquait pas de manquer de temps : « Dans la situation contre Lyon, je pense à prendre mon temps. Ce n'est pas qu'une question de pénaltys, il y a des situations sur le terrain où on dispose de plus de temps qu'on ne pense. Je prends mon temps et je respire. J'abaisse mon rythme cardiaque. On me dit souvent : "Votre cœur devait battre la chamade !" Et je réponds : "Non, en fait, je n'y pensais pas. J'étais probablement plus calme qu'en bien d'autres occasions. Si je l'avais mesuré, mon rythme cardiaque était peut-être plus élevé que je ne pensais, mais au moins je m'en étais convaincue. Je me contrôlais presque complètement." »

En tout état de cause, ce jour-là, Mjelde n'a pas manqué de temps. Elle en a même eu potentiellement trop. Entre l'annonce de la décision et le tir, il s'écoule en effet six minutes à cause de la vérification vidéo et des protestations prolongées des Lyonnaises. Fait intéressant, elle dit que sa capacité auditive disparaît presque complètement dans ces moments-là : « Je me parle à moi-même, ce qui fait que, d'une certaine façon, je n'entends personne d'autre que moi. Ça éclipse tout le reste. C'est presque comme si je n'entendais plus l'arbitre. Je n'entends pas la foule. Je n'entends personne. Ma voix est la plus forte. C'est une situation absurde et étrange, vraiment. »

Finalement, elle est en place. Coup de sifflet. Pause de trois secondes. Puis la course d'élan. Quel pénalty ! Soumise à une immense pression vu l'obligation de résultats, et après toute cette attente, Mjelde place le ballon dans la lucarne gauche et remonte à 2-2. C'était le dernier tir du temps de jeu.

Cela veut dire qu'il va y avoir maintenant des tirs au but : « Après une petite course de la victoire, je me suis rapidement dit : “Non, ce n'est pas fini, on est à égalité. Il faut se reconcentrer.” Je me sentais un peu invincible et j'ai transmis d'une certaine façon ce sentiment à toute l'équipe. À cause de ce que je venais de faire, il n'y aurait pas plus de pression que ça. »

Durant les tirs au but, Mjelde s'avance la première : « C'était une bonne chose de rempiler tout de suite, juste après mon tir. La sensation d'invincibilité était toujours là, alors je me sentais en sécurité. Il suffit de refaire la même chose. Le même processus. Prendre mon temps, cibler la zone de tir et bien frapper. Ces trois choses-là. Je suis plutôt sûre de moi à ce moment-là. »

Mjelde réussit à nouveau. Elle a tiré à gauche, comme l'autre fois, mais plus bas. La gardienne a bien plongé, mais c'était difficile et près du poteau. Chelsea remportera la séance et ira en demi-finale.

Marquer une pause avant d'exécuter une tâche, afin de gérer la pression, est-ce possible dans d'autres contextes que le foot et les pénaltys ou les tirs au but ? Certainement. En septembre 2009, lors du Sommet pour la paix de Vancouver, il y a eu un débat avec, entre autres, le dalaï-lama, quatre autres lauréats du prix Nobel et des dirigeants respectés dans les domaines de l'éducation, de l'entreprise et de la transformation sociale. L'un d'entre eux, le Canadien d'origine allemande Eckhart Tolle, un enseignant spirituel et écrivain réputé, s'est vu demander par l'animateur : « Comment la créativité peut-elle surgir d'un esprit pas complètement déformé par les constructions mentales ? » Tolle a alors fermé les yeux, il a marqué une pause (qui ne le ferait devant pareille question ?) et, un peu à la surprise générale, s'est mis à parler de football. Sur BBC World News, il avait entendu un chercheur dire que les tireurs de pénalty qui s'accordaient 3-4 secondes de pause après le coup de sifflet avaient plus de chances de marquer que ceux qui s'élançaient aussitôt. D'après lui, il y avait une leçon très claire à en tirer – affirmation qui a grandement amusé l'assemblée, surtout quand Tolle a avoué ne pas avoir regardé un match de foot depuis vingt ans.

Redevenu sérieux, Tolle a alors caractérisé cette pause pré-tir de temps de « calme » et de « redirection de l'attention vers l'intérieur, vers une couche plus profonde de l'être, là où réside toute la puissance ». C'est plus concret et fonctionnel qu'il n'y paraît. N'importe qui, dans le sport ou ailleurs, peut en profiter. Un moment d'immobilité avant d'entreprendre une tâche critique, peut-être en respirant en pleine conscience, facilitera la stabilisation des émotions, le choix de la stratégie appropriée et la concentration de l'attention là où c'est le plus nécessaire. (Les chercheurs qui regardent les tirs au but un chronomètre en main ne sont pas légion, donc celui que Tolle avait entendu à la radio, c'était moi – s'il y avait un doute.)

LA RESPIRATION

Quand Cristiano Ronaldo marque son but décisif lors de la séance de tirs au but contre l'Angleterre pendant le Mondial 2006, non seulement il effectue une pause pendant ce qui semble être une éternité – près de trois secondes après le coup de sifflet –, mais il prend aussi trois profondes inspirations. À chacune, son torse se soulève de manière très visible et, lorsqu'il expire, c'est avec une force presque comparable à certaines de ses actions avec le ballon, ses épaules retombent très nettement tandis que ses poumons se vident.

De longues et profondes inspirations peuvent être une puissante technique de pré-performance dans tout type de situation de stress. Lorsqu'on questionne le champion de tennis Novak Djokovic sur sa force mentale, il fait immédiatement référence à la respiration : « Il y a différentes techniques. La respiration consciente est très importante, surtout dans les moments où on est sous pression[30]. » Le neurobiologiste Andrew Huberman démontre qu'un « soupir physiologique » – cinq minutes de respiration pendant lesquelles l'expiration dure deux fois plus longtemps que l'inspiration – avait des effets considérables dans l'amélioration de l'anxiété[31]. Tous ceux qui réalisent des tâches sous la menace ou la pression ont de plus en plus recours à des techniques de respiration, et cela vaut pour les tireurs de pénaltys ou de tirs au but.

30. 60 Minutes (2023).

31. Balban et coll. (2023).

Robert Lewandowski est l'un des meilleurs tireurs au monde et on le voit à chaque tir poser sa respiration. Ainsi qu'il l'a expliqué lors d'une interview : « Frapper un pénalty dans un match à élimination directe de la Ligue des champions est un grand défi, émotionnellement. La pression est là. On a beaucoup couru, on est à bout de souffle, et on a moins d'une minute pour se calmer et ralentir son pouls. On y parvient en se concentrant sur sa respiration et en trouvant un point de sérénité. On se rappelle de quoi on est capable, et on remplace la pression par la confiance[32]. » Dans une conversation avec moi, il a ajouté : « J'ai commencé à me concentrer sur la respiration en même temps que j'ai changé ma technique. Je sais qu'être calme dans ma tête et dans mon corps m'aide beaucoup. Ce genre de petites choses vous donne de plus grandes chances de marquer. »

Le Costaricain Celso Borges a aussi incorporé une respiration dans sa routine, ce qui explique en partie pourquoi il prend du temps après le coup de sifflet : « J'inspire. J'expire. OK, je suis prêt. Et rien ne me distrait vraiment de cette concentration. » Lui aussi avait une connaissance approfondie de l'utilité de la respiration : « J'ai découvert plus tard, en travaillant avec un psychologue, les effets de la respiration – s'emplir le ventre d'air, détendre le cerveau et permettre simplement au sang de circuler un peu mieux. »

La respiration abdominale, celle où le ventre, et non la poitrine, se gonfle à chaque inspiration, active le système nerveux parasympathique, qui induit la relaxation. Si l'on prend des inspirations superficielles, au niveau de la poitrine, on obtiendra l'effet inverse : c'est le système nerveux sympathique qui sera activé, et il stimulera une

32. Honigstein (2021).

réaction de « combat ou fuite[33] ». Ainsi, ce serait une bonne habitude avant de tirer, ou dans les situations équivalentes de grand stress, que de prendre trois ou quatre grandes inspirations, des inspirations qui descendent bas dans le ventre. Cela pourrait et devrait aussi être travaillé en dehors du contexte de la performance. Si votre respiration par défaut est abdominale, c'est une bonne base de départ sur laquelle s'appuyer au moment où on est appelé à prendre de profondes inspirations avant d'exécuter une tâche sous pression.

LE MENTAL

En tant que tireur, Erling Haaland est une vraie machine. Il est mortellement efficace quand il est au point de pénalty. Pourtant, c'est là qu'il se dévoile et trahit son humanité. Dans ces moments-là, souligne-t-il avec force, il est juste comme vous et moi. Voici ce qu'il a dit après avoir tiré un pénalty lors d'un match en équipe nationale contre la Suède en juin 2022 : « Je ne vais pas vous mentir, cette fois-là, moi aussi j'étais incroyablement nerveux[34]. » Ou encore en novembre 2022, quand, pour la première fois de sa carrière senior, il a été obligé de tirer pour Manchester City un pénalty potentiellement décisif dans un temps

33. D'après des conversations avec Rachel Vickery, coach en respiration et consultante en performance mentale pour des équipes de haut niveau dans différents sports, comme les Golden State Warriors en basket NBA.

34. En fait, le mot qu'il a employé n'était pas « incroyablement », mais *grævla*, qui est une expression de puissance locale, ou un juron, utilisé uniquement dans la région de Norvège dont Erling Haaland est originaire, Bryne et Jæren.

additionnel déjà bien avancé. C'était contre Fulham, à la 95e minute d'un match de Premier League, score 1-1. « Nerveux. L'un des pires moments de stress de ma vie. Un pénalty à la dernière minute. Bien sûr que j'étais nerveux. Comme n'importe qui. » (Dans les deux cas, il a marqué.)

Lorsque j'ai reparlé à Haaland de ces deux aveux, il les a confirmés avec encore plus de véhémence : « Quand je commente les pénaltys, je suis juste moi-même et je dis ce que j'ai ressenti. Pour moi, c'est très étrange que des joueurs ne soient pas nerveux avant un tir important. Quand on me demande comment j'étais avant de tirer, je dis ce qu'il en était : j'avais une trouille bleue. C'est normal que ce soit comme ça[35]. »

Cela nous rappelle avec vigueur que performer sous pression ne veut pas dire sans peur ni malaise[36] : c'est agir *en dépit de* la peur et du malaise – réagir directement face à ces circonstances. L'histoire de Zinedine Zidane en 2004 en est une illustration criante.

Assez tôt dans l'Euro 2004, par une journée torride à Lisbonne, la France et l'Angleterre s'affrontent en match de poule. À la 90e minute, l'Angleterre mène 1-0. C'est alors que le festival Zidane commence.

Tout d'abord, avec un but incroyable sur coup de pied arrêté à 30 mètres de distance, directement dans le coin gauche de la cage. 1-1. Moins de deux minutes plus tard, Thierry Henry est renversé par le goal anglais dans la surface de réparation. Pénalty. Zidane s'avance. Il a l'air confiant, déterminé, à l'aise. Il déroule sa routine habituelle. Il place le ballon comme d'habitude, recule comme d'habitude, se tient à l'endroit habituel, court de la même

35. L'auteur emploie l'expression anglaise *shit nervous*, presque directement traduite du mot norvégien *dritnervøs* (NdT).

36. D'après les mots de Mark Twain (Heshmat, 2022).

manière vers le ballon. Et il place une frappe nette dans le coin gauche de la cage. Un tir sous une pression terriblement élevée. La France a gagné.

Cependant, très peu de personnes auront remarqué ce que Zidane a fait dans les dernières secondes précédant sa frappe, en attendant le coup de sifflet. Cela n'a pas été montré à la télé, mais une équipe de tournage suédoise postée derrière le but a capturé l'instant. Juste quatre secondes avant de s'élancer, soit six secondes avant que le ballon ne franchisse la ligne de but, Zidane s'est penché en avant et a vomi. Et pas juste une fois, mais deux. L'arbitre a ensuite sifflé. Zidane s'est redressé, s'est essuyé la bouche, a commencé sa course d'élan et a marqué.

Clairement, en dépit des apparences, Zidane n'était pas du tout à l'aise à ce moment-là. Peut-être étaient-ce les nerfs, peut-être l'effet de 90 minutes d'effort physique par une chaleur extrême, ou peut-être avait-il simplement mangé une crevette pas fraîche la veille. Quelle que soit la raison, Zidane en était malade, mais il est resté suffisamment concentré sur sa performance pour exécuter son tir.

Tout comme Zidane et Haaland, la plupart des athlètes sont parfaitement habitués à expérimenter l'anxiété et le malaise. Mais le premier pas à faire pour réussir en situation d'angoisse est de la considérer comme normale, naturelle, et d'y voir même parfois une aide à la performance, une chose appréciable. Le légendaire psychologue du golf, le docteur Bob Rotella, le formule en ces termes, pour ce qui touche au mental des golfeurs de haut niveau : « Ils doivent apprendre à percevoir les sensations provoquées par l'incertitude comme excitantes, bénéfiques, et à les apprécier[37]. »

---

37. Rotella & Lerner (1993), p. 536.

Oui, se sentir bien quand on performe est agréable et peut apporter quelque chose à l'expérience sur le coup. Mais ce n'est pas le plus important. Pour citer le psychologue autrichien du sport Peter Haberl, qui a travaillé avec différentes équipes représentant les États-Unis dans neuf olympiades : « Je me fiche de vos états d'âme ; ce qui m'intéresse, c'est ce que vous allez en faire. Je m'intéresse au résultat du ressenti, pas à sa forme. » Que propose-t-il pour atteindre cet état mental de concentration ? Être présent et conscient, souple, ouvert, et s'entraîner à la pleine conscience et à la méditation.

Novak Djokovic est l'avocat par excellence de cet entraînement à la pleine conscience. Il explique son approche comme suit : « Je peux paraître fermé, mais croyez-moi, à l'intérieur, c'est la tempête. La plus grande des batailles se joue en dedans. On a ses doutes et ses angoisses. Je les ressens à chaque match. Je n'aime pas cet état d'esprit qu'on voit dans beaucoup de sports – vous savez, tout positiver, être optimiste, il n'y a pas de place pour l'échec, pas de place pour les doutes. C'est impossible. On est humains. La différence entre les plus grands champions et ceux qui bataillent pour arriver au plus haut niveau, c'est la capacité à ne pas s'attarder trop longtemps sur ces émotions. Pour moi, c'est relativement bref. Dès que je les ressens, je les identifie, je peux éclater ou crier sur le court, ou autre chose. Mais je suis capable de me remettre vite en selle et de redémarrer[38]. »

Les émotions désagréables et déstabilisantes sont naturelles quand on agit sous pression. Mais si on accepte ces émotions et le fait qu'elles sont inévitables, on passera moins de temps à essayer de les réguler et plus de temps à

38. 60 Minutes (2023).

se concentrer sur ce qu'on doit faire pour réussir son coup. L'idéal est d'être aussi attentif que possible aux exigences spécifiques du moment. Phil Jackson, entraîneur de basket en NBA, le résume de cette façon : « Être conscient est plus important qu'être malin[39]. » En se concentrant au maximum sur l'instant présent, le joueur évite de s'inquiéter des conséquences futures de ce qu'il va faire (dans le cas du tireur de pénalty ou de tir au but, la peur de rater) et de ruminer le passé (penser au dernier pénalty raté) pour se focaliser pleinement sur la tâche en cours.

Et donc, il est libre d'exécuter la tâche au mieux de ses capacités, malgré le bruit, l'attention, les poteaux et tous les autres éléments potentiellement écrasants de pression. Il a, concrètement, repris le contrôle.

L'HISTOIRE DE L'ANGLETERRE EN 2018

Durant les huitièmes de finale de la Coupe du monde 2018, l'Angleterre affronte la Colombie. À la fin des prolongations, le score est à un partout. Les équipes vont aux tirs au but. La plupart des fans de l'Angleterre ont une idée très précise de l'issue probable.

À ce moment de la compétition, le score des Anglais concernant les tirs au but était en effet notoirement minable. Depuis 1996, l'équipe nationale masculine anglaise avait participé à cinq séances décisives et les avait toutes perdues. De plus, mes analyses avaient révélé que dans ces situations, les joueurs anglais adoptaient davantage de stratégies orientées vers l'évitement que les autres

39. Jackson & Delehanty (1995).

joueurs européens[40]. Les tirs au but étaient devenus leur bête noire. Leur ennemi juré.

Chris Markham regardait le match contre la Colombie avec des collègues au bar de St George's Park, le siège de la Fédération anglaise de football (Football Association). Lorsque Eric Dier a marqué le tir au but qui envoyait l'Angleterre en quart de finale, mettant ainsi fin à 22 années consécutives de tirs au but cauchemardesques, tout le monde était aux anges, cela se comprend. Une demi-heure plus tard, un bip alertait Markham de l'arrivée d'un texto sur son portable. Gareth Southgate, le sélectionneur anglais, le remerciait ainsi que son équipe pour tout ce qu'ils avaient fait, sans quoi la victoire aurait été impossible.

Plus tard, un certain nombre d'individus se sont attribué, ou n'ont pas détrompé ceux qui leur attribuaient, le crédit de cette victoire aux tirs au but. En plus des joueurs et du sélectionneur, certains désignaient le directeur technique de la Fédération, le directeur de la performance, d'autres le psychologue. Mais jamais le nom de Chris Markham ne ressortait. Alors pourquoi ce texto de Southgate à Markham ? Et d'abord, qui est Markham, et qu'avait-il fait ? Eh bien, je vais vous raconter toute l'histoire de ce qui s'est passé *dans les coulisses* et qui a amené à ces tirs au but réussis, bref, la façon dont l'Angleterre a repris le contrôle sur quelque chose qui lui échappait depuis des décennies.

Chris Markham est actuellement directeur sportif de Bolton Wanderers, mais de janvier 2017 à février 2021, il a été analyste principal des matchs à la Fédération anglaise

---

40. Jordet (2009a). Il convient de noter que des tendances similaires ont été observées chez les joueurs d'autres équipes ayant accumulé les plantages aux tirs au but (Jordet et coll. 2011).

de football. Ce nouveau service, né de l'imagination de Rhys Long, à l'époque responsable de l'analyse, s'était vu chargé d'imaginer des méthodes d'observation analytique des matchs susceptibles d'améliorer les performances des équipes nationales anglaises, analyses auxquelles n'avaient pas le temps de procéder ceux qui travaillaient directement avec les équipes. Or Markham – qui avait occupé des fonctions d'analyste en chef de la performance à Huddersfield Town FC – n'était pas un simple analyste de match. Il avait suivi des études de psychologie du sport, couronnées par un master en 2009. Parcours probablement décisif pour le succès du premier grand projet qui l'attendait à la Fédération.

« La première chose qui a atterri sur mon bureau à la Fédé, m'a raconté Markham, c'est : “Comment remporter une séance de tirs au but dans une compétition de haut niveau ?” » Depuis janvier 2017 jusqu'à la Coupe du monde 2018 en Russie, donc des mois plus tard, Markham a dirigé une équipe de quatre analystes et, à la fin, d'un expert en sciences des données, tous focalisés sur un seul objectif : aider l'Angleterre à surmonter l'épreuve tant redoutée des tirs au but.

On m'a parlé de Markham en janvier 2018 et je l'ai rencontré pour la première fois en avril de la même année. Il voulait que je lui dise tout sur les pénaltys et les tirs au but, et il souhaitait aussi me montrer ce que son équipe et lui avaient fait jusque-là, et comment ils avaient utilisé mes recherches. Ce qu'il m'a alors montré, et ce que j'ai plus tard appris du projet, m'a soufflé. J'ose affirmer qu'aucune autre équipe dans l'histoire du football n'a préparé aussi minutieusement et assidûment les pénaltys et les tirs au but que l'équipe anglaise avant le Mondial 2018. Et j'ajoute qu'aucune équipe n'a autant réfléchi sur la perception collective du contrôle, et travaillé avec autant d'acharnement à la modifier.

Quand j'ai discuté, par la suite, avec Markham au moment de la rédaction de cet ouvrage, il m'a confié beaucoup plus de détails sur ce qu'ils avaient fait en amont de cette Coupe du monde. Le contraste avec les précédentes méthodes d'encadrement sautait aux yeux. Markham : « J'ai trouvé des citations des cinq derniers sélectionneurs anglais avant Gareth (Southgate), et notamment de Sam (Allardyce), disant que les tirs au but sont une loterie, que les pénaltys ne sont qu'une question de chance, ou encore qu'on ne peut pas travailler sur ce genre de pression. »

Au fil du temps, l'argument de la « loterie » a résulté en une croyance fondamentale selon laquelle on ne peut ni contrôler ni préparer les pénaltys, forgeant ainsi un sentiment omniprésent d'impuissance. Markham avait une conscience aiguë des conséquences : « D'un point de vue psychologique, parler de loterie revenait à déposséder les joueurs. Et pour moi, c'était ce qu'il fallait leur rendre : la possession, non seulement du tir en lui-même mais de tout le processus. Et cela commençait par la perception du contrôle. Comment faire pour accroître le niveau de contrôle que les joueurs, le staff, tout le monde estimait avoir ? »

Avec cet objectif en tête, un certain nombre de mesures ont été prises. Voici quelques-unes des plus importantes.

UNE PRÉSENTATION À SOUTHGATE

Avant toute chose, l'équipe de Southgate avait six mois pour préparer une présentation destinée à convaincre le directeur qu'ils pouvaient changer les choses.

« Heureusement pour nous, Gareth et son staff étaient extrêmement ouverts d'esprit et respectueux du travail bien fait. Mais ils ne supportaient pas la médiocrité, donc on savait que ça devait être vraiment excellent. »

Markham était bien conscient que ce qu'ils allaient présenter entrait dans un degré de détail que Southgate et son staff n'avaient sans doute jamais vu auparavant. « Parler de foulées, d'angle, de pas, de rythme, tu sais... tout ce qui touche aux techniques de respiration, les meilleures zones à cibler, les gardiens, les lunettes et les masques de protection. Et ce n'était que la partie technique. Ensuite venait la sélection des joueurs, la notion fallacieuse de loterie, les biais d'action, le centre de la cage sous-utilisé... Autant de choses qui auraient pu les déstabiliser complètement, alors je me souviens qu'on est allés dans le bureau de Gareth, et qu'on a imprimé et découpé tous les sujets à traiter, il y en avait partout, par terre, sur la table, et il les a classés par ordre de priorité, en mettant en avant ceux qu'il pensait primordiaux et ceux qui l'étaient moins. »

DOSAGE

La direction et la communication de Southgate ont joué un rôle capital. Markham et son équipe avaient découvert toutes ces informations fascinantes sur les pénaltys et les tirs au but, et ils étaient disposés à en transmettre le maximum aux joueurs, mais Southgate a tout mis en perspective.

« Gareth avait compris qu'il y avait là une montagne d'informations, dont certaines vraiment importantes. Mais quand on en fait trop sur la question, c'est contre-productif. Au lieu de diminuer la pression sur les joueurs, ça en rajoute. C'est la paralysie par excès d'analyse. Gareth a été vraiment bon sur ce coup-là, il a déterminé le bon nombre de détails à livrer, quand le faire, comment les aborder avec les joueurs, afin de les rendre conscients de ces choses-là. »

DÉCOMPOSER LES TIRS AU BUT EN UNITÉS FONCTIONNELLES DISTINCTES

Ils ont commencé par lire des articles scientifiques pour comprendre non seulement la frappe des pénaltys ou des tirs au but, mais aussi la syntaxe de toute la séquence d'une séance de tirs au but. « Je crois qu'on a compulsé une bonne centaine d'articles couvrant à peu près tous les champs, m'a dit Markham. Ça a pris un sacré bout de temps, jusqu'à ce qu'on tombe sur l'un des articles les plus importants, le tien, celui où tu décomposes les différentes étapes d'un tir au but[41]. »

Nous avions décomposé la séquence en quatre phases :

- Phase 1 : La pause après les prolongations.
- Phase 2 : Le rond central.
- Phase 3 : La marche.

---

41. Jordet & Elferink-Gemser (2012).

- Phase 4 : Au point de pénalty.

« C'est à partir de là que ça a commencé à prendre forme – les différentes phases dans lesquelles il fallait être vraiment bons. Ce n'est pas qu'une histoire de coup de pied, ou de psychologie, il y avait tout un processus d'action à mettre en place pour alléger la pression des joueurs. »

LE PROCESSUS

Gareth Southgate est connu pour parler de focalisation sur le process, et non pas sur l'issue. De même pour les tirs au but. Markham : « Nous avons ensuite parlé d'un process à suivre et à améliorer. Nous étions motivés par l'idée que la chose principale à faire était de redonner aux joueurs l'impression qu'ils étaient maîtres de la situation, qu'ils avaient un savoir-faire qu'ils pouvaient améliorer. Si on pouvait leur donner un process et un sentiment d'appropriation, alors ils pourraient se dire que c'était quelque chose sur quoi ils avaient la main. »

LES ANALYSES DES JOUEURS EUX-MÊMES

Markham et son équipe ont mené des analyses rigoureuses et poussées des tirs de leurs joueurs.

« Nous avons notamment créé un classement du niveau de pression. Exemple : un tir de pré-saison où John Stones fait deux pas et tire dans la lucarne est-il équivalent à un tir en finale de championnat ? Il faut les différencier.

Nous nous sommes aussi penchés sur les performances de l'équipe nationale en matière de tirs au but. Combien de joueurs se trouvaient sur le terrain lors des tirs au but ? Qui tirait et qui ne tirait pas ? On a trouvé des choses intéressantes sur certains des plus grands attaquants qui évitaient manifestement de s'impliquer au moment des tirs au but. Ça nous a ouvert des pistes de réflexion. »

RENCONTRE AVEC LES JOUEURS

Markham et son équipe ont présenté beaucoup de ces idées aux joueurs lors d'un atelier pénaltys et tirs au but organisé en mars 2018, quelques mois avant la Coupe du monde. « C'est là que nous avons introduit l'idée que le tir au but pouvait se décomposer en différentes phases et aspects. Et nous les avons abordés en détail. »

Une partie de cette première rencontre consistait à regarder une vidéo avec beaucoup d'extraits sur la course d'élan, la routine, le comportement des arbitres, des équipes, etc. Ils ont procédé ainsi dans le but de « dire, fondamentalement, qu'il y a plus là-dedans que vous ne le pensez ».

C'était aussi la première fois que les joueurs pouvaient s'exprimer. « Certains joueurs expérimentés ne voulaient pas tirer [de tir au but], et inversement des joueurs inexpérimentés voulaient [tirer]. »

Lors des réunions avec les joueurs, ils ont tenté de changer les mentalités par rapport aux tirs au but, en leur démontrant, en particulier, que l'Angleterre serait mieux préparée que toutes les autres équipes.

« Je crois que changer l'état d'esprit a été le plus gros morceau. Tout ce travail… a fini par donner le sentiment de dominer la situation. Que ce n'était pas une loterie ; qu'on pouvait être mieux préparés que les autres équipes parce qu'elles n'abordaient pas l'exercice avec ce niveau de détail. »

RENCONTRES AVEC LES ARBITRES

Durant la phase préparatoire, Markham a aussi rencontré des arbitres pour discuter des possibilités et des contraintes présentées par les règles encadrant les tirs au but.

« Tout tournait autour de la logistique de scénarios du type "et si". » Nous avons discuté des situations où l'on pouvait s'en sortir impunément et celles qui aboutiraient à un carton jaune. Côté distraction, jusqu'où le gardien pouvait-il aller ? Est-ce que ça passerait s'il s'essuyait les pieds sur le point de pénalty ? S'il en faisait trop ? »

Au cours de ces discussions, nous avons essayé de comprendre et d'inclure la psychologie des arbitres eux-mêmes. « Bah, à ce moment-là du match, les arbitres ne vont sans doute pas chercher à attirer l'attention sur eux. Nous en avons donc déduit ceci, pour les joueurs : "Il devrait y avoir plus de choses qui passeront que vous ne pensez." »

REMARQUES SUR LA BOUTEILLE DU GARDIEN

Ce n'était pas nouveau, mais ils ont discuté en profondeur de la présence, sur la bouteille du goal, d'informations sur les tireurs de l'équipe adverse, et notamment des façons de faire dans d'autres sports : « On a mentionné les manches des quarterbacks [sur lesquelles se trouveraient des antisèches] pour le goal et ce genre de choses. »

LA RÉACTION AU COUP DE SIFFLET

Ils connaissaient bien nos recherches sur le temps de réaction et la performance, mais ils ont créé d'élégants éléments de langage sur la question.

« Nous étions vraiment surpris par la rapidité des joueurs, dans l'ensemble, et le peu de temps qu'ils prenaient. Dès le coup de sifflet, ils se mettaient à courir. Je me rappelle avoir dit aux joueurs : "Le sifflet n'est pas un signal *pour vous*, mais pour l'arbitre. Donc vous pouvez commencer votre course d'élan quand vous voulez." Votre routine ne commence pas au coup de sifflet, elle commence quand vous voulez qu'elle commence. »

LE RAFFUT DU GARDIEN

Voici l'une des innovations très identifiables que Markham et l'Angleterre ont apportées aux tirs au but : leur gardien va toujours récupérer le ballon après une action sur sa ligne de but afin de le passer au tireur suivant. Précision intéressante, l'idée est née d'une réflexion sur les façons dont le gardien pouvait être mis à contribution pour distraire les tireurs adverses.

« Bien sûr, parmi les choses que nous avons mesurées dans notre analyse figurait le facteur distraction. Nous avons essayé de classer les manœuvres de distraction du gardien en trois catégories : basse, moyenne, haute. Nous avons sous-codé toutes les tactiques des gardiens : remuer les bras, sauter, crier, pointer le tireur du doigt, faire l'idiot avec la barre… l'un des éléments étant que si le goal pouvait récupérer le ballon, il devait le faire. Donc, si nous tirions, il devait essayer de mettre la main dessus, et si c'était les autres qui tiraient, il devait essayer de le récupérer. On voulait les déstabiliser et pas que leur goal nous déstabilise. »

CÉLÉBRATION ET SOUTIEN EN CAS DE RATAGE

Markham et ses gars ont discuté et collaboré avec des entraîneurs et des analystes d'autres sports faisant partie de la Team Great Britain pour les Jeux olympiques. L'équipe de hockey sur gazon médaillée d'or, également familière des tirs au but, s'est révélée particulièrement intéressante. Cela a, notamment, abouti à des discussions sur la façon dont l'équipe pouvait collectivement répondre aux buts et aux ratés.

« La Team Great Britain n'avait pas changé son soutien post-tir. S'ils marquaient, il n'y avait pas de manifestation d'allégresse, de course folle ou d'excitation, et s'ils rataient, c'était la même chose. C'était plutôt la mentalité à la All Blacks. Pas de quoi en faire un foin. Et ils agissent toujours de la même façon, quoi qu'il arrive. Alors on réunit l'équipe, on accueille le joueur dans le cercle, et ce sera chaque fois pareil, qu'il y ait but ou non. »

Cela dit, ils étaient conscients qu'il y avait d'autres façons de réagir face aux joueurs qui avaient raté, et ils ont montré aux joueurs des vidéos d'équipes dans lesquelles certains joueurs s'étaient détachés du cercle formé par l'équipe pour aller chercher l'équipier qui avait raté. Ils ont ensuite laissé aux joueurs le soin de décider ce qu'ils voulaient faire après avoir marqué et après avoir raté.

« Ça a clairement donné matière à discussion. Sur la façon de montrer la cohésion de l'équipe, mais ce qui n'a pas trop fait débat, ça a été les célébrations délirantes. Nous n'avons pas essayé de les gérer, nous ne les avons pas encouragés à agir faussement, si vous voyez ce que je veux dire. Nous leur avons juste montré la Team GB. »

UN ENTRAÎNEMENT SUR MESURE

Les joueurs et l'équipe se sont entraînés aux tirs au but, mais à un niveau soigneusement maîtrisé, taillé sur mesure pour chaque joueur. « Les joueurs qui avaient peu, voire pas du tout, d'expérience, comme Kieran Trippier, étaient traités différemment de ceux qui étaient beaucoup plus expérimentés comme Harry Kane.

« Le dosage était vraiment important, et encore une fois, Gareth and Steve Holland ont très bien géré l'affaire. D'autant qu'on ne pouvait pas trop s'exercer, à cause du goal, ça devenait irréaliste. Parce qu'il savait où les tireurs allaient frapper. Du coup, ça devenait n'importe quoi, ça tournait au jeu plus qu'à l'entraînement. »

Alors ils ont envisagé de faire appel à d'autres gardiens pour les entraînements, afin de mieux simuler le tir au but avec un adversaire qui ne connaît pas le tireur.

« À un moment donné, on en a parlé, mais évidemment, [être en] Russie rendait la chose difficile. Si ç'avait été dans ce pays comme dans les autres pays où se déroulaient des Euros, on aurait pu mobiliser des goals de différentes académies pour qui arrêter un tir de Harry Kane aurait constitué la plus grande des motivations, donc ils se seraient donnés à fond. Mais en Russie, logistiquement, ça ne risquait pas d'arriver. »

Finalement, ils ont fait de leur mieux pour simuler en totalité les séances de tirs au but.

« On a recréé de vraies séances, avec des arbitres, le regroupement des joueurs dans le rond, la marche vers le point de pénalty, des distractions perturbantes – tout ça. Une vraie répétition en costumes, donc, avant leur départ pour la Russie. Et je suis sûr qu'ils en ont fait d'autres là-bas. »

De fait, en Russie, l'équipe d'analyse a collecté et codé chaque tir frappé lors de l'entraînement pour « suivre la performance et le développement des routines, ce qui a contribué à déterminer l'ordre de passage des tireurs lors d'une séance de tirs au but en situation réelle ».

LES RÔLES DURANT LA PAUSE APRÈS LES PROLONGATIONS

Une autre innovation qu'ils ont introduite a été de structurer les rôles et la communication lors du rassemblement de l'équipe après les prolongations et avant le moment de se rendre dans le rond central.

« On a réfléchi à des choses comme la pause suivant les prolongations. On a défini le rôle et la responsabilité de chacun, l'endroit où il pouvait ou ne pouvait pas se tenir. Tout était très structuré et organisé. Le moindre petit détail de dernière minute avait été pensé. »

Toutes ces idées étaient venues d'un autre sport.

« On a parlé à la Team GB de hockey du process de tirs au but dans son ensemble, du fait d'assigner un rôle et une responsabilité à chacun, depuis le staff jusqu'aux joueurs, même ceux qui n'étaient pas impliqués dans la séance des tirs au but. Les rôles étaient communiqués clairement durant des réunions d'équipe spécifiques et pendant les sessions d'entraînement. »

L'idée consistait notamment à diviser l'aire autour de l'équipe en différentes zones.

« Il s'agissait de créer des frontières nettes que le staff et les joueurs pouvaient ou ne pouvaient pas franchir. Il y avait les lignes de touche, le banc de touche, et l'aire technique. Ils avaient défini un endroit pour boire, un endroit pour les massages, et les joueurs ne pouvaient pas se balader sur le terrain, ou encore certains membres du staff s'entendaient dire : "On n'a pas besoin de vous sur le terrain en ce moment, parce qu'on a besoin de vous dans l'aire technique." »

On a pu voir ce plan en action lors de la séance de tirs au but contre la Colombie. L'atmosphère dans le camp anglais semble posée, concentrée et professionnelle. Le gardien ne parle qu'à quelques personnes sélectionnées et n'est approché que par un seul membre du staff à la fois. Le contraste avec l'équipe colombienne est frappant. À un moment, le goal, David Ospina, se trouve interpellé par cinq personnes à la fois, membres de l'encadrement et coéquipiers mêlés, tous donnant leur avis et des conseils – qu'il ne pouvait pas assimiler.

LA LOCALISATION DU CERCLE DE REGROUPEMENT PRÉ-TIRS AU BUT

L'une des questions soulevées lors de la réunion avec les arbitres a concerné la localisation du cercle de regroupement. Où les joueurs pouvaient-ils se rassembler tout de suite après les prolongations ?

« Que diriez-vous en tant qu'arbitre si nous nous regroupions dans le rond central ? Comme ça, nous serions déjà sur place et les adversaires devraient y entrer après nous. Et les arbitres répondaient plus ou moins : "Sans doute rien. Vous pouvez vous placer où vous voulez." Ou bien, que se passerait-il si on se regroupait dans le corner, devant nos supporters ? Il y avait beaucoup de choses comme ça, des points de logistique qu'on a abordés et dont on ne s'est pas servis, puisqu'au final, les joueurs devaient se sentir à l'aise avec la stratégie retenue afin de pouvoir se concentrer sur l'exécution le moment venu. »

POURQUOI CELA A MARCHÉ ?

Markham insistait sur le fait que le timing de tout le projet avait été parfait.

« On n'aurait pas pu rêver meilleur timing, c'était le moment où les gens commençaient à accorder du crédit à tout ça, à une approche plus scientifique des tirs au but. On l'a fait au moment idéal. Si on devait s'y mettre maintenant, le retard à rattraper serait immense. Et le fait d'avoir lancé le processus en 2017 et de l'avoir mené dans la période qui précédait le Mondial 2018, quand il était clair qu'on ne s'intéressait guère à toutes ces questions, a aussi participé de ce coup de génie. On était en avance sur tout le monde. Ce serait beaucoup plus difficile d'avoir une longueur d'avance aujourd'hui, parce qu'au bout du compte, il n'y a qu'un nombre défini de choses qu'on peut faire. Je pense qu'on a été des précurseurs, et le timing a été crucial. »

IMPRESSIONS PERSONNELLES

Ce projet a été manifestement une énorme expérience pour Markham, à la fois à court et à long terme.

« Au moment de la séance de tirs au but, je n'avais jamais été aussi nerveux. J'en étais malade. »

Le Colombien Radamel Falcao entame la série avec une fusée directe au centre. But. Lui succède l'Anglais Harry Kane. Routine habituelle, posée et maîtrisée. But. Les trois tirs suivants, dont celui de notre vieil ami Marcus Rashford, avec une pause post-sifflet de moins d'une seconde, sont transformés aussi. L'entraîneur colombien José Pékerman se cache le visage dans les mains pendant une bonne partie de la séance, tandis que Gareth Southgate a l'air aussi calme et cool que son célèbre gilet de costume. Vient ensuite Jordan Henderson pour l'Angleterre. Tir indépendant du goal à droite. Le gardien est parti tôt. Arrêt. Long retour vers le rond central. Mais les deux tireurs colombiens qui suivent, Mateus Uribe et Carlos Bacca, ratent aussi. Comme Kieran Trippier a réussi le sien, il revient à Eric Dier d'envoyer son équipe en quart de finale. Ce qu'il fait. Il marque. L'Angleterre vient de remporter sa première séance de tirs au but depuis 1996.

Après cela, pour Markham et son équipe, on aurait pu penser que la fête allait durer toute la nuit. Mais dans le football professionnel, il y a toujours le match d'après.

« Cette nuit-là, je suis resté debout jusqu'à 9 heures du matin parce qu'on devait rassembler toutes les informations sur la Suède [le prochain adversaire]. Donc, je pense que je ne l'ai jamais fêté. »

Markham demeure cependant fier de ce qu'ils ont accompli.

« Ça restera sans doute la chose dont je suis le plus fier de toute ma carrière, peu importe ce que je pourrai faire en tant que directeur sportif, à cause de la pure et simple ampleur de l'affaire. Je ne comprends toujours pas aujourd'hui. Parce qu'on était comme dans une bulle à St George's Park. Le bon côté, c'est que l'équipe brillante que nous formions, qui avait réalisé ce dur labeur pendant les 18 derniers mois, était au complet pour fêter la réussite. Ça a été le moment à part. »

CHAPITRE 3

EXPLOITER LA PRESSION

« Je suis bavard. Je mets le bazar. »

Emi Martínez, gardien, Aston Villa et Argentine

Quand le gardien brésilien Diego Alves est confronté à un pénalty, il devient le meilleur ami du tireur. Il se montre jovial, enjoué, généreux. Il se fend toujours d'un grand sourire chaleureux, donne parfois une petite bourrade amicale ou une poignée de main, souvent même une accolade affectueuse. Il lui arrive fréquemment de prendre la balle pour la tendre avec générosité au tireur. Il lui ébouriffe les cheveux en un geste familier de sa main gantée, il se penche et lui murmure à l'oreille quelques mots amicaux. Le joueur est noyé sous ses attentions délicates. Ces hommes ont pourtant une tâche à effectuer, ils sont clairement adversaires dans cette histoire, or ils semblent faire assaut de gentillesse, le tireur donnant l'impression de payer le gardien de retour, lui retournant souvent sa bourrade ou son sourire.

Quelque part, personne n'est dupe, mais si les tireurs connaissaient réellement le danger mortel de toutes les petites attentions d'Alves et le calcul qui se cache derrière ses paroles, leur sourire s'effacerait. Car une fois que le gardien brésilien sait qu'il a l'attention du tireur – un sourire ou un mot le lui prouvent –, il sait qu'un canal de communication a été ouvert et qu'il peut l'exploiter. « J'aime sonder le joueur à ce moment-là, voir s'il est nerveux. J'aime lui parler, prendre son pouls, voir s'il va faire ce que je pense qu'il va faire[1] », dit-il.

Une fois la connexion établie, Alves frappe. Il délivre un message soigneusement tourné, fait pour agacer, saper ou instiller le doute. Par exemple : « Je lui ai dit que s'il ratait encore, ça serait terrible pour lui et que je comprenais la pression qu'il devait éprouver. »

C'est toujours agréable de se sentir compris.

Ce genre de manipulation psychologique fonctionne-t-elle ? Eh bien, au fil de sa carrière, Alves s'est trouvé en situation de pénalty 69 fois et il en a arrêté 27, ce qui laisse aux tireurs 61 % de chances de marquer contre lui. C'est absurdement faible. Cela fait d'Alves non seulement le détenteur d'un arsenal des plus sophistiqués dans le registre de la manipulation mentale rayon football, mais aussi l'un des gardiens de haut niveau les plus doués de notre époque pour arrêter les pénaltys.

Dans ce chapitre, nous allons explorer ce qu'Alves et de nombreux autres spécialistes des pénaltys font pour se mettre dans la peau du tireur et augmenter les chances de le faire rater, et comment le tireur peut riposter.

Avec Diego Alves, on atteint des sommets dans le machiavélisme. À ma connaissance, l'auteur italien du *Prince*, ce traité fondateur sur la puissance et l'art de gouverner rédigé au XVIe siècle, n'a jamais mentionné avoir un

1. Ahmed (2017).

gardien de but préféré, mais si tel avait été le cas, Alves aurait assurément pu prétendre au titre. Parce que si l'on définit le machiavélisme comme la manipulation stratégique, pas toujours morale, d'autrui pour arriver à ses fins – pour dire les choses plus simplement, un raffinement dans la sournoiserie –, alors Alves figure au palmarès des gardiens les plus machiavéliques de notre époque.

À ses côtés figurerait certainement l'Argentin Emiliano, dit « Emi », Martínez, vainqueur de la Coupe du monde 2022 et du trophée Yachine 2023[2]. Né à Mar del Plata, dans la province de Buenos Aires, au sein d'une famille pauvre, élevé par des parents qui sacrifiaient parfois leur repas pour qu'il ait de quoi manger, Martínez a quitté la maison à 17 ans pour Londres et l'académie d'Arsenal. Il a passé la majeure partie de la décennie suivante prêté à d'autre clubs anglais et européens : Oxford United, Rotherham United et Getafe, entre autres.

Jusqu'au jour où tout a changé, en grande partie grâce aux pénaltys et aux tirs au but. Sur une période de quatre années, il a pris part à cinq séances de tirs au but, dont il est ressorti à chaque fois victorieux. La première, et la moins prestigieuse, le match de la Football Association Community Shield – qui oppose chaque année en ouverture de la saison le vainqueur du Championnat d'Angleterre et celui de la Coupe d'Angleterre de la saison précédente –, s'est tenue en août 2020 dans un stade de Wembley soumis aux restrictions de la Covid. Lorsque les tirs au but commencent, Martínez paraît d'abord calme et réservé. Mais au fur et à mesure que défilent les tireurs adverses, sa langue se délie, il sourit et fait des clins d'œil. Il s'approche du point de pénalty et engage la conversation

2. Le prix décerné par France Football au gardien de but le plus performant de l'année.

avec le joueur qui se prépare à tirer. À un moment donné, on voit l'entraîneur de Liverpool, Jürgen Klopp, contempler Martínez, bouche bée. Il se tourne vers l'un de ses adjoints comme pour lui demander : « C'est quoi, ça ? » et l'autre secoue la tête, sans voix lui aussi. L'un des Reds frappe au-dessus de la barre transversale, quand tous ceux d'Arsenal réussissent leur tir. Ce jour-là, on a assisté au lancement de l'Emi Martínez Penalty Show.

Il y a toujours eu de la provocation verbale dans le sport professionnel. Certains athlètes sont connus pour leurs écarts de langage, avant ou pendant les matchs : les basketteurs Larry Bird et Michael Jordan, le boxeur Mohamed Ali, Conor McGregor, la star des arts martiaux mixtes de l'UFC. Dans les arènes sportives bondées, ces échanges fleuris se perdent généralement dans le vacarme. Ce n'était pas le cas durant la Covid. Les supporters absents, les téléspectateurs ont soudain pu suivre de chez eux tout ce que des gars comme Martínez fabriquaient.

En juillet 2021, au Brésil, le goal argentin joue pour son pays lors de la Copa América reportée d'un an. En demi-finale contre la Colombie, le match se termine aux tirs au but. Le premier tir colombien, frappé par Juan Cuadrado, échappe de peu au plongeon de Martínez, mais il passe. Messi égalise aussitôt pour l'Argentine. Vient le tour de Davinson Sánchez. Alors qu'il est en pleine course d'élan, la voix de Martínez retentit soudain dans le stade Mané Garrincha.

« Désolé, mon frère, mais je vais te bouffer[3]. »

Sánchez rate sa frappe. Le ballon part sur la gauche de Martínez, qui l'arrête.

3. Maheshwari (2021).

Quand le Colombien et joueur d'Everton, Yerry Mina, s'avance à son tour, Martínez hausse la provocation d'un cran.

« Tu rigoles, mais t'es nerveux. T'es nerveux. Hé, le ballon est devant le point de pénalty. C'est ça, regarde ailleurs. »

Mina n'en a pas perdu une miette et, tandis qu'il se tient à côté du ballon, on le voit marmonner quelque chose, avec un sourire, sans doute dans l'espoir de donner le change, comme s'il dominait la situation. Alors qu'il s'élance, un flot de paroles échappe au goal argentin, presque comme s'il commentait l'action, avec une intensité croissante à chaque foulée de Mina.

« Je te connais par cœur. Je sais où tu vas frapper et je vais t'arrêter net. Je vais te bouffer, mon frère. »

Nouvelle frappe médiocre. Nouvel arrêt du goal. Martínez fête alors sa performance en projetant son bassin vers l'avant et en pompant rapidement avec ses bras, les coudes ramenés vers l'arrière, un geste plein de machisme et de vulgarité.

Au Colombien suivant, Miguel Borja, le goal argentin trouve moyen de franchir un palier supplémentaire. Les provocations sortent avec de plus en plus de force au fur et à mesure de la course d'élan du tireur.

« T'as peur ? T'as ouvert ta gueule à la mi-temps, hein ? Où tu vas, mon frère ? Je sais où tu vas. Alors, t'aimes regarder, hein ? Allez, regarde-moi dans les yeux. Regarde-moi ! Regarde-moi ! Regarde-moi ! »

Borja marque d'une frappe puissante au centre, mais lorsque le ballon rebondit dans les filets et lui revient, il l'envoie dans les gradins vides d'un coup de pied rageur, signe que Martínez l'a atteint quelque part.

Quand arrive le dernier tireur colombien, l'arbitre vénézuélien a pris conscience des singeries de Martínez et tente enfin d'y mettre bon ordre. Trop mollement, trop tard. L'Argentin met la pédale douce mais arrête tout de même le dernier tir, envoyant son pays en finale contre le Brésil. L'Argentine remportera le match et décrochera pour la première fois depuis 1993 un trophée majeur.

Mais Martínez n'en était qu'à ses débuts. Un an plus tard, au Mondial 2022, quand l'Argentine rencontre les Pays-Bas en quart de finale au Qatar, les tirs au but qui clôturent le match virent à la séance la plus passionnée, la plus explosive et la plus disputée de toute l'histoire de la Coupe du monde. Et devinez qui occupe le devant de la scène…

Avec le premier tireur néerlandais, Virgil van Dijk, Martínez semble se comporter correctement, il est calme et passif. Mais tout cela participe de sa stratégie : rien ne sert de sortir la grosse artillerie tout de suite, il faut commencer en douceur, prendre le pouls de l'arbitre et des adversaires, et monter en tension à partir de là. La frappe de Virgil van Dijk est presque identique à celle de son tir au but contre Chelsea lors de la Carabao Cup, la Coupe de la Ligue anglaise, neuf mois plus tôt. Il avait marqué d'une frappe spectaculaire dans la lucarne gauche. Martínez s'était préparé : « Je connaissais van Dijk. J'avais vu que dans trois finales, il avait tiré là[4]. » Martínez semble déjà en pleine extension lorsque van Dijk touche le ballon. Arrêt magnifique. Manifestations de satisfaction de Martínez à la mesure du geste, voire au-delà.

« Arrêter le premier tir au but, c'est comme marquer son territoire. Marquer sera moins facile pour eux, surtout le second tir au but », dira-t-il plus tard[5].

---

4. Vignolo (2023).

5. Ben & Gabe (2023).

Il attend le Néerlandais suivant au point de pénalty, bras gauche tendu avec au bout le ballon. Mais quand Steven Berghuis approche, Martínez retourne sa main et laisse tomber le ballon par terre, obligeant son adversaire à faire quatre à cinq mètres de plus pour venir le prendre. Alors qu'il attend de s'élancer, l'international Oranje sourit, probablement parce que Martínez n'arrête pas de lui parler pendant tout le temps que dure cette pause. Berghuis réagit au quart de tour au sifflet de l'arbitre et... rate. En pareil cas, la plupart des goals se contentent d'un petit geste de joie ou de détermination avant de calmement s'écarter. Pas Martínez. Il n'est pas comme la plupart des goals. Il a à sa disposition une gamme étendue de manifestations victorieuses et ostentatoires dans laquelle piocher. Ce coup-ci, c'est une petite chorégraphie consistant à bouger en rythme mains et jambes en alternant les côtés.

C'est au tour de Teun Koopmeiners. Là encore, Martínez l'attend au point de pénalty, mais sans le ballon. En revanche, il ne lâche pas son adversaire du regard, cherchant celui du Néerlandais, à qui il tend sa main droite gantée pour une poignée de main. Koopmeiners refuse le contact et Martínez reste ainsi, penché en avant et main tendue pendant 5-6 secondes. L'arbitre finit par intervenir et presser le goal argentin de regagner sa ligne. Mais aucun carton jaune n'est sorti, pas même un avertissement. Appliquant à la lettre le manuel de Machiavel, Martínez s'en tire avec la plupart de ses facéties parce qu'il apparaît juste assez miséricordieux et humain pour donner l'illusion d'être du bon côté de la ligne rouge. Koopmeiners marque, non sans narguer ensuite l'Argentin, ce qui se comprend quand on a été ciblé comme il l'a été par Martínez. Mais cela montre aussi à tout le monde que le comportement du gardien de l'Albiceleste n'est pas passé inaperçu.

Alors que Wout Weghorst, le quatrième joueur des Oranje, s'avance, Martínez jette un coup d'œil vers l'arbitre. Celui-ci est occupé ailleurs. Le goal argentin en profite alors pour tenter quelque chose de nouveau : il donne un bon coup dans le ballon, comme s'il l'envoyait au tireur, sauf que la trajectoire passe intentionnellement loin du Néerlandais pour se terminer 30 à 40 mètres plus loin. Un geste agressif et hostile. Weghorst a besoin de l'intervention de ses coéquipiers pour récupérer le ballon. Pendant ce temps-là, Martínez marque physiquement son territoire en embrassant les poteaux et en caressant la barre transversale de ses buts. À l'arbitre qui s'est approché durant ce numéro, Martínez tapote la joue de sa main gantée – là encore, un geste en apparence amical, mais également assuré et dominateur. Contrôler l'arbitre est essentiel dans ces cas-là et Martínez joue de l'arbitre comme si c'était son propre instrument. Malgré tout, Weghorst marque et une sorte de mini-accrochage s'ensuit entre Martínez et lui pour la récupération du ballon. C'est Martínez qui l'emporte, il peut ainsi tendre l'objet à celui de ses coéquipiers qui s'avance pour tirer à son tour.

À ce moment-là, les deux équipes sont engagées dans ce qui ressemble plus à une petite guerre qu'à du sport. Les joueurs néerlandais qui retournent à leur place après leur tir dévient pour aller narguer les prochains tireurs argentins en chemin vers le point de pénalty. Quand Lautaro Martínez quitte le rond central pour frapper le cinquième tir argentin, potentiellement gagnant, il est cerné par trois Oranje qui lui adressent les pires adieux imaginables. Aussi, lorsque l'Argentin marque et envoie son équipe en demi-finale, au lieu de se précipiter vers lui comme il convient, ses coéquipiers courent d'abord devant les vaincus pour les narguer une dernière fois. Ce n'est qu'une fois ce numéro accompli que Lautaro Martínez est dûment célébré.

Il est à noter qu'un seul joueur argentin se dirige ailleurs. Lionel Messi, qui court droit vers son goal, de l'autre côté du terrain, pour lui donner une longue accolade. Messi reconnaît clairement qui a vraiment orchestré cette séance de tirs au but gagnante[6].

L'apothéose de Martínez reste cependant à venir. Ce sera contre la France, une semaine plus tard, lorsque les prolongations s'achèveront sur un 3-3 et que, pour la troisième fois dans l'histoire de la Coupe du monde masculine, l'issue de la finale se décidera aux tirs au but. Tandis que le goal et capitaine des Bleus, Hugo Lloris, se tient encore au milieu du terrain où se joue à pile ou face l'équipe qui commencera à tirer, Martínez se dirige d'un pas rapide vers l'un des deux buts. Sait-il ? Devine-t-il ? A-t-il mal interprété un geste de l'arbitre ?

Toujours est-il qu'il a ciblé le bon côté de terrain et qu'il peut capitaliser sur son arrivée anticipée. Quand Lloris finit par le rejoindre et accepte sa poignée de main, on dirait que Martínez l'accueille chez lui : « Tu es chez moi ici ! » Par cette simple marche d'un pas décidé, le goal argentin a recréé l'avantage en micro-version d'un match à domicile.

Il serre aussi la main du premier tireur français, Kylian Mbappé. Tout cela de manière très amicale. Il demande ensuite poliment à l'arbitre de vérifier la position du ballon

6. À vrai dire, l'équipe néerlandaise n'est pas restée inactive dans ces jeux d'esprit, et avait peut-être même déclenché les hostilités, son gardien Andries Noppert ayant pris Messi à partie lors du premier tir de l'Argentine. Par ailleurs, les tensions entre les deux équipes avaient commencé bien plus tôt, avec des confrontations musclées pendant le match et même des remarques insultantes lors des conférences de presse d'avant-match.

de Mbappé. L'arbitre s'exécute gentiment. Il lui confirme du pouce que la position est correcte. Martínez a réussi à établir avec l'arbitre une connexion qui pourra lui servir plus tard. Le flou des règles encadrant les tirs au but offre à des artistes comme Martínez une très grande latitude de manipulation. Car on pourrait croire qu'une séance de tirs au but en foot est extrêmement encadrée, or il n'en est rien. Les règles explicites ne concernent que quelques points clés, comme le fait que le gardien doive rester sur sa ligne jusqu'à ce que le ballon soit touché, ou que le tireur doive frapper devant lui. Mais pour ce qui est du comportement des joueurs avant le tir, il n'y a que peu ou même pas de directives et cela dépend beaucoup de l'interprétation de l'arbitre. Une subjectivité qui peut être exploitée par des experts en manipulation.

En tout état de cause, Mbappé marque, même si Martínez touche le ballon.

Le tireur suivant est Kingsley Coman, du Bayern Munich. Avec lui, Martínez enclenche la première en essayant d'aller à sa rencontre au point de pénalty, ce qui oblige l'arbitre à intervenir poliment. Une fois encore, le gardien argentin lui demande de vérifier le ballon. Même cause, même effet : l'orchestrateur de la séance y va, et le pouce est levé. Martínez arrête le tir. Sa satisfaction explose littéralement : il sprinte, effectue trois bonds immenses en boxant l'air du poing. Aucun doute, le maître du jeu, c'est lui.

L'Argentine marque. Aurélien Tchouaméni s'avance pour la France. Arrivé à ce point du match, Martínez ne fait plus dans la dentelle. Plus tard, il admettra s'être préparé à ce scénario-là : « J'ai pratiqué avec mon psychologue : si je parviens à en arrêter un, je rends la vie impossible au suivant[7]. »

7. Vignolo (2023).

Pour commencer, Martínez vient chercher le ballon devant l'arbitre et recule en le tenant, comme s'il lui appartenait. Alors que l'arbitre et Tchouaméni attendent, il leur tourne le dos et invite de sa main droite les supporters argentins à faire du bruit. L'arbitre, visiblement agacé, perd alors patience, donne un coup de sifflet et commence à se diriger vers Martínez. Ce dernier, au lieu de tendre la balle au tireur, la jette plus loin, obligeant le Français à faire 20 mètres de plus pour la récupérer. Le manque de respect est criant, volontaire. L'arbitre pourtant ne sanctionne pas et laisse Martínez lui tourner le dos pour retourner dans ses buts. Le goal argentin maîtrise totalement la situation, et il le sait. Quand Tchouaméni se prépare à tirer, une fois le ballon placé au point de pénalty, Martínez lève les mains en l'air et lui adresse un petit sourire satisfait. Arrêt du goal.

Sachant que c'est au tour de l'Argentine de tirer et que Lloris peut potentiellement jeter le ballon au loin comme lui l'a fait pour Tchouaméni, Martínez s'empare rapidement du ballon et le tend à Leandro Paredes, exactement comme il l'avait fait en demi-finale. Proactif et efficace.

À l'issue des trois premiers tirs, l'Argentine jouit d'une confortable avance en menant 3-1. Martínez déborde de confiance en lui et son nouvel adversaire va en faire les frais. Lorsque Randal Kolo Muani quitte le rond central, Martínez le pointe du doigt et se tourne vers ses entraîneurs, mimant différents arrêts. Rien de subtil là-dedans : il veut que Kolo Muani sache qu'il parle de lui et de ses préférences en matière de frappe. Quand le joueur français est à portée de voix, Martínez s'adresse directement à lui, le pointant à nouveau du doigt puis se désignant lui, avec un grand sourire. Tout cela alors que l'arbitre essaie de l'éloigner du point de pénalty.

Inutile d'être un expert pour lire sur les lèvres de l'Argentin ce qu'il dit au Français : « Je t'ai observé ! Je t'ai observé ! Je t'ai observé ! » Lorsqu'il tente alors de passer outre l'arbitre pour atteindre Kolo Muani, le carton jaune est inévitable. Martínez recule jusqu'à sa ligne, d'où il encourage les supporters argentins à manifester leur soutien sans cesser de sourire ni d'interpeller le tireur français. Cette fois, Martínez n'arrête pas le tir, mais il était à deux doigts de gagner, et il en a conscience.

En récupérant la balle dans les filets, il s'adresse à l'arbitre : « Si on marque, on gagne ? Si on marque, on gagne ? » Et le tireur suivant marque en effet. C'est ainsi que l'Argentine remporte sa troisième Coupe du monde. Un trophée qu'elle doit, et pas qu'un peu, aux pitreries machiavéliques de son gardien.

Quelles sont les astuces cruciales que les gardiens recherchent pour augmenter la pression sur le tireur qui leur fait face ? Que disent les statistiques quant à l'impact des distractions, perturbations et jeux psychologiques déployés par les goals sur la concentration des tireurs, leur état émotionnel et, en fin de compte, la qualité de leur frappe ? La suite de ce chapitre ne donnera pas dans la gentillesse, la noblesse ou la civilité. Les adjectifs « vicieux » et « odieux » conviendraient mieux. Mais ces comportements sont la réalité du football professionnel, et que cela nous plaise ou non, ils sont à prendre en compte et à gérer.

PERTURBATION VISUELLE

Dans les séances de tirs au but des années 1970 et 1980, les gardiens se montraient bien élevés, dociles, et ne bougeaient pas. Avant un tir, ils se dirigeaient vers leur cage et se mettaient en position sur la ligne de but sans faire de cinéma. Leur posture quand ils attendaient la frappe ne variait pas : ils restaient sur leur ligne, pieds joints, le corps oscillant légèrement d'avant en arrière, les mains devant.

Un homme semble avoir changé cela : Bruce Grobbelaar, de Liverpool. C'était pendant la finale de la Coupe des clubs champions européens 1984 entre Liverpool et Rome. Avant ce match, le club anglais n'avait vécu qu'une seule séance de tirs au but, dix ans plus tôt, lors du match de la Football Association Charity Shield qui ouvre traditionnellement la saison en Angleterre. Une séance d'entraînement aux tirs au but avait donc été organisée contre l'équipe Espoirs dans la semaine précédant la finale. Le résultat n'augurait rien de bon : les Reds avaient perdu 5-0[8]. Pas top. C'était sans compter Grobbelaar.

Le jour venu, le gardien zimbabwéen entame la séance de façon plutôt classique. Mais son comportement change au moment du deuxième tir romain, frappé par Bruno Conti. Tout d'abord, Grobbelaar marche vers sa ligne de but tout en se motivant à voix haute. Ensuite, il se penche vers le filet et donne l'impression de vouloir passer sa tête au travers, mais il finit par le mordre. Puis il se tourne vers Conti et l'apostrophe tout en faisant des gestes et quelques pas vers lui. Pour toute réponse, Conti lui tourne le dos pendant que l'arbitre se prépare. Le ballon volera au-dessus de la barre transversale.

Rome réussit son troisième tir. C'est au quatrième que Grobbelaar opérera le changement qui fera sa renommée. Plus tard, il dira : « Les gens ont dit que j'ai manqué de

8. LFC History (2023).

respect à leurs joueurs, mais je ne faisais que tester leur concentration sous pression. Il faut croire qu'ils ont raté le test[9]. »

De fait. Le changement commence par la démarche de Grobbelaar quand il se dirige vers son but. Il marche comme s'il était ivre, oscillant d'un côté puis de l'autre. Une fois sur sa ligne de but, il donne à plusieurs reprises l'impression que ses jambes ne le portent plus, son corps entier chancelle en une sorte de danse qui s'achève sur un tremblement comique des genoux. On peut affirmer sans hésiter que jamais aucun goal professionnel ne s'était préparé de cette manière à arrêter un tir au but dans une finale de premier plan.

Cela a-t-il eu un impact ? Difficile à dire avec certitude. En attendant de s'élancer, Francesco Graziani regardait surtout par terre, ou faisait semblant. Il n'a cependant rien perdu du tremblement final des genoux du goal puisqu'il a levé les yeux vers lui, et sa réaction immédiate a été de se signer. Il a ensuite propulsé la balle au-dessus de la transversale. Tandis qu'il s'éloigne – directement vers le banc de touche plutôt que vers ses coéquipiers dans le rond central –, Ray Kennedy marque, offrant ainsi la coupe aux « grandes oreilles » à Liverpool. Dans l'histoire du foot, ce match reste néanmoins et avant tout associé au nom de Bruce Grobbelaar, désormais inscrit au panthéon des pionniers de la manipulation mentale. Et bien sûr des annales de la danse.

À présent, avance rapide jusqu'en 2005 à Istanbul, lorsque Liverpool rencontre l'AC Milan en finale de la Ligue des champions. Après une épique remontée de Liverpool, mené 3-0 à la mi-temps, le match se termine

9. LFC History (2023).

aux tirs au but. Dans les buts anglais, le goal Jerzy Dudek. Face à lui, le premier tireur milanais, le Brésilien Serginho. Ce dernier place son ballon sans accorder un regard au gardien de Liverpool. Il lui tourne le dos quand il s'éloigne pour prendre de l'élan et ce n'est que lorsqu'il se retourne pour s'élancer qu'il jette enfin un regard à la cage. Quel spectacle s'offre alors à lui !

Ce n'est plus un footballeur qui évolue sur la ligne de but, mais un danseur latino. Dudek lève et baisse les bras sur les côtés tout en sautillant à gauche puis à droite. Ce mouvement a pour effet de le rendre plus imposant qu'il n'est dans ses buts. Une fois le coup de sifflet donné, Serginho se tient immobile, en position de tir, pendant plus de quatre secondes – soit plus longtemps que quiconque jusque-là dans une séance de tirs au but majeure. Rien d'étonnant à cela : il faut bien un moment pour se remettre d'un numéro aussi insolite.

Quand enfin Serginho s'élance, Dudek cesse sa gesticulation et revient au centre de la cage, les jambes légèrement fléchies, prêt à plonger. Vient le tir. Gros raté. Le ballon passe à côté de la lucarne gauche. Tireur 0, danseur 1.

Le deuxième joueur milanais à s'avancer est Andrea Pirlo. Pour lui aussi, Dudek reprend ses mouvements de bras, qu'il abandonne pour un squat si bas qu'il en touche presque la ligne de but, avant d'enchaîner par un déplacement rapide sur la droite puis sur la gauche, suivi de feintes encore plus rapides sur ses appuis. Pirlo semble débordé par cet afflux d'informations visuelles et rate sa frappe. Dudek arrête la balle. Peut-être cet incident a-t-il inspiré par la suite à Pirlo la description suivante du tir au but : « Une marche terrible et interminable au cœur de ses propres peurs[10]. »

---

10. FIFA (2022).

Quand vient le tour de Kaká, Dudek reprend les « genoux tremblants » de Grobbelaar, mais à plus grande échelle et avec plus de style, car c'est de tout son corps qu'il ondule à plusieurs reprises de haut en bas, ce qui l'amène presque à s'asseoir par terre. Pour finir, il plonge du mauvais côté et Kaká marque. Cela signifie que le prochain joueur milanais, Andreï Chevtchenko, tirera pour garder son club dans la course. Dudek réserve à l'Ukrainien un numéro proche de celui réalisé pour Serginho, avec les mêmes effets : frappé dans l'axe, le cuir lui arrive presque dans les mains, bien qu'il ait plongé. Cela fait trois tirs au but manqués sur quatre. Le « miracle d'Istanbul » a eu lieu. Revenu d'entre les morts, Liverpool a remporté la Coupe. Et l'art de danser sur la ligne de but a été porté à un niveau inédit.

Poussant l'exercice artistique encore plus loin, le goal australien Andrew Redmayne est devenu un héros national après avoir qualifié son équipe pour le Mondial 2022, à l'issue du match éliminatoire contre le Pérou. Entré sur le terrain à la 120ᵉ minute, il a assuré toute la séance de tirs au but d'une manière qui lui a valu d'être surnommé le « gardien dansant » par les médias du monde entier. Sur sa ligne de but, il enchaîne en effet sautillements avec mouvements de bras coordonnés, flexions et pas chassés rythmés, parfois dos au joueur, tout cela sur un mode complètement erratique, déstructuré et imprévisible – en somme, du Grobbelaar & Dudek à sa sauce. Cela n'a marché que deux fois sur six, mais ça a suffi. Redmayne a confié plus tard avoir discuté avec son entraîneur avant le match et décidé avec lui : « Si, en te ridiculisant à mort, tu arrives à les distraire même à un ou deux pour cent, alors [ça en vaut la peine][11]. »

11. Geleit (2022).

Cet entraîneur n'avait pas tort. Des chercheurs britanniques ont établi que les gardiens qui s'appliquent à déstabiliser l'adversaire en faisant le mariole attirent davantage l'attention, et donc perturbent et diminuent la performance des tireurs[12]. Il faut préciser que ces conclusions proviennent d'une étude menée en laboratoire avec comme participants des étudiants, et non des joueurs de haut niveau comme dans le monde réel. En 2017, le spécialiste mondial du langage corporel dans le sport, Philip Furley, de l'Université allemande du sport de Cologne, et ses collègues, ont publié une étude sur l'impact de tous les comportements facteurs de distraction adoptés par les goals lors des tirs au but en Coupe du monde masculine entre 1986 et 2010, et en Coupe des clubs champions ou à l'Euro entre 1984 et 2012, soit 322 tirs au total. Ils ont défini comme suit la distraction opérée par le goal : « Tout type de tentative comportementale des gardiens pour distraire les tireurs et attirer l'attention sur eux et la détourner du tir en lui-même[13]. » Les résultats montrent que lorsqu'une telle distraction est mise en œuvre, le taux de tirs ratés augmente de 10 % par rapport à un scénario dans lequel le gardien ne ferait rien[14].

J'ai moi-même analysé les comportements perturbateurs auxquels les gardiens ont recours pendant les tirs au but de matchs majeurs, et il en ressort que leur pratique est en nette hausse depuis les années 1970 jusqu'à aujourd'hui (voir le diagramme page suivante). Alors que moins de

12. Wood & Wilson (2010).

13. Furley et coll. (2017).

14. Cette différence n'est pas statistiquement significative ($p = 0,056$). Un test plus sensible et plus nuancé de la performance des gardiens (Dicks et coll., 2010) a montré une différence significative ($p = 0,029$). Toutefois, cela laisse penser que la différence observée n'est pas très marquée.

10 % des goals y avaient recours [sur leur ligne de but] dans les années 1970 et 1980, 50 à 60 % des gardiens des décennies 2010 et 2020 tentent de distraire le tireur.

COMPORTEMENTS PERTURBATEURS DES GARDIENS DEPUIS LEUR LIGNE DE BUT

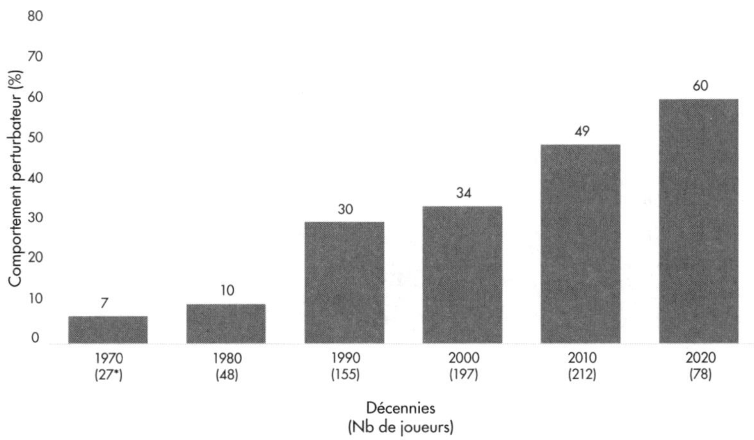

Tous les tirs au but de la Coupe du monde, des Championnats d'Europe et de la Ligue des champions masculins de 1976 à 2023

* La petite finale de l'Euro 1980 est incluse dans les années 1970.

Pourquoi une telle inflation ces dernières années ? Cela peut refléter la professionnalisation et l'esprit de compétition grandissants du jeu. Les joueurs sont de plus en plus prêts à faire n'importe quoi pour gagner un avantage. Cela peut aussi refléter le sentiment croissant que c'est efficace.

Mais que disent nos données ? En les triant, on voit que, sur un échantillon de 718 tirs, il n'y a pas de différence dans la performance du tireur, que le goal rejoigne tranquillement le but ou qu'il se déplace dans la surface de réparation. Pareillement quand le gardien se tient immobile sur sa ligne de but ou qu'il saute, tape dans ses mains et bouge d'un côté ou de l'autre. Toutefois, on constate que si le goal combine ces comportements ou les met en œuvre d'une manière élaborée, alors les tireurs perdent 10 % de réussite par rapport à une situation où ils sont face à un goal immobile. Mais cette différence n'est pas significative.

De plus, si l'on examine seulement les tirs effectués après l'étude de Furley et de ses collègues mentionnée plus haut, soit les tirs au but frappés en 2013 et après, la différence s'accroît – moins 15 % de réussite dans les performances des tireurs lorsque le goal multiplie les comportements perturbateurs ou fait particulièrement le clown. Cela monte à 25 % quand on ne retient que les exemples où le goal plonge du bon côté (ce qui élimine beaucoup de tirs mal frappés mais réussis et donne une image plus précise des performances des tireurs). Le bémol est que ces échantillons étant inévitablement plus réduits, les chiffres ne sont pas statistiquement significatifs, et donc que les résultats vont dans le sens de l'hypothèse sans être probants pour autant.

De ces analyses, il ressort qu'on ne peut pas dire que les comportements perturbateurs de nature visuelle ont un impact irréfutable sur les performances des tireurs. Parfois, cela fonctionne, et d'autres fois non. Sans doute parce que de nombreuses variables entrent en ligne de compte : le comportement en lui-même, sa magnitude, son timing, le goal impliqué (certains se mettent en scène de manière plus spectaculaire que d'autres), et bien sûr, cela dépend du tireur. Certains sont plus réceptifs à la distraction visuelle. Mais celle-ci peut profiter à d'autres joueurs, surtout ceux qui ont tendance à trop réfléchir. Je soupçonne la distraction visuelle d'atteindre son efficacité maximale quand elle est réalisée en association avec d'autres formes de perturbations, verbale, physique et ergonomique, que nous allons voir maintenant.

JARDINAGE AUTOUR DU POINT DE PÉNALTY

Ces dernières années, quand un pénalty vient d'être accordé ou une vérification vidéo annoncée, on voit de plus en plus souvent les adversaires profiter du chaos ambiant pour, comment dire ?, réarranger le point de pénalty à coups de talon et de crampons. Plusieurs joueurs argentins ont procédé ainsi avant les pénaltys décisifs de Kylian Mbappé durant la finale du Mondial 2022. Plus récemment, on a vu des joueurs de Premier League faire de même : Aaron Ramsdale et Gabriel (Arsenal)[15], Antonio Rüdiger (Chelsea)[16], Virgil van Dijk (Liverpool)[17], David de Gea (Manchester United)[18] et José Sá (Wolverhampton)[19], pour n'en citer que quelques-uns.

Il s'agit indéniablement d'une stratégie ergonomique, car frapper à partir d'un point de pénalty labouré est plus difficile que sur une surface plane comme un billard. Mais il peut aussi s'agir d'une tactique de déstabilisation psychologique. Même si l'atteinte psychologique est minime, et que la chaussure du défenseur a juste effleuré le point de pénalty ou ses abords, le tireur peut indirectement ressentir comme une violation de son espace. Le défenseur a littéralement piétiné les plates-bandes de l'attaquant.

---

15. Ramsdale contre Manchester United, le 2 décembre 2021, et Gabriel contre Manchester City, le 1er janvier 2022.

16. Contre Liverpool, le 28 août 2021.

17. Contre West Ham, le 20 octobre 2022.

18. Contre Brighton, le 23 avril 2023 (aux tirs au but).

19. Contre Brentford, le 18 septembre 2021.

LA CONFRONTATION AU POINT DE PÉNALTY

Certains gardiens de but prennent position au point de pénalty pour défier le tireur au moment où ce dernier essaie de poser la balle. Le Néerlandais Hans van Breukelen a été l'un des précurseurs en la matière. Si la finale du Championnat d'Europe 1988 à Munich, opposant les Pays-Bas à l'URSS, demeure dans les mémoires en raison du superbe but de Marco van Basten sur reprise de volée, il ne faut pas oublier le pénalty accordé peu après aux Soviétiques. Van Breukelen tire parti du temps de mise en place pour lancer une nouvelle approche de la guerre psychologique liée aux pénaltys : il va à la rencontre du tireur adverse, Igor Belanov, et lui adresse tranquillement quelques mots au point de pénalty, tout en lui indiquant d'un geste qu'il l'a à l'œil. Van Breukelen arrête le tir, les Néerlandais conservent leur avance de 2-0 et remporteront le tournoi.

Ricardo fera de même pour le Portugal à l'Euro 2004. Il attendra David Beckham au point de pénalty, les mains sur les hanches, et il l'invectivera pendant qu'il dépose le ballon, lequel, comme nous l'avons déjà vu, finira dans les nuages. Néanmoins, il ressort de nos données que les goals qui font leur numéro au point de pénalty ne provoquent pas plus de tirs ratés que ceux qui restent en retrait de ce point. Pour les spécialistes de la manipulation mentale tels que Emi Martínez et Diego Alves, la confrontation initiale au point de pénalty est quasi un prérequis, mais à voir comme une passerelle vers d'autres interventions plus agressives (et efficaces) ultérieurement.

L'APPROPRIATION DE LA BALLE

Lorsque le gardien s'empare de la balle juste avant que son adversaire ne se mette en place, cela revient à prendre aussi, potentiellement, la main sur le tireur et sa concentration. Il peut user de ce contrôle pour le retarder, le dominer ou le frustrer. Diego Alves aime bien prendre très vite le ballon et ensuite le conserver aussi longtemps que le permet le règlement. Il sait que c'est source de frustration et d'incertitude pour le tireur, qui n'attend probablement qu'une chose : récupérer la balle et commencer sa routine. Et puis il y a la façon dont le gardien choisira de se défaire de la balle. Le postulat est donc le suivant : qui contrôle la balle contrôle le tireur. Voilà un jeu de pouvoir subtil, mais féroce.

LA DOMINATION SPATIALE

Peu de gardiens traînent autant que le Néerlandais Tim Krul autour du tir au but ou du pénalty. À plusieurs reprises en Premier League, en tant que gardien de Norwich, alors que le tireur était plus ou moins prêt à frapper, Krul... manquait à l'appel. Il n'était même pas dans la surface de réparation ! Il était ailleurs, en train de se balader, parfois sur le côté, à l'occasion même, *derrière* le tireur – bref, partout sur le terrain sauf là où on l'attendait.

On s'en souvient, en quart de finale du Mondial 2014 contre le Costa Rica, le sélectionneur néerlandais Louis van Gaal a fait entrer Krul à la 120e minute, spécifiquement en vue de la séance de tirs au but qui s'annonçait. Jamais personne à ce niveau de jeu n'avait procédé ainsi, introduire à cette minute-là un spécialiste du tir au but. Par la suite, l'entraîneur a été largement félicité pour son imagination et son audace[20].

Il faut dire que Krul ne l'a pas déçu. Il a pris plus d'espace, physiquement et verbalement, qu'aucun autre gardien qu'il m'avait été donné d'observer en tir au but. Il est allé défier les tireurs au point de pénalty, leur passant à tous un bon savon, il a couru dans toute la surface de réparation. À un moment donné, on peut même l'apercevoir en train de faire des allers-retours d'échauffement devant un tireur. Ça a été son heure de gloire, ses 10 minutes à lui sous le feu des projecteurs, qu'il a su saisir, arrêtant deux tirs et faisant ensuite la une de tous les journaux après le match.

Dans une conversation que j'ai eue avec Celso Borges – le milieu de terrain costaricain –, il m'a confié que Krul avait bel et bien eu un impact sur les joueurs du Costa Rica : « Son entrée à la dernière minute nous a déstabilisés. On s'est dit : Oh oh, il doit assurer en tirs au but. Et puis, je m'en souviens, il s'est approché tout près et il m'a dit : "Je te connais, je sais où tu vas tirer." OK. Il nous a sans doute fait hésiter. Il a dit la même chose à tout le

---

20. Guus Hiddink a failli battre van Gaal en envisageant un changement de gardien pour l'Australie lors du match de barrage décisif contre l'Uruguay au Mondial 2006. Le gardien remplaçant australien, Željko Kalac, haut de 2,02 mètres, aurait été un adversaire intimidant sur un tir au but et il s'était échauffé pendant la deuxième mi-temps de la prolongation, prêt à entrer, mais une blessure a contraint Hiddink à revoir son plan et à procéder à un nouveau remplacement tardif. Pour finir, ce contretemps a tourné à l'avantage de Hiddink : son gardien initial, Mark Schwarzer, a arrêté deux tirs, et l'Australie s'est qualifiée pour la Coupe du monde.

monde : “Je te connais”, alors qu’il ne savait probablement même pas qui on était, mais juste le fait qu’il le dise, on se disait : “Merde !” Je connais deux types dans mon équipe qui ont changé leur frappe à cause de lui. C’est de la manipulation mentale. »

À l’évidence, tout est permis en amour, à la guerre, et aux tirs au but.

La légende de Krul a pris de l’ampleur quand les Pays-Bas se sont retrouvés aux tirs au but en demi-finale contre l’Argentine. À la différence près que cette fois, van Gaal n’avait plus d’atout dans sa manche, ayant déjà effectué tous les changements de joueurs autorisés. Krul est donc resté sur le banc de touche et les Pays-Bas ont perdu. Parfois, ne rien faire du tout est le meilleur moyen de préserver sa réputation.

PERTURBATION VERBALE

Quelle preuve a-t-on de l’impact des invectives et des perturbations verbales en général ?

Dans une étude en laboratoire, des chercheurs ont demandé aux participants de jouer à un jeu de stratégie contre un adversaire appelé Pepper. Durant le jeu, Pepper établissait régulièrement le contact visuel et faisait alors un commentaire. Ses interventions pouvaient prendre la forme d’encouragements (« Tu joues super bien… ton jeu s’est carrément amélioré ») ou de critiques (« Tu es vraiment mauvais… ton jeu se détériore »). Les chercheurs ont démontré que ceux qui jouaient après avoir été exposés aux critiques étaient significativement moins rationnels et stratégiques dans leurs décisions que ceux qui avaient été encouragés. La provocation verbale de Pepper avait eu un impact sur les cobayes[21].

Un détail vaut tout de même la peine d'être noté : Pepper était un robot. Un robot avec une tête, des bras, des doigts, de la mobilité et une voix, mais néanmoins un robot. Et donc, même lorsqu'ils sont prononcés par une machine, les mots ont un impact sur le joueur humain en situation de compétition.

Qu'en est-il des convictions des athlètes eux-mêmes ? Une étude montre que 89 % d'entre eux perçoivent la provocation verbale comme un outil propre à conférer un avantage compétitif. Alors même que seuls 30 % disent être affectés personnellement par cette provocation verbale[22]. Les athlètes, comme n'importe qui, sont influencés par des biais cognitifs, et cela semble être un exemple de « supériorité illusoire », qui consiste à surestimer ses propres capacités par comparaison avec celles des autres – comme ce cas bien connu des conducteurs américains dont 93 % se considèrent comme meilleurs que la moyenne, ce qui, pour une raison évidente, purement arithmétique, ne colle tout simplement pas[23]. Dès lors, ceux qui provoquent peuvent aussi tirer parti de la situation. Une étude montre en effet que les provocateurs verbaux *eux-mêmes* gagnent en confiance du fait de leurs provocations[24].

Cela dit, il peut y avoir un revers à la médaille. Des chercheurs ont ainsi mis en évidence comment ces invectives pouvaient motiver davantage les personnes ciblées et les pousser à redoubler d'efforts afin de piler leurs adversaires,

---

21. Roth et coll. (2019).
22. Conmy (2005) ; McDermott & Lachlan (2021).
23. Svenson (1981).
24. Conmy et coll. (2013).

ce qu'elles faisaient souvent[25]. Les cibles ont une raison supplémentaire de s'acharner. Et dans les tâches physiques, ou fortement automatisées, un effort supplémentaire peut souvent se révéler payant. Inversement, avec les tâches un peu plus complexes, ou techniques, comme les tirs au but, cet effort supplémentaire peut se révéler contre-productif. Et peut basculer dans l'excès de réflexion ou d'analyse qui, comme on l'a vu, peut amener même les meilleurs à se planter.

SUPERCHERIE SUR LA LIGNE DE BUT

L'Italien Jorginho est un tireur passé maître dans l'art de la frappe dépendante du goal, avec un taux de réussite de 88 %, tirs en club et en équipe nationale confondus. Il attend que le gardien fasse un mouvement et alors seulement envoie la balle à l'endroit où le but est vide[26]. Mais en 2021, lors des qualifications au Mondial, le goal helvétique Yann Sommer l'attendait au tournant. Subtilement, il a feint de plonger à gauche, avec juste ce qu'il fallait d'énergie pour persuader Jorginho de l'authenticité de son mouvement, mais pas assez pour s'empêcher de rétablir avec élégance son centre de gravité et plonger à l'opposé au bon moment. Trompé, Jorginho a foncé tête baissée dans le panneau et frappé à droite. Arrêt du goal.

Deux mois plus tard, les deux équipes s'opposent à nouveau en match retour. Le score plafonne à 1-1 lorsqu'à la 90e minute, l'Italie se voit accorder un pénalty.

25. Yip et coll. (2018).

26. Basé sur 29 buts en 33 tentatives avant les deux pénaltys qui seront décrits ici.

Si Jorginho marque, la Squadra azzurra prend la tête de son groupe, avec plus qu'un match à faire. À nouveau confronté à Sommer, avec sans aucun doute le souvenir de leur précédente rencontre en tête, le tireur italien change complètement de technique et applique cette fois une stratégie indépendante du goal. La balle passe à deux mètres au-dessus de la transversale. La Suisse termine première de son groupe et l'Italie n'est pas qualifiée pour le Mondial 2022.

Certains gardiens sont passés experts dans l'art d'amorcer des mouvements trompeurs depuis leur ligne de but, une supercherie qui trompe efficacement le tireur. Lors de mon entretien avec Fabi Otte, à l'époque entraîneur de Sommer au Borussia Mönchengladbach, j'ai appris qu'ils avaient échafaudé une stratégie spécialement pour les tireurs dépendants du goal tels que Jorginho : « Il faut qu'il y ait une fausse impulsion, une feinte de la part du goal pour l'amener à tirer là où on veut qu'il tire. » Ils avaient aussi beaucoup discuté des mouvements en zigzags, et souvent travaillé le pénalty à l'entraînement. Le fait que Sommer soit « incroyablement mobile, très bien coordonné et rapide dans son déplacement de pieds » les avait bien aidés. Quant à la façon dont Sommer a stoppé le tir de Jorginho, d'autres joueurs qui utilisaient la même technique que l'Italien en ont pris bonne note. Dans ma conversation avec Lewandowski, ce dernier a soudain évoqué le sujet : « J'ai vu le gardien suisse, Sommer, contre Jorginho. Ça a été très intéressant pour moi. Ses jambes sont très fléchies, il montre qu'il veut aller à droite, et très peu de temps avant la frappe, il part à gauche. C'est stupéfiant. Il fait ça de manière stupéfiante. Et quand on ne s'y attend pas, ça peut être un choc. »

Chronométré à la perfection, le mouvement trompeur sur la ligne de but peut être un outil d'une grande efficacité contre les tireurs dépendants du goal. Les effets déstabilisants peuvent avoir des répercussions sur les rencontres suivantes pour les tireurs et dans l'esprit de joueurs qui n'étaient même pas sur le terrain.

L'ANALYSE DE L'ADVERSAIRE

En décembre 2006, un mot griffonné au crayon, à moitié déchiré et maculé de sueur a été vendu aux enchères en Allemagne pour un million d'euros. Ce mot appartenait au gardien de la Mannschaft, Jens Lehmann, et avait été utilisé en finale du Mondial joué cette année-là à domicile, qui s'était achevé sur des tirs au but contre l'Argentine. Rédigé par l'entraîneur des gardiens, Andreas Köpke, il listait sept Argentins et leurs zones de tir lors des pénaltys. Lehmann l'a gardé dans sa chaussette pendant toute la séance, le ressortant avant chaque tir pour vérifier les préférences du tireur qu'il s'apprêtait à affronter. Pour beaucoup, c'était la première fois qu'ils voyaient quelqu'un utiliser une antisèche pendant des tirs au but. On serait fondé à croire que cela a remarquablement fonctionné, car Lehmann s'est systématiquement jeté du bon côté et a même sauvé deux tirs. Toutefois, avec la sueur, le crayon était devenu par endroits illisible. Donc quand Roberto Ayala s'est avancé, on dit que Lehmann n'a pas pu lire les instructions. Seulement le mot « droite ». Or Lehmann a plongé à gauche – et arrêté la balle. Bien sûr, le pense-bête peut toujours avoir eu un effet intimidant sur les tireurs. Ainsi qu'Arsène Wenger me l'a dit : « Les gardiens ont souvent sur eux un papier listant les préférences des tireurs de pénalty. Mais parfois, il n'y a rien d'écrit ; c'est juste pour bourrer le mou de l'adversaire. »

Il existe des exemples plus lointains de gardiens qui avaient bien étudié les tireurs de l'équipe adverse. En 1988, Hans van Breukelen a réalisé (comme on l'a déjà vu) un arrêt remarquable pour les Pays-Bas lors de la finale contre l'URSS en Championnat d'Europe, et un autre la même année pour le PSV Eindhoven lors de la finale de la Coupe des clubs champions européens disputée aux tirs au but contre Benfica. Un coach appelé Jan Reker l'avait aidé grâce à sa base de données sur les tireurs de pénalty et leurs habitudes de tir.

« J'avais créé un fichier organisé par pays et par clubs, dit Reker. J'avais une fiche sur chaque joueur. Dans mes sources, il y avait notamment la télé. Chez moi, j'avais toujours deux vidéos en train de tourner. À un moment, j'ai eu jusqu'à quatre cartons de données sur 1 500 à 2 000 footballeurs[27]. »

Aujourd'hui, tous les professionnels et les équipes nationales ont accès à d'énormes bases de données vidéo en ligne avec tous les matchs imaginables, et un grand nombre d'analystes entraînés sont à leur disposition. Le renseignement sur les pénaltys fait partie de cet arsenal. Ces données très poussées entrent ensuite dans le monde réel et concret quand les prédictions sont communiquées aux gardiens sur des bouts de papier collés aux bouteilles d'eau autorisées sur le terrain. Cependant, ce système rudimentaire peut être saboté. Andrew Redmayne en est la démonstration éclatante.

---

27. Van de Vooren (2006).

Nous vous avons déjà dit comment la danse du gardien australien sur sa ligne de but lors du match de qualifications contre le Pérou pour le Mondial 2022 a retenu l'attention de tous les observateurs. Elle a pu contribuer à la victoire de l'Australie lors de ces tirs au but, mais il ne faut pas négliger son geste sans doute encore plus scandaleux à cette occasion. Pedro Gallese, son homologue péruvien, avait avec lui deux bouteilles d'eau, l'une contenant du liquide, l'autre portant un morceau de papier avec les préférences de tir des joueurs australiens. Ou du moins, il avait deux bouteilles avant que Redmayne ne lui en subtilise une.

Pendant que le gardien péruvien se trouvait dans ses buts à attendre l'un des tirs australiens, Redmayne s'est saisi, mine de rien, de la bouteille avec les notes et l'a jetée délibérément vers les tribunes. Il s'y est d'ailleurs repris à deux reprises, car au premier lancer, la bouteille n'avait pas franchi les panneaux publicitaires. Il est donc allé la récupérer pour la jeter plus loin. Bref, Redmayne a tout simplement volé et jeté le plan de jeu du Pérou.

Il est impossible de mesurer avec exactitude l'impact de ce forfait sur Gallese, et au final sur l'issue des tirs au but, mais il est un fait certain, c'est que le gardien péruvien a plongé du mauvais côté pour chacun des trois tirs australiens restants. Redmayne a plus tard admis avoir eu des scrupules quant à la méthode : « J'ai dit à certains que ça allait à l'encontre de tous mes principes d'être ce genre de personne et ce genre d'adversaire. » Il justifie néanmoins la combine en déclarant que ses adversaires en auraient fait tout autant : « Les Sud-Américains sont très malins, très roublards, ils seront les premiers à vous savonner la planche s'ils en ont l'occasion[28]. »

---

28. Budgen (2022).

Savoir si on peut justifier ce genre d'attaque préventive contre un adversaire sur la base d'un préjugé concernant un continent tout entier est une autre question.

LE POSITIONNEMENT DÉCALÉ

Il y a des stratégies infiniment plus subtiles et moins barbares que le lancer de bouteille d'eau. Un axe de recherche assez fascinant montre que lorsque les goals se décentrent légèrement sur leur ligne de but, si discrètement que les tireurs ne le remarquent pas, 60 à 64 % des tirs seront frappés du côté « plus ouvert »[29]. Voici un bon tuyau pour les gardiens : décalez-vous et c'est l'entrée directe dans la tête du tireur. Les données suggèrent que le déplacement optimal pour le goal est un décalage de 6-8 centimètres en direction d'un des poteaux[30]. Je n'ai pas entendu parler d'un gardien employant cette méthode, mais quand bien même ce serait le cas, je doute qu'il le chanterait sur les toits. Cela mérite d'être tenté.

LA RÉPUTATION

Comme nous l'avons déjà signalé, la réputation d'un adversaire peut suffire à démoraliser, intimider et impacter

29. Étude originale menée par Masters et coll. (2007) ; reproduite ensuite par Weigelt et coll. (2012), Weigelt & Memmert (2012), Noel et coll. (2016), et Noel et coll. (2015).

30. Ma recommandation est basée sur une interprétation des études susmentionnées ainsi que de Memmert et coll. (2020).

négativement un joueur. Le simple fait de savoir que l'on affronte un redoutable adversaire peut s'insinuer dans l'esprit et faire grossir ledit adversaire à vue d'œil. Une série d'études indique que se savoir face à un spécialiste des pénaltys, ou simplement observer le gardien adverse arrêter le tir précédent, amène le tireur à voir ce goal plus grand qu'il n'est, d'environ 6 centimètres[31].

C'est un phénomène traduit par une étude – encore une – sur les tirs au but et pénaltys des tournois majeurs (Coupe du monde, Euro, Ligue des champions et Ligue Europa) de 2005-2006 à 2019-2020, soit 1711 tirs au total[32]. Elle faisait apparaître que plus la cote sur le marché des gardiens de but était élevée, plus les tireurs risquaient de rater complètement la cage. C'était le seul résultat significatif de l'étude sur la valeur marchande et l'issue des pénaltys pour les tireurs et les gardiens (à la grande surprise des chercheurs). En tout cas, c'est une bonne illustration de la vieille expression « être précédé par sa réputation ».

MANIPULATION EN TOILE DE FOND

En 2005, le journaliste scientifique Daniel Engber a produit un article fascinant sur les tentatives systématiques de distraction des tireurs de lancer franc en NBA[33]. En NBA comme dans les matchs universitaires de basket, le public local pousse toujours très loin ses manœuvres de déstabilisation des tireurs adverses. Ballons, pancartes, chants, et

31. Masters et coll. (2010).

32. Brinkschulte et coll. (2023).

33. Engber (2005).

surtout un raffut terrible, tout y passe[34]. Pourtant, le pourcentage de réussite des lancers francs, à domicile comme à l'extérieur, ne semble pas différer, suggérant que ballons et cris n'ont pas un fort impact.

Engber a alors décidé de creuser un peu plus et d'explorer certaines des nuances à l'œuvre. Il a montré que les bras et les pancartes agités derrière la cible (ici, le panier) ne font rien de plus que de produire une série de mouvements qui se neutralisent mutuellement. Pour le tireur, toute cette agitation devient semblable à la neige sur un écran de télé, avec un pouvoir de nuisance identique. L'idée d'Engber était de créer derrière le panier une distraction visuelle dans laquelle les supporters, au lieu de neutraliser son effet par leur chaos, bougeraient à l'unisson afin de générer un mouvement cohérent qui serait, pressentait-il, autrement plus perturbant. La toile de fond derrière le panier donnerait en effet l'impression de bouger dans une seule direction, amenant le tireur à compenser ce mouvement lors de son tir, et donc à rater celui-ci. Engber a fait part de cette idée à Mark Cuban, le propriétaire des Dallas Mavericks, qui a foncé et l'a aussitôt mise en application. Trois coordonnateurs derrière le panier ont donc dirigé les mouvements des supporters de manière que tous bougent les bras et les objets dans le même sens et au même rythme, d'un côté puis de l'autre. Résultat : lors des deux premiers matchs, les adversaires des Mavericks n'ont réussi que 60 % de leurs lancers francs, soit 20 % en dessous de la moyenne de la ligue. Grand succès !

Sauf qu'ensuite, les Dallas Mavericks ont affronté les Lakers, dont le taux de réussite est monté à 78 %. Un

34. Sports Illustrated (2012).

chiffre qui a mis fin à l'expérience, Cuban jugeant son efficacité trop hasardeuse.

Depuis cette expérience, les supporters de basket ont continué d'innover dans l'art de la distractologie, une discipline en pleine expansion[35]. Parmi ceux qui sont allés le plus loin figure l'équipe de basket de l'université d'État de l'Arizona. Ils ont imaginé ce qu'ils appellent « le rideau perturbateur ». Il s'agit bel et bien d'un rideau mobile positionné derrière le panier et qui est retiré juste au moment où le tireur s'apprête à lancer, révélant… eh bien, toutes sortes de folies : des pères Noël en train de rugir, des vieilles dames hurlantes, des clowns qui agitent les bras, des hommes à la panse rebondie en train de fouiller dans leur caleçon, des catcheurs, des célébrités en slip de bain, des étudiants costumés en animaux, des imitateurs incarnant des people… Est-ce efficace ? Des données statistiques montrent que ce rideau, ou du moins ce qui se cachait derrière, aurait provoqué une baisse des lancers francs réussis allant jusqu'à 10-15 % durant les deux premières années d'application de cette stratégie perturbatrice[36]. Toutefois, le rapport d'une saison plus récente n'a relevé aucun effet, suggérant qu'avec le temps, les adversaires ont pu trouver une parade rendant le rideau perturbateur… moins perturbant[37].

Ces combines déstabilisatrices fondées sur les supporters pourraient-elles s'appliquer au football, lors des tirs au but ou des pénaltys ? En théorie, oui. Sauf que la culture des supporters dans le basket américain, en particulier au niveau universitaire, est fondamentalement différente

35. Engber (2015).

36. Wolfers (2015).

37. Benz (2019).

de celle des fans de football professionnel. J'ai un peu de mal à imaginer la chorégraphie de supporters habillés en vieilles dames ou des échauffements en tenue minimale au stade d'Old Trafford ou au Santiago Bernabéu. Cela n'empêche pas les supporters de foot de montrer une grande créativité dans les chants entonnés à l'intention des joueurs adverses. Alors peut-être qu'un jour cette créativité ira jusqu'à des démonstrations perturbatrices coordonnées au moment exact des pénaltys ou tirs au but. Ça pourrait être intéressant.

INTERFÉRENCE DANS LA PHASE PRÉPARATOIRE

J'ai montré précédemment que, depuis quelques années, les tireurs prenaient bien plus de temps après le coup de sifflet de l'arbitre pour se préparer, et que c'était une façon pour eux de parvenir à un meilleur contrôle sur eux-mêmes et sur la situation. Sur les milliers de tirs que j'ai visionnés, il n'est arrivé qu'en deux occasions qu'un gardien de but prive complètement le tireur de cette maîtrise. Et les deux fois, il s'agissait de notre vieil ami Diego Alves.

La première fois, c'était lors d'un match contre le club rival de Ponte Preta en octobre 2017. Face au but se tient son compatriote Lucca. Au coup de sifflet, ce dernier prend son temps, comme il en a le droit. Il traîne, longtemps – un peu plus de 10 secondes. Si bien qu'Alves en a assez. Juste au moment où Lucca est sur le point de s'élancer, Alves lève la main et s'avance, le regard tourné vers l'arbitre. Il proteste visiblement contre le temps pris par le tireur. Une petite discussion s'ensuit, durant laquelle Alves continue d'exprimer son mécontentement, à l'arbitre mais aussi à l'arbitre assistant, avant de retourner à sa ligne et de se remettre en position. Intérieurement, il doit jubiler : encore une routine interrompue et une reprise en main à son avantage. Au coup de sifflet, cette fois, Lucca n'attend pas plus de 4,5 secondes pour partir. Sa course d'élan est inégale et il frappe à gauche un ballon qu'Alves arrête facilement.

La deuxième fois, c'était en 2021, dans le cadre d'une séance de tirs au but absolument cruciale entre les clubs de Flamengo et de Palmeiras lors de la Supercopa brésilienne. C'est Danilo qui tire pour le match et la victoire. Après le coup de sifflet, il prend plus de 10 secondes pour rassembler ses esprits et, là encore, Alves y met fin en s'avançant vers la balle pour protester contre « cette perte de temps ». En l'espace d'un instant, tout part à vau-l'eau. La routine du tireur est totalement cassée. Au nouvel essai, Danilo n'attend que 2,5 secondes pour se mettre en mouvement et, une fois encore, Alves sauve le tir. Flamengo remporte la Coupe. Diego Alves lit les tirs au but comme d'autres les livres, et il dirige la séance comme si les joueurs étaient son propre orchestre symphonique.

LANTERNER

Il y a un moyen bien plus subtil de déranger les tireurs, moyen qui peut être particulièrement profitable aux gardiens d'un tempérament plus calme et paisible, ceux qui préfèrent ne pas faire d'histoires ni attirer l'attention sur eux. En mai 2008, Manchester United et Chelsea s'affrontent sous une pluie battante à Moscou lors de la finale de la Ligue des champions. Le match s'achève par des tirs au but. Au moment du pile ou face, John Terry, le capitaine de Chelsea, est à l'évidence embêté. Il est prêt, mais pas Rio Ferdinand, son homologue de Manchester United. Terry attend ainsi pendant un petit moment, avec les arbitres, puis il lève les mains en signe d'agacement et s'éloigne. Devoir attendre peut s'avérer très frustrant. Or ce ne sera pas la seule fois, ce soir-là, que Terry et ses coéquipiers de Chelsea devront prendre leur mal en patience[38].

Carlos Tevez frappe avec succès le premier tir au but pour United. Michael Ballack lui succède pour Chelsea. Il quitte le rond central pendant que le gardien des Red Devils, le Néerlandais Edwin van der Sar, va chercher sa serviette, qu'il avait laissée à côté du poteau de corner, pour s'essuyer la tête avec celle-ci avant de la reposer là où il l'avait prise. L'opération prend du temps, si bien que gardien et tireur entrent simultanément dans la zone de réparation. Mais tandis que Ballack marche d'un bon pas vers le point de pénalty, avec l'idée d'en finir rapidement, van der Sar donne l'impression de flâner le nez au vent. Il prend son temps pour gagner sa ligne de but. Par conséquent, il s'écoule presque 12 secondes entre le moment où Ballack a placé son ballon sur le point de pénalty et le coup de sifflet de l'arbitre. Mais le tireur de Chelsea semble avoir compris l'intention de van der Sar de faire traîner les choses. Il retourne au point de pénalty, repositionne sa balle et recule. Il marquera.

Van der Sar ne renoncera pas à sa tactique pour autant. Tandis que son homologue de Chelsea, Petr Cech, se

---

38. Finalement, ils ont procédé au tirage au sort. Lorsque Ferdinand l'a gagné, il a semblé hésiter un instant, puis il s'est tourné vers son équipe et a crié : « Gaffer, hé, on tire en premier ? » Il a répété la question trois fois encore, au point que Terry a commencé à tirer impatiemment le maillot de Ferdinand, dans l'espoir de l'amener à prendre une décision plus rapide.

rend instantanément et avec bonne volonté sur sa ligne de but, van der Sar fait durer les choses : il s'essuie longuement le visage avec sa serviette posée loin de la cage, il remonte ses chaussettes, demande à l'arbitre de vérifier la position du ballon, tout cela pour faire poireauter le tireur. En moyenne, van der Sar aura fait attendre les joueurs de Chelsea 8,5 secondes, tandis que les joueurs de United n'attendaient que 0,7 seconde. Les deux tireurs de Chelsea, John Terry et Nicolas Anelka, qui ont raté leur frappe et offert la victoire à United, ont chacun attendu plus de huit secondes.

Van der Sar a donné l'exemple parfait d'une prise de contrôle indirecte. Le goal qui retarde les choses prend l'initiative, perturbe la routine et le rythme du tireur, l'obligeant à ruminer et réfléchir quelques secondes de plus. Quand tout ce qu'on veut, c'est en finir au plus vite, une attente imposée tape désagréablement sur les nerfs.

Le fait que les gardiens retardent les choses fonctionne-t-il ? Dans notre étude de 2009 sur les effets du temps dans les tirs au but, nous avons démontré que les joueurs n'ayant pas du tout eu à attendre le signal de l'arbitre une fois qu'ils avaient reculé pour prendre de l'élan marquaient dans 90 % des cas. Ce taux de réussite diminue corrélativement à l'allongement de l'attente, tombant à 60-70 % pour les tireurs qui ont attendu le plus longtemps[39]. En reprenant ces données et en y ajoutant les tirs qui ont eu lieu après la publication de notre étude, donc en examinant tous les tirs frappés dans les tirs au but de tournois masculins majeurs entre 1976 et 2023, on constate une chute nette et significative de la performance dans le cas des attentes les plus prolongées. Les tireurs qui

39. Jordet et coll. (2009).

doivent attendre plus de huit secondes ne marquent que dans 44 % des cas, soit bien moins que ceux qui frappent dans d'autres circonstances.

On notera, détail important, que ces mesures de temps portent sur la durée d'attente imposée au tireur, et non celle qu'ils ont choisie de prendre après le coup de sifflet (durée dont nous avons parlé plus haut dans cet ouvrage). Le genre d'attente dont nous parlons ici est celle qui échappe au joueur.

La tendance générale est donc la suivante : plus le tireur est obligé d'attendre le signal de l'arbitre – généralement en raison des retards orchestrés par le gardien –, moins il sera performant dans sa frappe. L'une des raisons est sans doute liée à l'appréhension, l'attente forcée amplifiant les sensations désagréables et déplaisantes. C'est la porte ouverte à l'emballement des pensées. Le joueur peut aussi se sentir contrarié de perdre ainsi la maîtrise des choses au profit du goal, sans avoir aucun moyen de reprendre la main.

Dans le football américain, il existe un parallèle appelé « geler le botteur ». Cela consiste à demander un temps mort quand l'équipe adverse est sur le point de tenter un *field goal*, et ainsi introduire un délai statutaire à un moment du jeu à haute tension potentielle. Dans la première étude portant sur cette pratique, les chercheurs se sont appuyés sur les chiffres des saisons 2003 et 2004 de la NFL. Ils ont trouvé que « geler » le botteur réduisait d'environ 10 % les chances de réussir un *field goal*[40]. Ces chercheurs ont soutenu que voir le temps s'étirer avant de frapper pouvait amener les botteurs à craquer. Une autre étude portant sur six saisons de la NFL (2002-2008) montre que, lorsque les botteurs ont été gelés, leur taux

40. Berry & Wood (2004).

de réussite chute de 14 % par rapport aux moments où ils n'ont pas subi cette interruption[41]. Toutefois, ce résultat ne s'est pas retrouvé dans une étude plus récente et avec un échantillon plus large, ce qui suggère que les botteurs se sont peut-être habitués à être « gelés » et en sont venus, à l'inverse, à exploiter cette pause pour mieux préparer leur frappe[42]. Cela peut être également le cas pour les tirs au but ou pénaltys dans le football européen.

En fait, une étude en montre déjà les signes. Le temps d'attente moyen entre la faute commise et le pénalty en lui-même a presque doublé avec l'introduction de la VAR, passant de 62 secondes à 114 désormais[43]. La vérification vidéo est une sorte de gel du tireur, bien que, d'après cette étude, il n'y ait pas de baisse de performance pour les tirs frappés après des temps de VAR plus longs. Ces intermèdes sont longs, quoi qu'il arrive, et il est possible qu'une différence d'une ou deux minutes n'occasionne aucun impact fonctionnel. Il n'en demeure pas moins que les frappes survenues après une VAR réussissent moins (71 %) que les autres (81 %). Cela tendrait à recouper le constat concernant les botteurs gelés de la NFL : ce qui compte, ce n'est pas la durée de l'attente en elle-même, c'est l'intention et le contexte de l'attente. Lorsque cette attente relève de la VAR plutôt que d'un adversaire qui débat avec l'arbitre, il existe une incertitude réelle quant à la tenue d'un pénalty ou non, et c'est cette incertitude qui peut avoir un effet négatif sur le tireur.

41. Goldschmied et coll. (2010).

42. Hsu et coll. (2019).

43. Veldkamp & Koning (2023).

SE PROTÉGER CONTRE L'ARSENAL DES MANIPULATIONS MENTALES

Les manipulations psychologiques ne sont pas un phénomène nouveau dans le football, mais dernièrement, elles ont pris deux directions. D'un côté, elles sont désormais plus intenses, impulsives et brutales ; de l'autre, elles sont plus subtiles, complexes et tordues. Les équipes et les joueurs progressistes sont obligés de suivre le mouvement et de protéger leurs tireurs en conséquence.

Traditionnellement, les tireurs comptent sur leur force d'âme et sur un arbitre solitaire pour contrôler leurs adversaires. Bien que les deux puissent s'avérer utiles, ne se reposer que sur le mental et l'arbitre est naïf et souvent insuffisant. Des stratégies plus radicales ont davantage de chances de payer. Dans le chapitre 4, je parlerai de la façon dont les joueurs et les équipes peuvent et devraient adopter une approche collective pour gérer la pression associée aux pénaltys et aux tirs au but. Mais dans un premier temps, penchons-nous sur quelques techniques individuelles.

Celui qui agit peut contrebalancer les effets négatifs des perturbations extérieures en consacrant plus d'effort mental à sa tâche[44]. Avec le temps, cela devient plus facile. L'entraînement aide aussi. Les joueurs plus expérimentés sont moins sensibles aux stimuli (quand l'attention est attirée par ce que fait autrui) et davantage concentrés sur le but (quand l'attention reste focalisée sur la tâche à accomplir). Quand on a été fréquemment exposé aux perturbations induites par d'autres, on risque moins de se

44. Eysenck et coll. (2007) ; Hsu et coll. (2008).

laisser atteindre par ce genre de distraction et on a plus de chances de rester concentré sur ce qu'on a à faire.

Par exemple, l'exceptionnelle performance sous pression de Kylian Mbappé face à Emi Martínez lors de la finale du Mondial 2022 démontre qu'un joueur, en dépit de sa jeunesse, a accumulé assez d'expérience pour lui permettre de contrer efficacement les manœuvres psychologiques de son adversaire. Il frappe son second pénalty sous une pression extrême, d'un niveau rarement observé au foot. Rappelez-vous, on est à la 118e minute, le score est de 3-2 en faveur de l'Argentine et il ne reste que deux minutes avant la fin des prolongations. Si Mbappé rate, l'Albiceleste est championne du monde. En plus d'Emi Martínez, trois joueurs argentins essaient d'atteindre le Français avant sa frappe et s'emploient à le perturber. Et malgré cela, calmement mais fermement, sans faire d'histoires, Mbappé fait ce qu'il faut pour garder ses adversaires à distance, apparemment en ne leur accordant guère d'attention. En pareille situation, celui qui agit doit se focaliser, se concentrer avec précision sur la tâche à venir, tout en restant cognitivement assez attentif pour gérer avec fluidité toute source de perturbation. Il est plus facile de résister aux distractions extérieures si l'on y a déjà été confronté et qu'on les a surmontées avec succès.

Il est important d'anticiper, non seulement pour réduire les erreurs pratiques et logistiques, mais aussi pour profiter de l'avantage psychologique qui découle d'une réduction de l'incertitude[45]. Une technique adaptée à ce chaos est le contraste mental : cela consiste à se représenter le but que l'on veut atteindre dans le futur et ensuite à imaginer la voie spécifique pour y parvenir, avec tous les obstacles

45. Wilson & Richards (2011).

et les défis à résoudre en cours de route. Il a été démontré que cette stratégie fonctionnait bien plus efficacement que la seule visualisation du but en lui-même[46].

Pour aller plus loin, dans le cas plus spécifique des tireurs de pénalty, ils peuvent se protéger contre les gardiens lunatiques et autres adversaires : 1) en retardant leur arrivée dans la zone de réparation jusqu'à ce que l'arbitre ait la situation en main ; 2) en retardant le positionnement du ballon (technique de Haaland) ; 3) en se désengageant stratégiquement (regarder ailleurs) ; 4) en repositionnant la balle et en reprenant la routine à zéro (ce que Michael Ballack et Salomon Kalou, les joueurs de Chelsea, ont fait avec succès pour déjouer les tactiques de retardement du goal en finale de la Ligue des champions 2008) ; et 5) en se diversifiant (en variant leur routine de telle sorte qu'elle comporte un certain degré d'imprévisibilité, afin de donner moins de prise aux gardiens qui ont analysé leur technique au fil du temps).

PERTURBER, EST-CE FAIR-PLAY ?

Étant donné l'omniprésence et la prolifération des perturbations, dérangements et comportements manipulateurs des gardiens de but, une question importante se pose : jusqu'à quel point ces comportements sont-ils acceptables dans un match de foot ? Après tout, les accepter, c'est en faire implicitement la promotion, vu leur impact apparent sur l'issue de matchs importants.

46. Oettingen et coll. (2012).

Jusqu'où ces comportements sont-ils légaux ? Fait intéressant, à la suite de la performance de Martínez lors du Mondial 2022 au Qatar, l'International Football Association Board, l'instance qui définit les règles du foot, a apporté cette clarification : « Le gardien doit veiller à respecter le jeu et l'adversaire en évitant de distraire abusivement le tireur[47]. » La loi 14, celle qui porte sur le pénalty, a été amendée, avec effet en juillet 2023 : « Le gardien ne peut distraire abusivement le tireur, par exemple en retardant l'exécution du penalty ou en touchant les poteaux, la barre transversale ou les filets. »

Comme les anciennes lois ne disaient rien sur les manipulations mentales des gardiens de but, une mise à jour était compréhensible. Mais qu'entend-on par « distraction abusive » ? Cet amendement laisse la porte ouverte à beaucoup d'interprétation et de subjectivité. Les goals peuvent-ils toujours prendre des postures inhabituelles, créatives et irritantes, et gesticuler sur la ligne de but avant la frappe ? Peuvent-ils parler au tireur ? Peuvent-ils circuler dans la surface de réparation avant le tir ? Peuvent-ils se saisir du ballon et le donner au tireur d'une manière juste un peu gênante ? De telles actions ont clairement pour but de distraire le tireur, or depuis l'ajout de cette loi, la plupart des gardiens continuent toujours d'agir ainsi, sans sanction. De plus, je suppose que les mouvements de feinte du gardien durant la course d'élan du tireur seraient considérés comme fair-play, même si certains goals les exécutent de manière si efficace qu'on serait tenté de les qualifier de « déloyaux ». Et puis pourquoi ne régule-t-on que le comportement des gardiens ? Qu'en est-il de celui des joueurs extérieurs à l'action ? Comme il a été montré à

47. IFAB (2023).

plusieurs reprises dans cet ouvrage, ceux-là aussi essaient à l'occasion d'avoir un impact sur le tireur adverse : sont-ils exemptés de ces règles ?

Étant donné la palette de distractions déployées récemment sur la plus grande scène footballistique, il n'est pas absurde de clarifier ce qui est permis ou interdit. La nouvelle réglementation, qui laisse le champ à beaucoup d'interprétations, crée potentiellement autant de problèmes qu'elle en résout. Jusque-là, je ne suis pas sûr que le changement fera une grande différence à moins que : a) les règles soient plus spécifiques à propos des comportements précis que l'on souhaite décourager, et b) des routines spécifiques et des lignes de conduite claires soient instaurées pour aider les arbitres à appliquer ces lois. En l'état actuel des choses, l'arbitre est seul, et on lui demande de contrôler ce qui ressemble souvent à un chaos de joueurs rassemblés dans la zone de réparation, alors qu'en parallèle, joueurs et équipes affinent de plus en plus la manière dont ils jouent ce petit jeu psychologique.

Une question plus prégnante encore : de tels comportements sont-ils moraux ? Une position consiste à dire que ces manœuvres psychologiques sont acceptables dès lors que l'instance dirigeante les autorise – or c'est le cas, jusqu'à un certain point[48]. Mais, dans le même temps, devrions-nous viser l'éradication totale de ces comportements ? Ils relèvent de la manipulation, de l'exploitation, et ils peuvent avoir des conséquences psychologiques néfastes. Certains sont abusifs, d'autres frisent le bizutage. D'aucuns diraient que ce n'est pas le genre de comportements que l'on souhaite cautionner et encourager dans le sport.

---

48. Kerchnar (2015) ; Kerchnar (2018) ; Johnson & Taylor (2018).

D'un autre côté, que sont les sports d'équipe sinon un conflit encadré entre deux parties, dans lequel un élément psychologique est inévitable et essentiel. Les pénaltys, et en particulier les tirs au but, mettent en scène l'essence même de la performance sous pression, et en font un jeu psychologique plus que n'importe quoi d'autre. Le duel émotionnel, cognitif, dynamique, intense et parfois explosif entre deux combattants fait partie intégrante de ce jeu. Voudrions-nous vraiment châtrer le conflit, l'émotion et le drame interpersonnel qui entourent ce conflit ? Ces comportements ne sont-ils pas tout simplement inhérents à ce qu'implique la compétition ?

J'entends les deux points de vue. Mais ce qu'on ne peut discuter, c'est que dans les tirs au but, comme dans n'importe quel contexte de compétition aux enjeux élevés, il y aura des adversaires qui feront de la provocation et qui chercheront à exploiter la pression, repoussant toujours les limites de ce qui est permis. Au niveau pratique, se préparer à la pression implique de se préparer à tout ce que le camp d'en face pourra faire, qu'on l'approuve ou pas.

CHAPITRE 4

FAIRE BLOC CONTRE LA PRESSION

« L'esprit de corps doit sans cesse être nourri de signes de connexion. »

Dan Coyle, *The Culture Code*, 2018

De nombreux joueurs vous diront que la distance la plus longue à parcourir au football est celle qui va du rond central au point de pénalty lors d'une séance de tirs au but. C'est faux. La plus longue est celle qui consiste à retourner au rond central après avoir frappé et raté son tir. Marcus Rashford, qui a tiré et manqué le troisième but pour l'Angleterre lors de la finale de l'Euro 2020 contre l'Italie, revient visiblement dévasté vers le centre du terrain. Retrouver ses coéquipiers, ceux que l'on a déçus, dont on a brisé les rêves en même temps que les siens, est probablement l'expérience la plus solitaire qui soit dans le sport. Et cela sans parler de l'audience télévisuelle, estimée ce jour-là à 328 millions de téléspectateurs en direct[1].

L'équipe d'Angleterre de cet Euro-là était censée être soudée. C'était le message relayé par des joueurs comme Kieran Trippier (« Il y a un bon esprit d'équipe. On s'entend bien et on se met au service les uns des autres ») et par le sélectionneur Gareth Southgate (« Beaucoup de nations sortent du tournoi parce que leur esprit d'équipe n'a rien à voir avec celui de nos gars »). Des propos retentissants.

Mais dans quelle mesure cette cohésion s'est-elle manifestée dans le comportement de l'équipe ? Qu'ont fait les coéquipiers de Rashford pendant qu'il parcourait la plus longue distance de sa vie ? Rien. Ils sont restés dans le rond central, cramponnés les uns aux autres, et n'ont pas bougé d'un pouce jusqu'à ce que Rashford les ait rejoints. Pourquoi ? Serait-ce que ces joueurs respectaient tout simplement au pied de la lettre les règles du jeu ? De fait, les lois du foot le stipulent : « Tous les joueurs autorisés, excepté celui qui exécute le tir et les deux gardiens de but, doivent rester dans le rond central. » Mais rien ne les empêchait de se poster au bord du cercle et de montrer leur soutien. Ils seraient restés dans le cadre légal, or ils ne l'ont pas fait. Maintenant, si l'on garde à l'esprit les commentaires de Chris Markham (voir le chapitre 2), concernant l'attitude de la Team Great Britain avant 2018, il se pourrait que cette réaction stoïque à la faillite d'un coéquipier ait été délibérée – une tentative de rester et de se montrer imperturbable et concentré sur la tâche, quelle que soit l'issue d'un tir. Il y a une certaine logique dans cela, et je soupçonne certains des joueurs de l'avoir adoptée. Néanmoins, cela ne correspond pas aux manifestations enthousiastes

1. UEFA (2021).

observées dans leurs rangs lors de la même séance de tirs au but, lorsque leurs coéquipiers marquaient ou que leurs adversaires rataient. Cela ne correspond pas non plus à un mouvement constaté par deux fois : l'un des joueurs fait le geste d'aller à la rencontre de Rashford, mais il s'arrête après avoir jeté un coup d'œil par-dessus son épaule, personne ne le suivant. Ce joueur, c'était Kalvin Phillips. S'il avait été collectivement établi d'avance de ne pas bouger après un raté, Phillips ne se serait-il pas comporté différemment ?

Délibérée ou non, cette immobilité face à un équipier en échec a été une occasion manquée de témoigner de son esprit d'équipe et de faire bloc. Oui, se cramponner les uns aux autres à ce moment-là du jeu peut être une démonstration de cohésion, probablement sécurisante pour ceux qui se tiennent dans le rond central. Mais pour l'individu malchanceux qui revient vers eux, cette formation peut envoyer un autre message : « Nous sommes un groupe fort et uni, et tu n'en fais pas partie. »

Or Rashford n'était pas le premier joueur à rater dans cette séance de tirs au but. Le deuxième tir italien a été arrêté par Jordan Pickford dans le but anglais. Andrea Belotti a donc, lui aussi, dû entamer une longue marche pour rejoindre son groupe. Toutefois, cette marche a été écourtée, parce que le capitaine italien, Giorgio Chiellini, et le défenseur Alessandro Florenzi se sont détachés de la formation du rond central et ont marché vers lui, afin de le réintégrer dans le groupe le plus rapidement possible. Un geste en apparence anodin mais chargé de sens, dont on peut penser qu'il a eu un impact important. En effet, lorsqu'on a l'impression d'avoir déçu tout le monde et qu'on se sent affreusement seul, le fait de voir ses coéquipiers s'approcher de soi est le signe direct qu'on les intéresse encore et qu'on a sa place dans le groupe. Le reste de l'équipe reçoit également un message rassurant : « Si vous ratez à votre tour, on ne vous tournera pas le dos. » Cela peut diminuer légèrement la pression, et même faire, pour les tireurs suivants, la différence entre marquer et rater.

Qu'a fait le capitaine de l'équipe d'Angleterre dans cette situation ? Ayant frappé et marqué le premier tir au but de l'Angleterre, Harry Kane n'avait plus à se soucier d'un acte de jeu à venir, il pouvait se concentrer sur la direction et le soutien du reste du groupe. Mais lorsque Rashford revient dans le groupe, Kane reste statique, à peine visible sur certaines photos, caché derrière les autres. Encore une fois, je soupçonne Kane d'avoir suivi une directive inspirée par la Team GB consistant à ne pas réagir, ni à l'échec ni au succès. Toujours est-il que personne n'est intervenu pour atténuer la douleur de Rashford et qu'une chance de rétablir instantanément la cohésion de groupe a été perdue. Cette réaction collective passive au premier tir au but manqué a indirectement montré à des joueurs comme Jadon Sancho et Bukayo Saka que, s'ils manquaient les leurs, l'équipe ne serait sans doute pas là pour eux non plus. Du reste, tous deux ont raté leur tir et l'Angleterre a une fois encore échoué à remporter un trophée.

Durant la Coupe du monde 2022, plusieurs équipes ont réagi rapidement et collectivement aux tirs au but manqués, en allant à la rencontre de leur coéquipier et en le réintégrant dans le groupe. Il est intéressant de noter que ce geste a été accompli par certains des meilleurs joueurs. Ainsi, en finale, Kylian Mbappé a pris sur lui de rejoindre à l'extérieur du rond central les deux joueurs français qui avaient raté leur tir au but. En quart de finale, c'est Lionel Messi qui a pris l'initiative d'accueillir Enzo Fernández, après le seul tir manqué de l'Argentine. Pareillement, lors de la Coupe du monde féminine 2023, Wendie Renard, la capitaine de l'équipe de France, s'est déplacée loin du rond central pour ramener Vicki Becho dans le groupe après son échec contre l'Australie en quart de finale[2]. Ce geste de soutien a des chances d'avoir un impact plus important lorsqu'il est effectué par une personnalité jouissant d'un statut élevé au sein du groupe. C'est du leadership en actes, pas seulement en paroles.

Sur les 93 séances de tirs au but jouées lors de Coupes du monde, Euros et Ligues des champions/Coupes d'Europe masculines jusqu'en 2022, 49 (soit 52,7 %) ont été remportées par une équipe ayant manqué un ou plusieurs tirs. Plus de la moitié, donc. Cela signifie qu'il est vital pour une équipe de savoir encaisser un pénalty manqué et de bien s'en remettre. Un échec n'est souvent qu'un contretemps temporaire. Ce qui compte, c'est la manière dont l'équipe réagit collectivement à ce revers. C'est une question que j'ai étudiée en profondeur en tant que consultant en pénaltys et tirs au but pour l'équipe nationale néerlandaise entre 2005 et 2008.

À l'automne 2004, avec mes collègues de l'université de Groningue, nous avons commencé à discuter avec la Fédération néerlandaise de football de ce projet de recherche sur les tirs au but. Après quelques réunions, nous avons un jour reçu un appel de Foppe de Haan, l'entraîneur des U20 et des U21 (les moins de 20 ans et les moins de 21 ans). Il préparait son équipe à participer à la Coupe du monde des U20 qui devait se jouer à domicile à l'été 2005. Il m'a demandé si j'accepterais de venir à leur

2. Renard n'a pas apporté le même soutien aux deux joueuses françaises qui avaient raté précédemment leur tir, et avec Becho, il était trop tard – l'Australie a marqué le tir suivant, remportant la séance de tirs au but.

centre d'entraînement pour expliquer aux joueurs comment gérer le stress d'une séance de tirs au but.

Et comment ! Quelle excellente occasion ! Mais je me suis vite dit que je ne pouvais pas sortir d'un environnement universitaire et me précipiter dans un centre d'entraînement pour présenter telles quelles des données académiques arides et complexes ; je risquais fort de perdre l'attention de mon auditoire. J'ai donc passé six mois à réunir mes informations et à préparer une présentation pour l'équipe, en réfléchissant au meilleur moyen de communiquer ma synthèse de manière intelligente et pertinente. Enfin, le grand jour est arrivé. La présentation à l'équipe U20 s'est tenue et j'ai trouvé que tout s'était bien passé. Du bon boulot.

Mon autosatisfaction n'a pas fait long feu.

En quart de finale, les U20 ont affronté le Nigeria. Le match s'est terminé sur le score de 1-1. Tirs au but.

Fin juin aux Pays-Bas, il faisait extrêmement chaud et mon minuscule studio du centre-ville de Groningue était une fournaise. Je me souviens avoir regardé le match assis sur mon canapé, en caleçon, et à chaque tir au but, j'avais l'impression que la température montait d'un cran.

La séance s'est déroulée en 24 tirs – et les Néerlandais ont perdu. *Perdu !* J'étais effondré. Bravo pour mes prétentions à une quelconque expertise pratique et concrète sur l'épreuve des tirs au but…

J'étais persuadé qu'il n'y aurait plus de collaboration avec la Fédération néerlandaise, où je devais être désormais blacklisté. Enfin, il était peut-être possible de sauver quelque chose de ce naufrage. Au cours des semaines suivantes, j'ai parcouru les Pays-Bas en train, dans tous les sens, pour rencontrer chacun des joueurs dans leur club, afin de les interroger sur leurs tirs au but et la façon dont ils s'y étaient préparés. Chaque entretien a duré au moins une heure et j'ai beaucoup appris sur ce qu'il faut faire pour se mettre en condition, et encore plus sur ce qu'il ne faut pas faire. J'y reviendrai plus tard.

À ma grande surprise, environ six mois plus tard, l'entraîneur m'a rappelé. Il projetait un nouveau tournoi, cette fois l'Euro des U21, et il souhaitait que je revienne pour rencontrer l'équipe et lui parler des pénaltys et tirs au but. J'ai ensuite reçu un appel de Marco van Basten, ce qui n'était pas rien : à l'époque, la grande légende de l'Ajax et de Milan dirigeait les Oranje. La Coupe du monde 2006 en Allemagne approchait et il m'invitait à venir au centre d'entraînement pour faire une présentation à l'équipe. Rencontrer l'équipe nationale des Pays-Bas m'a semblé être le test ultime. Nos observations sur les pénaltys auraient-elles un sens pour des joueurs d'élite ? Cette équipe rassemblait une génération dorée de talents : Robin van Persie, Arjen Robben, Wesley Sneijder, Rafael van der Vaart, Ruud van Nistelrooy, Edwin van der Sar… J'étais, comme on peut s'y attendre, très excité et très nerveux. Mais la présentation s'est bien passée. Après l'exposé, les deux joueurs les plus expérimentés en matière de tirs au but, van Nistelrooy et van der Sar, sont venus me voir pour discuter plus en détail. C'est une expérience que j'ai revécue très souvent depuis : les gens qui vous abordent après une présentation sont presque toujours ceux qui sont déjà les plus compétents. Ils sont très bons, mais ils veulent s'améliorer. C'est l'état d'esprit de beaucoup de sujets très performants.

Malheureusement, la Coupe du monde 2006 s'est terminée prématurément pour l'équipe néerlandaise. Elle s'est inclinée en huitième de finale face au Portugal, après l'un des combats les plus horribles de l'histoire de la Coupe du monde, soldé par quatre cartons rouges, mais, hélas, pas de tirs au but. C'est la seule fois où j'ai travaillé avec l'équipe senior des Pays-Bas. En dehors de cela, je suis intervenu auprès de nombreuses autres équipes nationales néerlandaises sur une période de quatre ans : U20 en 2005, U21 en 2006 et 2007, l'équipe olympique en 2008. Après le début difficile de 2005, une seule d'entre elles a pris part à une séance de tirs au but, mais c'était une séance d'anthologie.

Elle a eu lieu lors de la demi-finale de l'Euro 2007 des moins de 21 ans, opposant donc les Pays-Bas à une équipe d'Angleterre composée de nombreux joueurs qui ont depuis fait carrière en Premier League : James Milner, Ashley Young, Mark Noble, Scott Carson... Le match se déroulait à domicile pour les Néerlandais, au stade Abe Lenstra de Heerenveen. Deux millions de spectateurs suivaient le match à la télévision et la tension était palpable pour toutes les personnes impliquées, y compris moi – d'autant que la séance s'est terminée sur le nombre impressionnant de 32 tirs. Aucune autre séance de tirs au but internationale n'avait duré aussi longtemps[3]. Pour mon plus grand plaisir, et soulagement, l'équipe néerlandaise l'a finalement emporté. Gianni Zuiverloon a tiré le dernier et marqué le but décisif d'une frappe à gauche, hors de portée du gardien. Par la suite, il m'a très gentiment cité dans une interview d'après-match pour *Algemeen Dagblad*, un journal

3. Il a fallu 48 tirs au but pour mettre fin à la finale de la Coupe de Namibie 2005 entre le KK Palace et les Civics. Certains joueurs des deux camps ont dû tirer trois fois et la séance de tirs au but a duré presque aussi longtemps que le match. Ce record a été conservé jusqu'en 2022, lorsque les équipes anglaises Non-League Washington et Bedlington se sont partagé 54 tirs au but (49 transformés) pour décider d'un match du premier tour de la Memorial Cup.

néerlandais : « Geir Jordet m'a dit qu'il fallait prendre son temps avant de tirer. Avant la course d'élan, il est bon de se poser une seconde et de respirer. C'est ce que j'ai fait et j'ai su exactement où je voulais tirer. » Après ce tournoi, il est apparu clairement que j'avais mis en place un véritable programme de recherche, dont les indications pouvaient être non seulement publiées dans des revues universitaires, mais aussi testées en condition par les entraîneurs et les joueurs.

Ai-je fait quelque chose de différent en 2007 ? Eh bien oui, une chose en particulier. Deux ans plus tôt, il m'avait semblé que la meilleure façon de renforcer la confiance des joueurs avant une séance de tirs au but était de les aider à apprécier le moment et à comprendre ce qu'est un tir au but : une occasion fantastique de marquer. En bref, je m'étais concentré sur le fait de se sentir bien et j'avais voulu que les joueurs « positivent », en développant la notion d'optimisme et les attentes positives. Par conséquent, je n'avais parlé que du fait de marquer et n'avais montré que des vidéos de buts incroyables.

Approche pour le moins naïve… Non que la pensée positive soit contre-indiquée quand on est sous pression. Au contraire, si les joueurs y parviennent, tant mieux pour eux. Mais en faire l'objectif à atteindre, c'est passer à côté d'un point important. La performance sous pression ne consiste en effet pas à se sentir bien ; il s'agit de faire ce qu'il faut et comme il faut, indépendamment de ce que l'on ressent, surtout lorsqu'on est mal à l'aise. C'est ce que j'ai bien compris après avoir rencontré certains de mes collègues de l'université de Groningue qui travaillaient dans le secteur médical. Ils effectuaient des recherches sur le comportement des médecins et des infirmières en situation de stress extrême, comme dans une salle d'urgence ou au bloc. Étant donné notre intérêt commun pour les situations de pression, ils m'ont invité à venir discuter avec eux de ce que nous pourrions apprendre les uns des autres.

Cela m'a fasciné et m'a ouvert un nouveau monde sur la façon dont les gens agissent lorsqu'ils sont réellement sous pression. Et s'il y a un endroit où la pression est réelle, c'est bien dans un hôpital. En cas d'erreur, les intervenants ne perdent pas seulement un match, quelques points ou un trophée. Ils perdent des vies. Les environnements de travail de ce genre – parmi lesquels j'inclurais également l'aviation, la lutte contre les incendies, les centrales nucléaires, les porte-avions, les plates-formes pétrolières – se définissent comme des organisations à haute fiabilité. Ce sont des endroits où l'échec fait partie des probabilités fortes, où un événement anodin peut faire une énorme différence et où des vies sont en jeu quand les choses tournent mal[4]. Les recherches montrent, par exemple, que 70 % des accidents d'avion sont dus à des erreurs humaines, et que les causes de ces erreurs sont souvent la fatigue, la peur, la charge de travail cognitive, une mauvaise communication et une prise de décision non optimale[5]. Il est intéressant de noter que les personnes travaillant dans les avions, les services d'urgence des hôpitaux et les unités de lutte contre les incendies commettent autant d'erreurs que celles qui travaillent dans d'autres structures, mais elles ne se laissent généralement pas paralyser ou arrêter par ces erreurs[6]. Elles disposent d'un système et d'une culture de réaction aux erreurs sous-tendus par l'idée selon laquelle réagir est en fin de compte plus important que l'erreur initiale pour

4. Weick & Sutcliffe (2007).

5. Helmreich (2000).

6. Weick & Sutcliffe (2007) ; Reason (2000).

la résolution sécurisée du problème. Elles s'attachent à réagir rapidement et soigneusement aux erreurs, à y faire face et à en tirer des enseignements, plutôt qu'à mettre toute leur énergie à les éviter en amont. Il s'agit de répondre aux menaces de manière réfléchie, souple et dynamique, et non automatique, machinale et rigide. Ce contrôle des erreurs n'est pas punitif, il est proactif, il cible le système, la culture et la communication plutôt que les seules erreurs commises par les individus.

Tout cela, je l'ai pris en compte avant ma présentation à l'équipe néerlandaise des U21, en 2007. J'ai commencé par dire qu'il était probable que certains joueurs ratent lors de la séance de tirs au but, et que nous allions donc prendre le temps d'en discuter. Pendant que je parlais, les joueurs étaient manifestement mal à l'aise. Vraiment pas très enthousiastes à l'idée de disserter sur leur pire crainte. Mais j'avais une mission et j'ai poursuivi : « Les meilleurs joueurs ratent généralement plus de tirs que les autres. Certains joueurs paniquent même sous la pression. » J'ai ensuite montré un slide intitulé « Rater un pénalty, c'est naturel ! » dans lequel je citais des joueurs que j'avais interviewés après la défaite contre le Nigeria en 2005.

Après cela, j'ai ressorti une autre citation, accompagnée d'une vidéo des tirs au but de 2005 : « Les autres joueurs m'ont bien accueilli quand je suis revenu dans le groupe. » La vidéo montrait tout le monde accueillant et étreignant un coéquipier qui avait raté son tir. J'ai alors déclaré : « On peut faire encore mieux. Voici ce que je suggère : quand l'un de nous rate un tir, nous nous dirigeons TOUS vers lui pour qu'il revienne dans le groupe le plus vite possible ! » Les joueurs ont écouté, mais sans faire aucun commentaire. Je n'ai donc pas pu savoir s'ils étaient prêts à mettre cette proposition en pratique.

Au cours de cette fameuse séance à 32 tirs au but, plusieurs joueurs néerlandais ont raté leur frappe. À chaque fois, l'ensemble du groupe s'est détaché du rond central et a marché à la rencontre du joueur qui revenait dans le cercle, ce qui a raccourci l'épreuve de la distance la plus longue à parcourir. Pour finir, les Néerlandais ont remporté la séance de tirs au but. J'ai demandé par la suite à un étudiant de rendre visite aux joueurs pour les interroger sur les préparatifs que nous avions effectués[7]. L'élément qui leur avait semblé le plus pertinent était la réintégration des joueurs qui avaient raté leur tir. C'était un aspect qu'ils avaient compris et valorisé.

Les êtres humains ont un besoin fondamental d'appartenance[8]. Lorsqu'on se sent exclu, le système d'alerte du corps se déclenche. En effet, l'exclusion active le même système d'alerte neuronal et physiologique que celui qui est impliqué dans les menaces physiques[9]. Dans les moments d'échec importants, comme un tir au but raté qui revient à faire défaut à toute son équipe, le signal d'alarme est presque assourdissant. Le fait de recevoir alors des marques sincères indiquant que les autres ont encore de la considération pour soi, qu'on est toujours apprécié et qu'on fait toujours partie du groupe, peut avoir un effet positif significatif.

La valeur d'un geste d'inclusion semble avoir été claire pour les joueurs, à une époque où le comportement à adopter lors des tirs au but n'était pas régi par autant de conventions. La première séance organisée dans un grand tournoi international a eu lieu en novembre 1970, lors du

---

7. Nous avons pu interviewer 8 des 10 joueurs qui ont participé à la séance de tirs au but.

8. Baumeister & Leary (1995).

9. Eisenberger & Cole (2012).

second tour de la Coupe d'Europe, lorsqu'Everton a battu le Borussia Mönchengladbach 4-3, se qualifiant en quart de finale. Lorsqu'on observe le langage corporel des tireurs pendant cette séance, on constate qu'ils sont extrêmement nerveux. Ils réagissent au quart de tour au signal de l'arbitre, presque tous commencent en effet leur course au coup de sifflet. La plupart tournent le dos au gardien une fois le ballon posé, comme s'ils voulaient éviter de regarder la figure stressante dressée devant eux. Un joueur de Mönchengladbach, sans doute le plus en vue sur le terrain, Günther Netzer, a même gardé le dos tourné durant toute la séance comme s'il refusait de tirer.

Le match commence mal pour Everton. Le gardien de l'équipe ouest-allemande, Wolfgang Kleff, arrête le premier tir de Joe Royle. Et à voir la réaction qui suit cette action, on pourrait croire que Mönchengladbach a déjà gagné : les coéquipiers de Kleff quittent le banc de touche en survêtement, entrent sur le terrain et l'entourent pour le féliciter. Des photojournalistes en costume accourent également pour prendre des photos de lui posant avec un drapeau de l'équipe drapé autour de lui – avant même que le tir suivant n'ait eu lieu. Clairement, c'était une autre époque. Harry Catterick, le manager d'Everton, n'a pas tort lorsqu'il déclare après le match : « Je persiste à dire que ces tirs au but qui décident d'un match, c'est du cirque. »

Cela peut ressembler à du spectacle, mais un spectacle incroyablement fascinant : les séances de tirs au but mettent en lumière, dans toute leur crudité et leur spontanéité, les comportements individuels comme collectifs soumis à une pression extrême. Dévasté après son tir manqué, Royle s'effondre sur la ligne des six mètres, d'angoisse et de honte. Alors, de façon impressionnante, son coéquipier Alan Ball, champion du monde en 1966 avec l'Angleterre et le prochain à tirer pour Everton, met de côté ses propres craintes pour courir jusqu'à la surface de réparation et relever son camarade. L'arbitre assistant fait de son mieux pour mettre fin à cette accolade et ramener Ball au centre du terrain, mais ce dernier étreint Royle, lui tapote la joue et fait un geste vers son propre menton levé, comme pour signifier « tiens bon ». Il raccompagne ensuite Royle au rond central. Interrogé plus tard sur ce que Ball lui avait dit, Royle a répondu en riant : « On était très bons amis, mais on se disait ce qu'on pensait l'un de l'autre. Il était probablement en train de sourire tout en me traitant de gros… ou quelque chose du genre. » Les mots importent peu. Ce qui compte, c'est d'être là. Plus tard, quand Herbert Laumen rate son tir pour Mönchengladbach, le scénario se répète : ses coéquipiers viennent le chercher dans la surface de réparation.

Nous avons vu précédemment comment Pierre Littbarski avait couru jusqu'à la surface de réparation pour relever littéralement Uli Stielike lors de la séance de tirs au but de la demi-finale de la Coupe du monde 1982. Toujours à la même époque, lors des tirs au but qui clôturent la finale de la Coupe de l'UEFA 1984 entre Tottenham et Anderlecht, quand Danny Thomas manque le cinquième tir pour les Spurs, celui de la victoire, Graham Roberts et Steve Archibald arrivent de très loin en courant pour le consoler et le ramener dans le groupe. Arnór Guðjohnsen ratera son tir pour Anderlecht et c'est Tottenham qui remportera la Coupe. Lors de ces premières séances de tirs au but, on peut, de fait, voir des coéquipiers accourir jusque dans la surface de réparation pour féliciter les joueurs qui marquent et soutenir ceux qui ratent. Dans les deux cas, cette façon de réagir semble parfaitement naturelle.

Mais c'est beaucoup plus rare aujourd'hui. Plus personne ne se rend jusqu'à la surface de réparation pour aller chercher son coéquipier. Pourquoi ? Il n'y a pas eu de changement de règlement. La loi était aussi claire pour la saison 1970-1971 qu'aujourd'hui : les joueurs non impliqués doivent rester dans le rond central, alors pourquoi les joueurs se sentent-ils si fermement enclins à la respecter aujourd'hui ? J'ai l'impression que les équipes ont cessé de quitter le rond central en même temps qu'elles ont adopté la formation épaule contre épaule que toutes pratiquent aujourd'hui. Cette formation donne l'impression d'une équipe qui se serre les coudes et se soutient mutuellement. Le contact physique et la proximité des coéquipiers apportent sans aucun doute un sentiment de confort et de sécurité à ceux qui se tiennent là. Il y a de bons côtés à cette formation, j'y reviendrai. Cependant, si elle empêche les joueurs de s'en libérer pour approcher et ramener dans le groupe ceux qui en ont le plus besoin, cette stratégie collective se retourne contre eux.

De nombreuses recherches montrent aujourd'hui qu'en cas de pression, le soutien social réduit le stress et l'anxiété. Une étude a révélé que lorsqu'on exécute une tâche sous pression, le simple fait de savoir qu'une personne prête à aider est disponible réduit les indicateurs physiologiques de stress[10]. Ainsi, le simple fait d'avoir convenu à l'avance de se soutenir mutuellement pourrait jouer un rôle. Une autre étude montre que recevoir du soutien avant une tâche soumise à forte pression réduit considérablement le stress, ce qu'indiquent les réactions du cortisol, et que si le soutien est proposé par une personne avec laquelle on entretient une relation sécurisée, l'anxiété est à son niveau le plus

10. Uchino & Garvey (1997).

bas[11]. On peut en déduire que pour pouvoir offrir un soutien social optimal durant les performances sous pression, les groupes doivent travailler les relations et les liens entre leurs membres sur la durée.

Cet aspect social des tirs au but a tout de même fait l'objet d'évolutions constructives. On assiste depuis quelques années à une révolution dans la manière dont les équipes préparent et réalisent leurs tirs au but. Il ne s'agit plus d'une tâche individuelle isolée, où tout est laissé au tireur, les autres se contentant de regarder. Aujourd'hui, le pénalty comme le tir au but sont plutôt perçus comme des tâches collectives impliquant l'équipe, plusieurs joueurs veillant à ce que le tireur soit soutenu de toutes les manières possibles, par une mise en condition optimale, afin d'augmenter au maximum ses chances de réussite. Je décris ci-dessous quelques-unes des méthodes utilisées aujourd'hui par les équipes pour y parvenir.

PROTÉGER LE POINT DE PÉNALTY

Au Brésil, l'octroi d'un pénalty provoque presque toujours une poussée de fièvre entre les deux équipes présentes sur le terrain, autant de chicanes qui doivent être résolues avant que le tir n'ait lieu. Cela peut prendre beaucoup de temps : parfois jusqu'à quatre ou cinq minutes entre le moment où l'arbitre siffle la faute et celui où le joueur frappe la balle au point de pénalty. C'est très long pour le tireur qui marine dans la pression de son tir à venir, et cela offre un énorme créneau aux joueurs adverses qui en profitent pour tout

11. Ditzen et coll. (2008).

essayer afin de déstabiliser le malheureux tireur. On a déjà vu comment le fait de labourer le point de pénalty peut lui compliquer la vie, aussi bien concrètement, en perturbant la surface, que psychologiquement, en injectant une petite dose d'intimidation dans la préparation. Dans ces conditions, le tireur pourrait trouver judicieux de se positionner au point de pénalty le plus rapidement possible afin de repousser toute force de destruction potentielle. Le problème, dans ce cas, est qu'il se retrouve plus longtemps au centre du chaos qui règne avant le pénalty et qu'il devient une cible facile pour toutes les autres manipulations mentales et intimidations que lui réserve l'équipe adverse. Mais existe-t-il une meilleure solution ?

En juillet 2019, Filipe Luís est revenu au Brésil pour jouer au Flamengo, à Rio de Janeiro, après avoir passé quinze ans en Europe, notamment à l'Atlético Madrid. Il n'avait jamais tiré un seul pénalty officiel de toute sa carrière d'adulte, pourtant il est rapidement devenu l'un des joueurs indispensables en la matière pour son nouveau club[12]. En effet, chaque fois que son équipe obtenait un pénalty, Luís s'avançait calmement et se campait au-dessus du point de pénalty, avec un pied de chaque côté. À ce moment-là, il était souvent le seul joueur du Flamengo dans la surface de réparation, entouré d'adversaires en train de se bousculer et de l'arbitre. Mais il restait imperturbablement concentré sur sa tâche, gardant son carré de gazon et repoussant gentiment tout joueur qui s'en approchait. Pendant ce temps, le véritable tireur, généralement Gabi Barbosa, récupérait le ballon et attendait hors de

12. La première fois que Luís a joué ce rôle, c'était le 20 août 2020, lorsque Flamengo a bénéficié d'un pénalty à la 86e minute à domicile contre Grêmio, alors que le score était de 0-1. Barbosa a égalisé et Flamengo a obtenu un match nul.

la surface. Une fois l'ordre rétabli par l'arbitre et tous les adversaires évacués, Luís quittait tranquillement la surface, sa tâche accomplie. Barbosa venait alors placer le ballon sur le point de pénalty vierge de toute perturbation.

Voilà une solution pleine d'élégance : soutenir le tireur, en lui permettant de se concentrer à l'écart de l'agitation, et protéger le point de pénalty proprement dit contre les crampons indésirables. Toutefois, cette solution peut avoir un effet boomerang.

En 2022, il y a eu une épidémie généralisée de dégradation du point de pénalty. Nous avons été nombreux à en parler sur les médias sociaux et à suggérer des parades. Peut-être en raison de l'attention accrue que le phénomène avait suscitée, la protection du point de pénalty était devenue une stratégie populaire auprès de plusieurs équipes au Mondial, mais aussi dans certaines ligues européennes. Ainsi, au Qatar, chaque fois que l'Argentine obtenait un pénalty, plusieurs de ses joueurs formaient un cordon autour du point de pénalty pour empêcher tout adversaire de s'en approcher.

Cela a toutefois rapidement eu un effet secondaire imprévu. Si l'occupation de cette précieuse parcelle de territoire ne se faisait pas avec tact et subtilité, les adversaires voyaient l'arrivée de ce cordon protecteur comme une invasion et un appel à la confrontation directe. Ou comme l'occasion de *provoquer* une confrontation pouvant tourner à leur avantage. C'est ainsi que, dans certains cas, ces joueurs protecteurs ont élargi le champ des possibles en matière de saccage du point de pénalty.

- Exemple 1 : pénalty de l'Argentine contre l'Arabie saoudite. Lionel Messi place le ballon sur le point de pénalty et Lautaro Martínez se tient à côté de lui, sur le qui-vive. Un joueur saoudien qui se dirige vers l'arbitre touche le ballon au passage. Trois joueurs argentins viennent aussitôt en renfort au point de pénalty. Immédiatement suivis par plusieurs Saoudiens. Et l'on assiste tout à coup à une véritable bousculade autour du point de pénalty, dont Messi n'a sans doute pas besoin à ce moment précis. Il se tient d'ailleurs calmement à l'écart et finira par transformer le pénalty.

- Exemple 2 : pénalty du Portugal contre l'Uruguay. Le gardien de but, en discussion avec l'arbitre, commence à se diriger lentement vers le point de pénalty avec, peut-être, de mauvaises intentions. Voyant cela, le Portugais Gonçalo Ramos se précipite et prend place sur le point de pénalty, dos au gardien. Il est immédiatement rejoint par trois coéquipiers qui se positionnent alors autour du point comme s'il s'agissait d'un tas d'or. Le message envoyé aux adversaires est clair : nous vous soupçonnons de mijoter un sale coup. De multiples accrochages s'ensuivent, et l'Uruguayen Matías Viña parvient même à toucher du pied le point de pénalty. C'est une vraie foire d'empoigne, mais une fois de plus, le tireur, Bruno Fernandes, reste calme, et il marquera.
- Exemple 3 : pénalty du Ghana contre l'Uruguay. Si le Ghana gagne, il sera qualifié pour la phase à élimination directe. Tandis que l'arbitre attend la fin de la vérification vidéo, quatre joueurs ghanéens entourent le point de pénalty. Ils sont bientôt rejoints par deux autres coéquipiers, ce qui en fait six, rappelant un peu le mur de boucliers des légionnaires romains. Avec André Ayew, leur tireur, qui se tient également à proximité, cela fait sept joueurs ghanéens dans la zone, ce que les Uruguayens interprètent comme une

> provocation. Visiblement irrités, certains rejoignent les joueurs ghanéens dans la surface de réparation et de multiples heurts en découlent. Darwin Núñez tente même de percer le mur romain de son pied gauche, ce qui, après de véhémentes protestations ghanéennes, lui vaudra un carton jaune. En somme, c'est la pagaille la plus complète. Et cette fois, le tir d'André Ayew est arrêté. L'Uruguay s'imposera au final 2-0, mais les deux équipes rentreront chez elles à l'issue de ce match.

À l'évidence, le succès de ces contre-stratégies collectives exige délicatesse et finesse. Leçon que l'Argentine a tirée durant le Mondial 2022. À la suite du désordre décrit ci-dessus, l'Albiceleste a en effet adapté son approche en choisissant de rester en retrait tout en gardant un œil sur le point de pénalty et de n'entrer en action que lorsque cela s'avérait nécessaire – par exemple, quand Rodrigo De Paul s'est avancé avant le pénalty de Messi contre la Croatie, et quand Enzo Fernández et Leandro Paredes sont entrés dans la surface avant le pénalty de Messi contre les Pays-Bas.

Kieffer Moore, de Bournemouth, est peut-être le joueur le plus diplomate que j'ai vu agir dans ce domaine. Pendant le Mondial 2022, il jouait pour le pays de Galles, notamment lors du match d'ouverture contre les États-Unis. Les Américains menaient 1-0 lorsque les Gallois se sont vu accorder un pénalty à la 82e minute. Six joueurs américains ont alors pris d'assaut l'arbitre pour essayer de le faire revenir sur sa décision. Pendant ce temps, Moore est allé féliciter son coéquipier Gareth Bale, qui avait été victime de la faute et qui tirerait le pénalty, puis il s'est dirigé calmement vers le point de pénalty, devenu l'épicentre des protestations américaines. La plupart des joueurs qui protègent un point de pénalty adoptent une position statique et tentent d'en imposer physiquement autant que possible. L'approche de Moore a été radicalement différente. Il a fait preuve d'agilité et d'adaptabilité, avec une attitude amicale. Il a ainsi repoussé gentiment, mais fermement, les adversaires, toujours avec un commentaire et un sourire. À plusieurs reprises, il a donné une accolade à ses adversaires, tout en les éloignant du point de pénalty et de Bale. Cela a été un exemple classique de désescalade. Certes, Moore mesure 1,96 mètre, ce qui lui confère peut-être une certaine autorité naturelle dans pareil contexte. Mais son attitude posée et amicale semble faire la différence. (Et Bale a tranquillement égalisé.)

Dans ce domaine, le football a peut-être quelque chose à apprendre des videurs de bars. Même si les recherches concluent sans ambiguïté que le meilleur facteur prédictif d'agressions dans les bars est l'absence de portiers et d'agents de sécurité, de nombreuses études montrent également les effets indésirables du recours à des videurs agressifs et bornés, qui finissent par *augmenter* les incidents[13]. Parmi les comportements entraînant une escalade quasi certaine, citons : l'attitude menaçante, l'hostilité, la volonté de « mettre les choses au carré », les cris et le non-respect de l'espace personnel[14]. À l'opposé, les videurs efficaces se montrent fermes mais courtois[15], ils disposent de bonnes aptitudes verbales pour gérer les clients à problèmes[16], interviennent tôt dans les conflits, s'appuient sur le travail d'équipe et ne recourent à la force physique qu'en

13. Roberts (2009).

14. Graham et coll. (2005).

15. Fox & Sobol (2000).

16. Hobbs et coll. (2002).

dernier ressort[17]. Ceux qui protègent le point de pénalty seraient bien inspirés de jeter un coup d'œil au manuel des bons videurs.

PROTÉGER LE TIREUR

Lors d'un match de Premier League en 2021 contre Aston Villa, Bruno Fernandes de Manchester United, qui attendait de tirer un pénalty, s'est retrouvé seul, encerclé au point de pénalty par pas moins de six adversaires, dont notre maître ès manipulation argentin, le gardien de but Emi Martínez. Au même moment, six joueurs de Manchester United s'éloignaient du but, dos à l'action, apparemment inconscients du fait que leur tireur se trouvait en sous-effectif et harcelé par l'équipe adverse. Après quelques secondes, le Brésilien Fred tourne la tête et, voyant ce qui se passe, se précipite au secours de son tireur. La lenteur de la réaction mancunienne à cette occasion (au passage, Fernandes a raté son pénalty) reflète l'idée répandue selon laquelle le coup de pied arrêté est une affaire individuelle – une situation où l'on peut laisser le tireur se débrouiller seul. Pareil postulat est erroné.

Quelques mois plus tard, c'est au tour de Mo Salah et de Liverpool d'affronter Aston Villa et Emi Martínez sur pénalty. Ils s'étaient préparés. Tout d'abord, quand le pénalty a été accordé, le capitaine de Liverpool, Jordan Henderson, escorte Salah à l'extérieur de la surface de réparation, hors de portée de Martínez. Deuxièmement, quand ce dernier manifeste l'intention de suivre le tireur,

17. Graham (2000).

Henderson s'interpose avec deux coéquipiers, faisant ainsi barrage entre Salah et le goal. Troisième étape, une fois le calme revenu dans la surface de réparation et un semblant d'ordre rétabli par l'arbitre, Henderson s'attarde derrière sous prétexte de remonter ses chaussettes, en fait pour empêcher tout contact direct entre Martínez et Salah, maintenant ainsi le barrage. Quatrième point, Martínez ayant finalement reculé et pris position sur sa ligne de but, Henderson reste avec Salah pour le protéger d'autres menaces potentielles. Voyant leur gardien neutralisé, certains joueurs d'Aston Villa, notamment Tyrone Mings, tentent alors d'atteindre Salah, mais Henderson s'interpose et préserve l'isolement de son tireur. Pendant ce temps, deux autres joueurs de Liverpool se trouvaient dans la surface de réparation, où les joueurs d'Aston Villa protestaient, comme il se doit, auprès de l'arbitre. Comme on ne sait jamais ce qui peut ressortir de ce genre de discussion, il est logique que l'équipe ayant obtenu le pénalty soit présente. En tout et pour tout, outre le tireur, cela fait donc cinq joueurs de Liverpool qui ont joué un rôle fonctionnel dans les minutes précédant le pénalty. En d'autres termes, le pénalty a été une affaire d'équipe. Et le coup de pied lui-même ? Salah l'a frappé à ras de terre, pas très fort, mais il est entré, bien que Martínez l'ait presque touché.

Au cours des deux saisons suivantes, Liverpool a poursuivi, étendu et élargi cette stratégie territoriale de soutien orchestré à son tireur. Parfois, cela n'impliquait que Jordan Henderson, lequel prenait position l'air de rien derrière Salah et le point de pénalty. D'autres fois, le soutien était plus coordonné. Pour le pénalty de Fabinho contre Watford en avril 2022, trois joueurs ont assuré une couverture complète du tireur : Henderson à l'avant, faisant écran avec le gardien, Naby Keïta couvrant les arrières et le côté gauche de Fabinho, et Andy Robertson à droite, dos à Fabinho, à l'affût de toute menace supplémentaire. Jordan Henderson, en tant que fils de policier, sait parfaitement ce qu'il peut faire et ne pas faire sur un terrain de football : « Je savais que je pouvais apporter une qualité en plus : faire passer les autres avant moi[18]. » Quand il était sur le terrain, cette stratégie de protection était toujours proactive et concertée. Sans lui, Liverpool semblait réagir de manière un peu plus épidermique. Ainsi, lors du Community Shield 2022 contre Manchester City, quand Liverpool obtient un pénalty à la 84e minute, Henderson n'est plus en lice, ayant déjà été remplacé. Salah pénètre dans la surface de réparation et se retrouve pendant un court instant seul face à cinq joueurs de City, avant que Harvey Elliott et Thiago Alcântara n'accourent pour le protéger. Ils se répartissent alors les tâches : Alcântara fait écran entre son tireur et Ederson, le gardien de City, et Elliott couvre les arrières de Salah contre les autres Citizens.

Jordan Henderson n'est pas un tireur de pénaltys. Il en a tiré deux dans des matchs officiels seniors, un pour Liverpool (réussi) et un pour l'Angleterre, lors de la séance de tirs au but de la Coupe du monde 2018 contre la Colombie (manqué)[19]. Son impact sur les autres tireurs n'est cependant pas négligeable. En quart de finale du Mondial 2022 contre la France, lorsque l'Angleterre s'est vu accorder le premier de ses deux pénaltys, Henderson a fait ce qu'il sait faire de mieux : il s'est emparé du ballon aussitôt le pénalty annoncé par l'arbitre. Il l'a ensuite remis à Harry Kane avec quelques mots d'encouragement tout en l'escortant jusqu'à la surface de réparation, en veillant à ce

18. Henderson (2022), p. 4.

19. Coïncidence, les deux coups de pied de Henderson ont été tirés contre le même gardien, David Ospina.

qu'aucun joueur français ne s'approche suffisamment pour pouvoir communiquer avec Kane. Ce dernier a exécuté sa routine habituelle et a égalisé 1-1.

Lorsque se joue le deuxième pénalty de l'Angleterre, à la 84e minute, alors que la France mène 2-1 et que la place de son équipe dans le tournoi semble précaire, Henderson vient tout juste d'être remplacé. Résultat, pendant les 30 premières secondes qui suivent l'examen de la VAR, Harry Kane se retrouve seul au point de pénalty, assiégé par des Français, jusqu'à ce que ses coéquipiers s'en aperçoivent soudain et interviennent d'urgence. D'abord Mason Mount, puis Jude Bellingham, qui finit par escorter Olivier Giroud, particulièrement actif, hors de la surface de réparation. C'est bien, mais cela tient de la réaction et c'est exécuté avec une vigueur et une intensité qui semblent attirer l'attention des joueurs français, et non la détourner. Kane répète sa routine habituelle, mais, pour une fois en vain. Il manque le pénalty et les espoirs de l'Angleterre s'évanouissent.

Il est intéressant de noter que les premiers joueurs à rejoindre Kane après ce raté sont tous français, ravis de s'agglutiner joyeusement autour de lui et de leur gardien, Hugo Lloris. Un seul joueur anglais rallie Kane – Jude Bellingham, alors tout juste âgé de 19 ans, qui l'étreint et lui dit quelques mots avant de courir faire de grands gestes en direction de ses coéquipiers. Où étaient donc passés les autres Anglais ? Au moment de la remise en jeu du ballon, aucun ne s'est encore approché de Kane pour le soutenir. À l'exception de Bellingham, ils lui ont tourné le dos, ne le soutenant qu'après le coup de sifflet final. Henderson n'a pu approcher son malheureux coéquipier qu'à ce moment-là également. Il s'est posté à côté de lui et est resté ainsi, selon toute apparence délibérément, pendant les instants qui ont suivi. Il a littéralement soutenu son coéquipier dans ce moment difficile et a fermement montré à tous les spectateurs que le football est un sport d'équipe, même lorsqu'il y a des pénaltys. Et peut-être même et surtout dans ces moments-là.

Les coéquipiers peuvent jouer différents rôles dans cette situation, depuis une aide fonctionnelle pour les aspects pratiques (comme le ballon et les adversaires) jusqu'au soutien émotionnel pur et simple qui permet de mieux gérer la pression. Lorsque Maren Mjelde exécute son tir au but sous haute pression contre Lyon durant la Ligue des champions 2023, elle a été soutenue dès le début. « Je n'avais même pas le ballon, m'a-t-elle dit, mais je me disais que quelqu'un d'autre l'avait. On avait tout prévu à l'avance. Et j'avais des protectrices sur le terrain. Normalement, il y en a deux, donc on sait qu'il y en a toujours une sur place pour assurer ce rôle. Tout comme nous avons deux tireuses de pénalty. »

Puis, au point de pénalty : « J'ai reçu le ballon d'une de ces protectrices et je me suis simplement positionnée, mais j'ai compris qu'il y avait beaucoup d'agitation derrière moi. Je n'ai pas écouté et je me suis contentée de rester debout, là. À côté de moi, la protectrice, ma coéquipière Jess Carter, veillait à ce que personne ne s'approche de moi. »

Bien sûr, ce qui est dit, par qui et de quelle manière a aussi son importance dans de telles conditions. « C'est drôle avec elle, Jess, c'est une bonne amie à moi, et c'est vraiment la personne idéale avec qui se tenir là. Elle a vu que j'essayais de me préparer et de me concentrer, mais elle pouvait sortir des trucs comme : “Ça traîne en longueur, Maren, tu veux parler de quelque chose en particulier ?” Et moi, je répondais, genre : “Non, je suis dans ma tête.” Mais je crois que je ris aussi un peu, parce que c'est drôle.

Et je suis là, avec le visage couvert d'herbe, qu'elle commence à enlever. J'entends tout ce qu'elle dit, mais je suis dans ma tête, en train de penser à ma tâche. Cela dit, ce qu'a fait Jess allège le sérieux de la situation, ne serait-ce qu'une seconde ou deux. C'est incroyablement précieux. Sinon, on peut se verrouiller complètement. »

LE LEURRE DU TIREUR DE PÉNALTY

La finale de la Coupe du monde des clubs de la FIFA 2021, retardée par la Covid, s'est jouée à Abu Dhabi en février 2022. Chelsea, représentant l'Europe, affrontait les Brésiliens de Palmeiras, représentant l'Amérique du Sud. Au début de la deuxième mi-temps de la prolongation, le score était de 1-1 et la perspective d'une séance de tirs au but se profilait à l'horizon. Je regardais le match chez moi, sur mon canapé, et, comme toujours à ce stade d'un match où je n'ai aucune implication personnelle auprès des équipes quelles qu'elles soient, j'ai commencé à espérer des tirs au but.

Malheureusement, ce n'a pas été le cas. Mais le match a tout de même offert quelque chose aux passionnés de coups de pied arrêtés – quelque chose de vraiment innovant en fait.

À environ sept minutes de la fin, Chelsea obtient un pénalty. Une petite déception pour moi, je dois bien l'admettre malgré tous mes amis du Chelsea Football Club : un pénalty potentiellement décisif pour le match, c'est toujours bien, mais cela ne vaut pas une bonne vieille séance de tirs au but – ce vers quoi se porte ma préférence par défaut.

Il faut croire que je n'ai pas été très attentif à ce qui s'est passé avant la frappe, car lorsque Kai Havertz a placé le ballon sur le point de pénalty, j'ai été quelque peu déstabilisé. N'avais-je pas vu César Azpilicueta se tenir au-dessus du ballon quelques secondes plus tôt ? Qu'à cela ne tienne. Je reregarderais plus tard. Pendant ce temps, Havertz, calme et concentré malgré la pression évidente du moment, prenait une seconde de pause après le coup de sifflet. Après une course d'élan plutôt raccourcie, il a marqué sur la gauche. But. Chelsea est championne du monde.

Plus tard dans la soirée, toujours troublé par le mystère Azpilicueta, j'ai revisionné le match, mais, frustration, la chaîne de télé avait principalement pointé ses caméras sur les joueurs de Palmeiras – l'un d'eux ayant reçu un carton jaune pour avoir touché le ballon lors de l'incident qui avait conduit au pénalty, et un autre ayant reçu un avertissement pour son rôle dans la mêlée habituelle autour du point de pénalty. Toutefois, le lendemain matin, je suis allé sur YouTube, où de nombreux supporters présents dans les tribunes avaient posté leurs propres vidéos de l'événement. Et j'ai enfin pu voir clairement ce qui s'était passé. C'était génial !

Après confirmation du pénalty par la VAR, Azpilicueta, le capitaine de Chelsea, accompagne l'arbitre vers la surface de réparation, tout en discutant apparemment avec lui. Juste avant qu'ils n'atteignent la surface, Azpilicueta semble chercher quelqu'un derrière lui, puis il s'empare résolument du ballon et se dirige vers le point de pénalty, face au but. Le monde entier pense qu'il va être le tireur. Inévitablement, il a attiré l'attention des joueurs de Palmeiras. À un moment donné, ils sont quatre autour de lui, à lui parler, à gesticuler, pour essayer manifestement de le déstabiliser. Eduard Atuesta y met même tant de cœur qu'il écope d'un carton jaune. L'arbitre tente de faire sortir les joueurs de Palmeiras de la surface de réparation et de les éloigner d'Azpilicueta, mais pendant un certain temps, c'est peine perdue. Quand un joueur part, un autre le remplace. Au final, il faut bien une minute pour que l'ordre revienne et que l'arbitre libère la surface de Palmeiras de ses occupants. C'est alors qu'arrive Havertz, qui avait passé tout ce temps à attendre tranquillement à quelques mètres de là, sans se faire remarquer. Azpilicueta lui tend le ballon. Havertz le place sur le point de pénalty, sans personne pour le déranger, il recule et marque le pénalty qui permet à Chelsea de remporter la Coupe du monde des clubs de la FIFA.

Azpilicueta a confirmé par la suite que l'idée avait été de soulager le tireur de pénalty. Preuve que Chelsea avait bien fait ses devoirs. Lors des pénaltys, plus tôt dans la saison, Palmeiras formait en effet une masse intimidante autour du ballon et de l'arbitre. Et les joueurs de Chelsea avaient usé de la même stratégie, en s'attroupant eux aussi autour du tireur. « C'était une tactique, a expliqué Azpilicueta, parce que je savais comment ils étaient, je savais qu'ils allaient s'en prendre au tireur, alors j'ai pris le ballon. Kai savait que le coup de pied était pour lui, donc il s'agissait de diminuer la pression sur lui… J'ai attendu en écoutant tout ce que leurs joueurs me racontaient, en me disant que ça avait marché, et c'était tout ce qui comptait[20]. » Nous venions d'assister à la genèse du leurre du tireur de pénalty. Une véritable innovation pour ce genre de coup de pied arrêté. Magnifique !

Depuis ce match, de nombreux joueurs et équipes ont copié cette stratégie, partout dans le monde, de la

20. Chelsea FC (2022).

Norvège (Bodø/Glimt contre Rosenborg, avril 2022) au Costa Rica (Alajuelense contre Herediano, mai 2022). La Suède l'a utilisée contre la Slovénie lors d'un match de Ligue des nations de l'UEFA, en mars 2022. Et les deux équipes nationales des États-Unis, féminine comme masculine, ont employé avec brio ce stratagème à des moments cruciaux – les femmes lors de la finale de la CONCACAF contre le Canada en juillet 2022, lorsque Lindsay Horan a attiré toute l'attention à elle avant qu'Alex Morgan sorte de l'ombre ; les hommes lors de leur match crucial de qualification pour le Mondial 2022 contre le Panama en mars de la même année, avec Jesús Ferreira agissant comme un leurre pour Christian Pulisic. À cette occasion, les États-Unis ont opté pour un réalisme maximal, les joueurs faisant office de gardes du corps autour du leurre, ostensiblement pour le protéger des attentions panaméennes, une manière très intelligente de renforcer l'illusion.

Bien entendu, le fait que le tireur de pénalty soit inconnu de l'adversaire est un atout. En mars 2023, un match de Premier League opposant Newcastle à Nottingham Forest a donné lieu à une situation classique de pénalty sous haute pression. Le score était de 1-1 lorsque Newcastle obtient un pénalty à la 91e minute. Le tireur habituel de Newcastle, Callum Wilson, est sur le banc, mais Alexander Isak qui avait tiré le dernier pénalty aurait été le candidat logique cette fois-ci. Cependant, c'est Kieran Trippier qui prend le ballon et se positionne au point de pénalty, imitant à la perfection celui qui s'apprête à tirer un pénalty : il pose le ballon, le reprend lorsque ses adversaires s'approchent, le repose…

Les producteurs de Sky Sports sont manifestement convaincus : ils projettent immédiatement une barre graphique montrant les statistiques de Trippier en matière de coups de pied arrêtés. Même l'entraîneur de Newcastle, Eddie Howe, a déclaré après coup s'y être « laissé prendre » l'espace d'un instant. En revanche, le gardien de Forest, Keylor Navas, ne tombe pas dans le panneau. Il ignore Trippier et quitte la surface de réparation pour aller défier Isak. Ce dernier déclarera après coup : « Parfois, on peut tromper l'adversaire. Le gardien, Keylor, a su d'une manière ou d'une autre que j'allais tirer, alors il s'est approché de moi et a essayé d'entrer dans ma tête. Nous avons fait de notre mieux[21]. » Isak a marqué le pénalty et Newcastle a remporté le match 2-1.

Arsenal est peut-être l'équipe de haut niveau qui a poussé cette stratégie le plus loin, même si elle a été aidée par le fait qu'il a été pendant un certain temps extrêmement difficile de savoir ou de prédire qui serait en fin de compte son tireur de pénalty. En effet, au cours de la première moitié de la saison 2023-2024, sur sept pénaltys accordés à Arsenal, cinq ont été tirés par des joueurs différents : Bukayo Saka, Martin Ødegaard, Kai Havertz, Fabio Vieira et Jorginho. Et pour cinq de ces coups de pied arrêtés, il y a eu un leurre, c'est-à-dire que le détenteur initial du ballon l'a finalement remis au véritable tireur ; par conséquent, en deux occasions, il n'y a pas eu de leurre, le tireur de pénalty présent était le tireur définitif. Saka a ainsi pris d'emblée le ballon à quatre reprises, mais ne l'a rendu que trois fois, étant lui-même le tireur la quatrième fois. De son côté, Ødegaard a pris le ballon une fois, mais l'a redonné à Saka. Avec de telles variations, il devient vraiment difficile pour les adversaires de savoir sur qui faire pression,

21. Kelly (2023).

et pour le gardien de se préparer au pénalty. Lorsque j'ai interrogé Martin Ødegaard sur la façon dont Arsenal procédait, il m'a expliqué qu'il ne s'agissait pas d'une stratégie explicite de la part de l'équipe, mais que la pratique avait émergé spontanément entre les joueurs : « Ces dernières années, de plus en plus de personnes et d'équipes essaient de jouer à des petits jeux de manipulation mentale pendant les matchs. Labourer le point de pénalty, baratiner le tireur, etc. Nous n'en avons pas vraiment parlé, cela s'est fait automatiquement. On se met d'abord d'accord sur le tireur du pénalty. Ensuite, c'est à lui de décider ce qu'il lui faut. S'il a besoin que je tienne le ballon et que je prétende être le tireur, je le fais. S'il a besoin de tenir le ballon et d'entrer en lui-même, il le fera. Toute la question est de faire en sorte que celui qui va tirer soit en état de concentration maximale. »

Comme dans toutes les stratégies de *coping* – permettant de faire face –, il n'y a aucune garantie que la tactique du leurre aboutisse à un pénalty transformé, mais, si elle est bien menée, il est clair que cette manœuvre collective peut absorber une partie de la menace des adversaires, combattre la perturbation par la perturbation et réduire efficacement la pression exercée sur le tireur. Tout aussi important, elle permet de contrôler la situation et de rester imprévisible pour le gardien de but adverse. Ødegaard : « Pour nous, il s'agit surtout de protéger le tireur, mais ça peut aussi avoir un effet sur le gardien. Si je reste là avec le ballon, le gardien va peut-être réfléchir à des analyses et à des scénarios tournant autour de moi, et si quelqu'un d'autre apparaît soudainement, ça l'oblige à se refocaliser. »

LES MANIFESTATIONS DE JOIE POST-TIR

Vous venez de tirer un pénalty et de marquer. À ce stade, deux possibilités s'offrent à vous. Vous pouvez vous retourner et trottiner tranquillement jusqu'au rond central (s'il s'agit de tirs au but) ou jusqu'à votre propre moitié de terrain (s'il s'agit d'un pénalty). Ou bien vous pouvez faire quelque chose qui pourrait augmenter les chances de victoire de votre équipe et lui permettre de remporter le trophée : vous pouvez en faire tout un foin.

Il y a de la puissance dans les comportements festifs. Rares sont probablement ceux qui se souviennent en détail du pénalty inscrit par Megan Rapinoe à la 61e minute de la finale de la Coupe du monde 2019 contre les Pays-Bas, qui a permis à l'équipe féminine des États-Unis de prendre l'avantage 1-0. Mais tout le monde se souvient de sa pose victorieuse après ce but : bras largement écartés, torse bombé, menton levé, petit sourire. C'est devenu une couverture emblématique de *Sports Illustrated*. En outre – et c'est peut-être la raison pour laquelle cette image nous plaît tant – cette posture correspond presque entièrement à ce que les psychologues sociaux décriraient comme l'expression non verbale prototypique de la fierté : corps gonflé à bloc, tête légèrement inclinée vers l'arrière, bras levés et petit sourire[22].

Ce genre de démonstration a-t-il un effet sur les autres ? Cela peut-il influer sur l'issue des tirs au but ? Étudions ce moment historique du football : l'Argentine contre l'Italie en demi-finale de la Coupe du monde 1990 au stade San

22. Tracy et coll. (2023).

Paolo de Naples. L'Argentine est représentée par Diego Maradona, qui se trouve accessoirement jouer en temps ordinaire pour Naples – il est en fait une légende du Napoli, un élément clé des deux derniers titres de Serie A remportés par les Napolitains. Maradona joue donc sur son terrain, mais pour l'équipe « extérieure ». Le match se termine aux tirs au but, comme lors du précédent match contre la Yougoslavie, au cours duquel Maradona avait raté sa frappe. En résumé, beaucoup de choses sont en jeu tandis que Maradona s'avance pour frapper le quatrième tir au but contre l'Italie.

Des sifflets assourdissants l'accompagnent jusqu'à la surface de réparation et s'intensifient encore si cela est possible lorsqu'il y entre. Il marque sa petite pause habituelle… et cette fois, sa technique dépendante du goal fonctionne. L'Italien Walter Zenga part sur la droite et Maradona fait rouler le ballon à un mètre à gauche du centre de la cage.

Et c'est parti : il sprinte, prend de la vitesse, tend les bras, rugit tout en suivant une ligne courbe dans un élan d'exubérance. Il se dirige vers les entraîneurs argentins sur la ligne de touche et leur saute dans les bras, comme s'il avait gagné la Coupe du monde elle-même. Il faut savoir que le match n'est pas encore terminé – la séance de tirs au but est toujours en cours. Mais pas pour longtemps. Le prochain tireur est l'Italien Aldo Serena. Attaquant expérimenté, il n'en est pas moins affecté par l'instant : « J'ai eu du mal à marcher. Mes jambes ne répondaient pas. Elles n'étaient plus à moi, mais à quelqu'un d'autre, et elles ne faisaient pas ce que je leur demandais[23]. » Il joue la carte de la puissance en envoyant le ballon sur sa droite. Mais Sergio Goycochea, le gardien argentin, déchiffre la

23. FIFA (2022).

trajectoire et arrête le ballon. Le pays hôte est éliminé. La démonstration festive grandiose de Maradona était prophétique. L'Argentine est en finale.

Question : cette célébration était-elle vraiment prophétique, ou s'était-il passé quelque chose de moins mystérieux ? Nous avons mené une étude sur la relation entre les démonstrations post-but des joueurs et le résultat final des séances de tirs au but[24]. L'analyse a porté sur toutes les séances effectuées en Coupe du monde et pendant les Championnats d'Europe avant 2008, mais en ne tenant compte que des tirs frappés quand il y avait égalité (donc, soit aucun raté précédemment, soit un nombre égal de ratés[25]). Même si l'échantillon s'en est trouvé de fait assez réduit, il a pu être établi une relation claire et significative entre la manifestation de joie après le but et le résultat de l'équipe lors de la séance. Les joueurs qui faisaient tout un festival de leurs buts avaient plus de chances de remporter les tirs au but. Par exemple, 82 % des joueurs dont les démonstrations post-but consistaient à lever les bras en l'air ou à les écarter du corps faisaient partie de l'équipe victorieuse au final. Il est intéressant de noter que ce comportement augmentait également de manière significative le risque de raté pour le tireur adverse suivant, ce qui suggère qu'une grande liesse après le tir affecte les adversaires. Les chiffres indiquent aussi que le prochain coéquipier à tirer a plus de chances de marquer après une grande manifestation de joie.

Certains de ces résultats ont été reproduits dans des conditions contrôlées en laboratoire. Dans le cadre de quatre expériences, des chercheurs allemands et

24. Moll et coll. (2010).

25. Notez que le tir de Maradona ci-dessus n'a pas été pris en compte selon ces critères, car l'Argentine menait à ce moment-là.

néerlandais ont constaté que le simple fait d'observer l'expression de fierté des tireurs de pénalty avait un effet important par anticipation sur les émotions, les pensées et les attentes de performance des observateurs[26]. Des gardiens de but expérimentés, après avoir observé les démonstrations de fierté des tireurs, s'attendaient à se sentir moins bons, moins confiants, plus stressés, et leurs attentes de performance étaient plus faibles, par rapport à des séances dans lesquelles leurs adversaires arboraient une expression plus neutre. De même, les joueurs expérimentés observant des coéquipiers en train d'extérioriser leur fierté après un tir au but s'attendaient à se sentir mieux, à être plus confiants et à connaître de meilleurs résultats que lorsqu'ils observaient des camarades à l'expression plus neutre.

En d'autres termes, se faire mousser peut avoir un impact positif sur ses coéquipiers et négatif sur ses adversaires. Je ne recommanderais pas forcément de transposer cela à des contextes non sportifs : se promener au bureau en bombant le torse et les bras en l'air après avoir marqué un point lors d'une réunion ne fera probablement pas grand-chose pour l'estime collective de vos collègues, ni pour votre propre réputation. Cela dit, je n'ai jamais essayé, alors peut-être que si ? Mais le principe général consistant à fêter les petites victoires pour renforcer la confiance collective a du sens, y compris au bureau.

Et dans le contexte d'une séance de tirs au but ? Le conseil le plus sage semble être : Lâchez-vous !

---

26. Furley et coll. (2015).

LA REMISE DU BALLON PAR LE GARDIEN

Comme nous l'avons vu précédemment, lors de la Coupe du monde 2018, l'Angleterre a mis fin à une douloureuse série d'échecs aux tirs au but grâce à un travail approfondi et sans précédent sur la préparation de ce moment. L'une des stratégies clés qu'ils ont définies et répétées consistait à faire en sorte que le gardien récupère le ballon, chaque fois que c'était possible, afin de le remettre au tireur anglais suivant. Il s'agissait clairement d'un moyen de prendre le contrôle de la situation. Et cela a fonctionné.

Sauf que, bien sûr, cela n'a pas marché la fois suivante. En tout cas, Jordan Pickford a eu beau appliquer la même tactique en finale de l'Euro 2020 contre l'Italie, trois tireurs anglais ont manqué leur tir. Comme pour toutes les stratégies, il n'y a pas de garantie. Mais cela ne signifie pas que celle-ci soit sans intérêt.

Ces dernières années, Liverpool a participé à plusieurs séances de tirs au but, généralement avec succès. Depuis leur victoire contre Leicester en quart de finale de la Carabao Cup – la Coupe de la Ligue anglaise –, en décembre 2021, les Reds ont remporté toutes les séances de tirs au but auxquelles ils ont participé, soit une série de quatre victoires. Il s'agit peut-être d'une coïncidence, mais cela peut aussi s'expliquer par la préparation minutieuse que Liverpool a effectuée ces derniers temps pour les pénaltys et tirs au but. Une partie de cette préparation s'est faite en collaboration avec la société allemande de neurosciences Neuro 11, qui a été publiquement félicitée par les joueurs et l'entraîneur de Liverpool pour sa contribution à ce succès. L'entreprise aide les joueurs à développer leurs routines de pré-tir en utilisant des informations objectives sur les ondes cérébrales pendant l'entraînement sur le terrain afin d'atteindre un état mental optimal sous pression. Au cours de ces années, j'ai eu quelques contacts avec le fondateur et PDG, le Dr Niklas Häusler. D'après lui, leur travail avec les joueurs de Liverpool a permis « une prise de conscience de toute l'équipe quant à la nécessité d'évaluer plus finement les situations psychologiquement très complexes du jeu et d'aider les autres plus efficacement ». L'un des points que Liverpool a perfectionnés dans sa préparation est la transmission du ballon par le gardien, utilisée pour la première fois lors de la finale de la FA Cup 2022 contre Chelsea. Ce jour-là, Alisson Becker, le goal de Liverpool, remet systématiquement le ballon à celui de ses coéquipiers qui va tirer. La façon dont il procède mérite d'être soulignée. Il se place juste à l'extérieur de la surface de réparation, sur le trajet entre le tireur de pénalty qui s'approche et le milieu de la cage. Ce faisant, le joueur ne voit pas le gardien adverse, mais son coéquipier. Ensuite, une fois qu'Alisson a passé le ballon (et il ne le lance pas, il le donne, ajoutant souvent un contact physique supplémentaire, comme une petite tape amicale sur la tête), il accompagne le tireur dans la surface de réparation. Une façon d'être, dans les faits, à deux contre un au début de l'action et de permettre au tireur de se sentir pleinement soutenu. À propos de cette stratégie, Häusler souligne l'importance cruciale d'une telle structure de soutien sous pression et il ajoute : « L'équipe a développé une dynamique brillante d'entraide et de compréhension au moment où ça compte le plus. »

L'Australien Andrew Redmayne a appliqué encore plus ostensiblement cette fonction de soutien lors de la séance de tirs au but contre le Pérou pendant le Mondial 2022.

Nous avons déjà évoqué ses talents de danseur et son lancer de bouteille d'eau moralement discutable, mais prenons encore un moment pour souligner à quel point il a pris à cœur son rôle de protecteur en chef du tireur en marche vers le point de pénalty : il n'était pas seulement présent en bordure de la surface de réparation pour lui passer le ballon, et à ses côtés pour entrer dans la surface, il a aussi parfois donné l'impression d'être sur le point de l'aider à placer le ballon sur le point de pénalty. À un certain point, on l'a même vu dans la zone en train de faire signe au gardien péruvien de mettre la pédale douce et/ou de reculer.

Peut-on taxer le gardien de but d'en faire trop dans cette situation ? Peut-être, mais cela dépend. Lors de la séance de tirs au but entre la Suède et les États-Unis en huitième de finale de la Coupe du monde féminine 2023, les deux gardiennes ont passé le ballon à leurs coéquipières avant chaque tir. Cependant, la manière dont elles s'y prenaient diffère considérablement. Alyssa Naeher, la gardienne américaine, attendait avec le ballon entre le point de pénalty et la limite de la surface, elle le remettait assez vite, puis s'éloignait en trottinant. Rapide, efficace, cool.

Zećira Mušović, la goal suédoise, a adopté un style complètement différent. Elle s'approchait de chaque coéquipière avec un grand sourire, engageait la conversation, remettait le ballon et sortait lentement de la surface de réparation. Chez certaines joueuses suédoises, le sourire et l'échange avec leur gardienne déclenchaient un sourire, un rire et quelques mots en retour. Ce style de transmission semblait leur convenir; peut-être même qu'il les a aidées. D'autres paraissaient plus sérieuses, plus concentrées, moins enclines à papoter. Avec la septième tireuse, Lina Hurtig, qui frappait pour le match, Mušović a eu un échange presque joyeux au moment de la remise du ballon. Interrogée sur cet échange par la suite, la gardienne a déclaré : « Elle m'a demandé ce qui se passerait si elle marquait. Comme une réponse franche n'était peut-être pas la plus indiquée, je lui ai juste dit de planter ce p*** de ballon dans la cage. » Hurtig a marqué. La Suède a gagné et s'est qualifiée pour le tour suivant.

Mušović a joué un match extraordinaire, arrêté trois tirs américains et est devenue à juste titre une héroïne nationale. Elle est incroyablement curieuse d'apprendre. Lorsqu'elle a vu mes tweets sur cette séance de tirs au but, elle m'a contacté. Au fil de nos conversations, elle a reconnu que sa manière de faire n'avait pas été planifiée : « C'était un mouvement spontané qui m'est venu naturellement. Dans ce moment de pression, la dernière chose que je voulais, c'était que mes coéquipières aient l'impression d'être seules. » Cependant, il est légitime de se demander si un gardien souriant et bavard aide ou gêne un tireur dans ces moments de grande pression. Réponse de Mušović : « J'ai adapté ma façon de communiquer en fonction de la personne à qui je parlais. Pour certaines, que je connais très bien, je savais qu'un message plus détendu était approprié, alors qu'avec d'autres, il m'a semblé qu'un ton plus sérieux et direct conviendrait mieux. » Il s'agit là d'un point important. Certains tireurs peuvent percevoir la discussion amicale comme un soutien, d'autres comme une perturbation, et d'autres encore peuvent y être totalement indifférents. C'est une approche qui exige du sur-mesure.

LA FORMATION DANS LE ROND CENTRAL

Comme nous l'avons observé, dans les années 1970 et 1980, les joueurs du rond central étaient généralement répartis de manière aléatoire, certains debout, d'autres assis. Parfois, ils se mêlaient aux joueurs de l'autre équipe et, assez souvent, les joueurs des deux équipes étaient rejoints dans le rond central par les entraîneurs et d'autres membres de l'encadrement. Dans le courant des années 1990, les coéquipiers ont eu tendance à progressivement se rapprocher les uns des autres, souvent en ligne, même si certains joueurs restaient assis. À la fin de la décennie et au début des années 2000, les équipes ont peaufiné leur formation, se positionnant le long de la ligne médiane, en rang serré, épaules contre épaules. Depuis 2010 à peu près, toutes les équipes se placent désormais ainsi.

Cette formation imbriquée a-t-elle une fonction ? Peut-être bien. Une équipe qui se présente ainsi se serre littéralement les coudes, envoyant un signal d'unité et de cohésion. Sans compter que le contact peut réconforter en période de stress, ainsi que le montrent les études et notre propre expérience[27]. Cela dit, je soupçonne la plupart des équipes d'avoir adopté cette formation parce que tout le monde le faisait, sans y avoir vraiment réfléchi.

Quelles sont les autres positions possibles dans le rond central ? Pour commencer, aucune règle ne stipule que les équipes doivent se tenir sur la ligne médiane, et pourtant c'est là que tout le monde se positionne. J'imagine que c'est parce que le blanc sur le vert du terrain fonctionne

27. Morrison (2016).

comme une sorte de ligne directrice : pour les équipes qui se mettent en rang, c'est la ligne droite la plus proche. Toutefois, une position plus dynamique consisterait à se tenir sur la bordure du rond, plus proche du but de huit à neuf mètres. Avec pour avantage d'écourter les allers-retours vers la surface de réparation et de rapprocher le reste de l'équipe du point de pénalty et du tireur. Par ailleurs, cela place l'équipe potentiellement neuf mètres en avant des adversaires et dos à eux – du moins jusqu'à ce qu'ils le remarquent et décident d'aller au même endroit, ce qu'ils feront très probablement. Mais même dans ce cas, comme ils auront réagi plutôt qu'agi, cela pourrait tourner à votre avantage sur le plan psychologique.

La première fois que j'ai proposé cette position dynamique à une équipe, c'était lorsque je travaillais avec les U21 néerlandais avant le Championnat d'Europe 2007. Comme je l'ai déjà dit, la demi-finale contre l'Angleterre a donné lieu à une séance mythique de 32 tirs au but. Ainsi que nous en avions discuté quelques semaines plus tôt, les joueurs néerlandais sont allés se placer au bord du rond central. Et comme prévu, l'équipe anglaise les a immédiatement suivis. Mais les joueurs néerlandais ont déclaré plus tard que cela leur avait fait du bien d'avoir pris l'initiative et de voir l'autre équipe poussée à réagir.

Une autre fois, j'ai suggéré cette tactique à l'équipe belge de Zulte Waregem. Ils m'avaient invité à donner une conférence qui tombait environ deux semaines avant la finale de la Coupe de Belgique 2017. Planifiée avant que le club ne sache qu'il se retrouverait en finale contre Ostende, elle portait sur la dynamique d'équipe et la cohésion en général. Toutefois, avant la présentation, on m'a demandé si je pouvais également consacrer quelques minutes aux tirs au but, et j'ai donc décidé d'inclure quelques conseils, parmi lesquels la suggestion d'adopter une position plus dynamique dans le rond central.

Le jour où je me suis présenté pour faire mon exposé, une soudaine coupure de courant s'est produite dans le nouveau centre d'entraînement du club, ce qui n'était pas de très bon augure. La réunion a été reportée de quelques heures et s'est finalement tenue dans une vieille et sombre cafétéria du stade au lieu du bel auditorium lumineux prévu au départ. Pourtant, tout s'est bien passé, et lorsque l'équipe s'est retrouvée aux tirs au but lors de la finale, elle a fait tout ce dont nous avions parlé, notamment en se plaçant à l'avant du rond central. Elle a marqué ses quatre buts et en a arrêté deux de l'adversaire. Cela lui a permis de remporter le trophée et de se qualifier pour la Ligue Europa 2017-2018.

Plus tard dans la soirée, les joueurs ont parlé à des journalistes belges du spécialiste norvégien des tirs au but qui leur avait rendu visite, et peu après, mon téléphone a commencé à sonner. Le club étant un client, j'ai répondu à la presse que je ne pouvais pas commenter ce qui s'était passé. Mais Zulte Waregem m'a appelé pour me dire qu'il serait bon pour eux d'attirer l'attention sur les détails de la planification et de la préparation de la séance de tirs au but. J'ai donc parlé aux médias, ce qui m'a valu un quart d'heure de célébrité en Belgique, ainsi qu'une citation erronée qui fait froid dans le dos. Un journaliste m'a fait dire : « J'ai regardé la finale en direct et, au moment où les tirs au but ont commencé, j'étais sûr que Zulte Waregem allait gagner[28] ! »

Il est vrai que j'avais regardé le match en direct. Mais jusqu'à présent, aucun de mes travaux sur les tirs au but

28. Doms (2017).

ne m'a donné le super-pouvoir de lire l'avenir et de prédire l'issue d'une séance de tirs au but, même si j'aimerais beaucoup pouvoir le faire. Et pour ce qui est d'être confiant lorsqu'une séance de tirs au but commence… en fait, je ne suis jamais aussi nerveux que lorsque je regarde une équipe avec laquelle j'ai travaillé prendre part à cet exercice. Cette fois-là n'a pas fait exception. J'étais dans tous mes états.

Autre équipe à utiliser la position dynamique dans le rond central : le New York City FC. Sous la direction du Norvégien Ronny Deila, à qui j'avais présenté des exposés sur ce sujet quelques années auparavant, le club a remporté son premier titre MLS (Ligue majeure de soccer) en 2021, après avoir gagné aux tirs au but en quart de finale contre le New England Revolution et en finale contre les Portland Timbers. À chaque fois, les joueurs de NY City ont immédiatement pris une position avancée dans le rond central, ce qui a conduit leurs adversaires à réagir et à se placer à côté d'eux.

Plus tard, Deila a parlé de mes présentations, celles auxquelles il avait assisté, et il a expliqué que le positionnement des joueurs était entièrement calculé : « Vous êtes plus proche de celui qui tire. Le chemin à parcourir est plus court. » En outre, cette stratégie avait un objectif plus psychologique : « Vous êtes le boss du terrain, vous êtes à la manœuvre[29]. » Le rond central fait l'objet d'une lutte territoriale, alors pourquoi ne pas essayer de dominer cet espace-là ? Martin Ødegaard m'a dit quelque chose de similaire : « La plupart des équipes se contentent de s'aligner au niveau de la ligne médiane. Pour moi, c'est une question de prise de contrôle : on veut se tenir là, alors on s'y met. Il est facile de devenir un peu passif et de laisser

29. Crooks (2022).

la situation, ou les autres, prendre le contrôle. » Exemple concret : Arsenal s'est positionné à l'avant du rond central lors de la séance de tirs au but contre Porto, en huitième de finale de la Ligue des champions 2023-2024.

Le côté du rond où se trouve l'équipe importe-t-il ? Pas nécessairement, mais parfois, oui. Se placer du côté le plus proche du banc de touche, où se trouvent l'encadrement et les remplaçants, facilite la communication avec les entraîneurs pendant la séance de tirs au but, ce qui peut être un avantage. Cette proximité avec les dirigeants et le reste de l'équipe peut aussi être bénéfique psychologiquement pour les joueurs autorisés sur le terrain. Ils sont soutenus par leur groupe. Cela dit, il y a des situations dans lesquelles les joueurs se sentent plus à l'aise quand ils sont *un peu plus loin* de leur entraîneur. Ainsi, en match, ailiers et latéraux affichent parfois des jeux totalement différents entre la première et la deuxième mi-temps, selon que leur entraîneur, qui les soutient ou les contrôle trop, se trouve physiquement près d'eux ou non.

Il est également intéressant d'observer que rien dans les règles ne stipule que les joueurs doivent rester immobiles dans le rond central. Pourtant, la plupart le font, comme s'il était interdit de faire autre chose. D'un point de vue physiologique, jouer un match pendant plus de 120 minutes et se figer soudain comme une statue pendant 5 à 10 minutes juste avant de frapper ce qui pourrait être le tir le plus important de toute sa vie n'a aucun sens. Psychologiquement non plus. Le fait d'attendre passivement peut être générateur de stress et de pression. Bouger, c'est malin, et on peut le faire d'au moins deux façons.

Pourquoi ne pas, par exemple, rendre la formation de l'équipe un peu plus dynamique avec des déplacements dans le rond central pendant les tirs au but ? L'équipe pourrait commencer à l'avant du cercle, puis, à des moments convenus, se déplacer vers l'arrière et revenir vers l'avant. Outre l'avantage de faire bouger un peu les joueurs, cela créerait un environnement imprévisible pour les adversaires, qui n'en seraient sans doute que plus agacés.

Une autre solution serait d'utiliser les possibilités offertes par la célébration des buts. L'astuce a vu le jour avec l'équipe néerlandaise des U21 en 2007 : s'affranchir de la formation du groupe pour célébrer individuellement chaque but marqué, ainsi que chaque raté de l'équipe adverse. Cela permet non seulement d'assouplir ses muscles raidis, mais aussi d'apporter un peu de feu et d'énergie positive à sa propre équipe. Ce qui, une fois encore, présente l'avantage de porter sur les nerfs de l'adversaire, car tout le monde sait combien les équipes qui fêtent avec excès la moindre victoire peuvent être énervantes. Lorsque New York City a remporté aux tirs au but la finale de la MLS contre les Portland Timbers, l'arbitre assistant a dû réprimander l'équipe pour avoir trop célébré les buts et les arrêts. Cela suggère que les joueurs ont appliqué à la lettre ce point de la stratégie ainsi que le positionnement dynamique dans le rond central.

Encore une fois, je tiens à rappeler que cette stratégie de célébration n'a pas toujours l'effet escompté et n'offre aucune garantie de succès, on en a de nombreux exemples. À commencer par la séance de tirs au but opposant les Pays-Bas à l'Argentine lors du Mondial 2022. Les Oranje se sont tenus systématiquement un à deux mètres devant l'équipe argentine dans le rond central, ils ont fêté chaque but et se sont beaucoup déplacés tout au long des tirs au but. Malgré cela, les joueurs argentins ne se sont jamais laissé dominer, ils ont joué le même jeu en retour et ont finalement remporté le match.

GÉNÉROSITÉ ET PÉNALTYS

Erling Haaland fait partie des rares footballeurs à la fois individualistes à l'extrême et collectifs à l'extrême. C'est un buteur mondialement connu pour être constamment à l'affût de la moindre occasion de marquer. C'est une obsession chez lui. Pour Haaland, un pénalty est une chance inespérée de marquer un but à partir d'un emplacement optimal. Tirer un coup de pied arrêté n'est donc pas une punition, c'est un privilège. Il ne s'agit pas d'un risque mais d'un plaisir, et à ce titre, un bien précieux qu'on peut donner et échanger.

En octobre 2019, Haaland et le Red Bull Salzburg jouaient à domicile contre le Rapid Wien. Ils obtiennent leur premier pénalty après environ une demi-heure de jeu, à la suite d'un tacle du gardien sur Haaland dans la surface de réparation. Haaland est le tireur désigné, mais lorsqu'il se relève, il donne le ballon au Hongrois Dominik Szoboszlai, notre ami du chapitre 2 au tir puissant indépendant du gardien. Un autre joueur du Red Bull intervient alors, le Sud-Coréen Hwang Hee-chan, apparemment désireux de tirer ce pénalty lui aussi. Mais Szoboszlai s'accroche au ballon.

À ce stade du championnat autrichien, Haaland a déjà marqué 11 buts en 11 matchs, mais Szoboszlai seulement 3, dont aucun au cours des cinq dernières rencontres. Lorsqu'il transforme ce pénalty, avec sa frappe caractéristique, puissante, cette fois du côté gauche, Haaland est le premier à se précipiter, à l'attraper et à le secouer comme un prunier, tout en criant comme un fou. D'abord simplement soulagé d'avoir mis fin à cette traversée du désert « butifique », Szoboszlai ne peut pas s'empêcher de rire des démonstrations extravagantes de son généreux coéquipier.

Moins de deux minutes plus tard, *bis repetita*. Haaland arrive au galop dans la surface de réparation, beaucoup plus rapidement que le défenseur, et il se fait renverser. Nouveau pénalty. Que Haaland accorde de nouveau à un autre. En l'occurrence Hwang, à qui le précédent avait été refusé. Cette fois néanmoins, le geste ne s'avère pas payant : le tir mal placé de Hwang sur la droite est facilement arrêté. Haaland est encore une fois le premier à se rendre auprès du tireur, non pour lui sauter dessus de joie, mais pour lui donner une tape amicale et réconfortante sur l'épaule.

Quatre minutes plus tard, le joueur norvégien déboule à nouveau dans la surface de réparation, mais il reste sur ses deux pieds et marque. Après le match, Jesse Marsch, l'entraîneur américain de Salzbourg, n'était pas très content du déroulement des pénaltys : à ses yeux, en tant que tireur désigné, Haaland n'aurait pas dû les déléguer. Tout en reconnaissant que ce n'était pas grave puisqu'ils avaient gagné, Marsch a ajouté d'un air sombre : « On en discutera à l'avenir[30]. » Plus tard, Marsch et Haaland sont partis dans d'autres clubs plus importants, et voici ce que Marsch a dit à propos de ce qu'il avait vécu lors de ce match et sur Haaland : « Depuis que je le connais, c'est-à-dire depuis six mois, je n'ai pas surpris une seule marque d'égoïsme. Il y a eu une période où il cédait les pénaltys à ses coéquipiers, parce qu'il avait envie de partager l'énergie positive avec d'autres gars de l'équipe, et j'ai dû intervenir et dire non, c'est Erling qui tire nos pénaltys. »

---

30. Sky Sport Austria (2019).

Dans son livre *Le Triomphe des généreux*, le psychologue organisationnel Adam Grant divise les gens en trois catégories : preneur, échangeur et donneur. Les preneurs essaient d'obtenir le plus possible des autres ; les échangeurs rendent à la mesure de ce qu'on leur a donné ; et les donneurs sont heureux de donner plus qu'ils ne reçoivent. Ceux qui réussissent le mieux professionnellement sont en fait les donneurs. Ainsi, des études menées auprès d'ingénieurs, d'étudiants en médecine et de professionnels de la vente montrent que les individus les plus performants sont ceux qui donnent. Curieusement, les moins performants sont également des donneurs. Ceux qui ne cessent de donner sans discernement finissent en effet par se faire exploiter. Ils deviennent des « carpettes » ou des « paillassons » et perdent en efficacité au fil du temps. Il est donc important d'être le bon type de donneur.

Revenons un instant à Haaland. En septembre 2020, le Borussia Dortmund, que Haaland a rejoint après Salzbourg, joue le premier match de la nouvelle saison de championnat contre le Borussia Mönchengladbach. Après 53 minutes, Dortmund obtient un pénalty et c'est Jadon Sancho, auteur d'un pénalty réussi lors d'un match de Coupe quelques jours plus tôt, qui s'empare du ballon. Il est en train de se préparer quand Haaland s'approche de lui et lui parle avec conviction, la main devant la bouche. Sancho n'a pas l'air emballé par la proposition qui lui est faite, mais il ne peut retenir un sourire. On le voit clairement peser le pour et le contre et il finit par abandonner la balle à contrecœur, la tête baissée, avec un sourire penaud. Haaland vient tout simplement de lui carotter le coup de pied arrêté, mais de telle façon que Sancho ne pouvait pas refuser. Haaland pose alors le ballon, qu'il frappe avec finesse. Un tir dépendant du gardien bien réalisé. But.

Dans la seconde mi-temps, avec l'aide de Sancho, notre ami marque son deuxième but de la rencontre. L'un des plus spectaculaires de sa carrière, à mon avis. À la suite d'un corner, il sprinte en effet sur presque toute la longueur du terrain à une vitesse incroyable afin de se placer derrière les défenseurs et de recevoir la passe de Sancho, parfaitement exécutée et synchronisée. Parmi ses manifestations de joie, il fonce vers Sancho, qu'il réduit presque en miettes dans l'euphorie de cette action commune victorieuse.

Ces histoires montrent que Haaland correspond assez bien au modèle de Grant, celui du donneur qui réussit, en donnant de manière stratégique. Haaland est un géant sympathique. À la fois altruiste et ambitieux. Il donne, avec sincérité et générosité, mais sait aussi comment gérer les gens et les relations pour qu'on ne profite pas de lui. Lorsqu'il est préférable pour l'équipe qu'il tire le pénalty (comme cela a pu être le cas avec Sancho), il n'hésite pas, exprime son désir, se bat même peut-être pour l'obtenir et frappe. Parallèlement, en tant qu'attaquant ou buteur, il dépend entièrement de ses coéquipiers qui lui passent le ballon lorsqu'il est bien placé. S'ils n'obtiennent jamais rien de lui, ils lui passeront moins le ballon. Haaland doit donc donner pour recevoir. Mais l'esprit d'équipe passe avant tout pour lui. Quand il vaut mieux pour le groupe qu'il cède le pénalty à quelqu'un d'autre, il laisse volontiers cette opportunité à un coéquipier. En ce sens, Haaland donne de manière réfléchie.

Cela ne veut pas dire que ses dons sont toujours bien accueillis par tout le monde. En mai 2023, soit quelques années après les exemples décrits ci-dessus, Haaland joue cette fois pour Manchester City. Lors d'un match contre Leeds United, il se voit accorder un pénalty à la 83e minute. City mène alors assez largement 2-0 grâce à deux buts marqués par İlkay Gündoğan, et Haaland veut donner à son coéquipier une chance de réussir son tout premier triplé chez les professionnels en lui laissant tirer ce pénalty. Malheureusement, le ballon de Gündoğan rencontre le poteau. L'occasion a été gâchée. Fureur de Pep Guardiola, l'entraîneur des Citizens. On le voit clairement hurler à Haaland : « Erling, tu dois le prendre ! » Pour ne rien arranger, moins d'une minute plus tard, Leeds United remonte à 1-2. City s'est finalement imposé, mais Guardiola a évidemment été interrogé sur ce pénalty et il a déclaré : « Cela montre à quel point Erling est gentil et généreux. Mais le match n'est pas terminé. S'il y a 4-0 à 10 minutes de la fin, d'accord. Mais 2-0 ? Erling est le meilleur tireur de pénalty du moment, donc c'est lui qui doit le faire. »

Il est intéressant de noter que lorsqu'Arsenal a procédé de même ou presque, en septembre 2023, contre Bournemouth, certains ont critiqué le geste, même s'il s'est soldé par un but. Arsenal menait 2-0 quand Kai Havertz, sa dernière grande recrue, s'est vu offrir un pénalty par ses coéquipiers Saka et Ødegaard, normalement tireurs désignés. En 20 apparitions sur le terrain, Havertz n'avait pas encore marqué. Ce premier but à Arsenal signifiait évidemment beaucoup pour lui. Il a transformé le pénalty, portant le score à 3-0, et ses coéquipiers ainsi que les supporters d'Arsenal ont fait écho à sa joie.

Pourtant, Steve Nicol, ancien joueur de Liverpool et aujourd'hui commentateur à ESPN, a estimé que ce n'était pas professionnel. Sa recommandation reflétait une vision à court terme et plus traditionnelle de ce genre de situation. Se référant à Saka et à Ødegaard, il a déclaré : « C'est *toi* qui tires le pénalty, ou c'est *toi*. Mais c'est l'un ou l'autre. Et pas “on est des bons gentils nounours, donnons-le à Havertz”. »

Le football est un jeu social et psychologique complexe, pratiqué par des êtres on ne peut plus humains. Pour tirer le maximum des gens, les cadeaux stratégiques, comme ceux auxquels cette génération de joueurs fait une place, peuvent de prime abord ne pas sembler les plus appropriés pour obtenir trois points le jour J. Mais ils sont plus généreux, plus humains et, à long terme, plus fonctionnels.

CHAPITRE 5

S'ENTRAÎNER À LA PRESSION

« Normal, c'est suffisant. »

Mika Kojonkoski, entraîneur de saut à ski

C'est un dimanche matin magnifique. Le ciel est d'azur. Les conditions de vol sont idéales. Vous avez l'autorisation de la tour de contrôle et vous mettez doucement la gomme. La vitesse augmente, vous plaque à votre siège, et le nez de l'appareil se soulève tandis que vous surveillez attentivement les instruments de bord. L'avion a quitté la piste, la vitesse ascensionnelle est bonne, vous rentrez le train d'atterrissage. Altitude 500 pieds, ça plane pour vous. Les deux heures de vol s'annoncent bien.

Soudain – BANG ! Une énorme secousse, puis un silence terrible. Vous mettez les gaz à fond, mais rien ne se passe. Le moteur est mort. Mort, aux abonnés absents. Votre rythme cardiaque s'affole. L'avion fait maintenant du vol plané – mais, d'après l'altimètre, il est déjà en descente. Vous tentez d'endiguer la panique et vous passez en revue les options qui s'offrent à vous. Qu'y a-t-il dehors ? Devant vous, des arbres et des collines – un terrain plein d'embûches. Mais dans votre dos, il y a la sécurité de la piste d'atterrissage. Seule condition : agir vite, car l'avion est en train de s'écraser.

Le moment est critique. Faut-il continuer à voler pour chercher un site d'atterrissage ou bien faire demi-tour ? Vous devez décider, tout de suite. Vous optez pour le virage. Après tout, la piste d'atterrissage est juste derrière, non ? Vous n'avez qu'à virer, rebrousser chemin et atterrir. Cela devrait se faire en un rien de temps.

Vous impulsez la manœuvre. Facile, fluide. L'avion amorce son virage. Mais tout à coup, il semble s'animer d'une vie propre. Maintenant, l'horizon n'est plus face à vous, mais encadré par la vitre latérale gauche, et le sol se rapproche à une vitesse terrifiante. Vous tentez de redresser l'appareil. Pas de réponse. Il n'y a que le sol qui se rapproche de plus en plus, les alarmes qui hurlent et le tableau de bord qui clignote de partout pendant que vous vous débattez avec les commandes mortes.

Puis tout devient noir.

Une voix calme se fait entendre : « Oups, dit votre instructeur à l'extérieur du simulateur de vol. Un virage serré à faible puissance : mauvaise décision. On ne fait jamais demi-tour en dessous de 1 000 pieds. Il faut continuer à voler et trouver un endroit où poser l'avion devant soi. »

L'ordinateur est réinitialisé et vous réessayez.

Dans l'aviation, les simulateurs de vol faisaient déjà partie intégrante de la formation des pilotes avant la Seconde Guerre mondiale. Les situations d'urgence sont vues et revues. Pour notre plus grand soulagement, à nous tous qui prenons l'avion en tant que passagers. De même, la formation médicale fait désormais couramment appel à des simulateurs, notamment pour des opérations chirurgicales complexes. Là encore, c'est rassurant. Les simulateurs sont aussi utilisés dans la préparation des opérations militaires et contribuent pour une part importante à la formation des astronautes.

Pilotes, chirurgiens, soldats, astronautes… Ces gens-là savent qu'ils travaillent dans des environnements où l'échec aurait des conséquences réelles et irréversibles. Ils travaillent sous une pression énorme et s'entraînent à l'avance pour y faire face, tant ils sont convaincus qu'on peut se préparer à des moments de stress intense et les atténuer. La leçon que ces métiers ont tirée de leur grande expérience, c'est qu'il est possible de simuler utilement les conditions de pression intense d'une zone de combat, d'un bloc opératoire, d'un module de la Station spatiale internationale ou du cockpit d'un avion en perdition, et que les personnes qui évoluent dans ces environnements en tirent un grand profit.

Pourtant, l'une des convictions clés les plus répandues dans le monde du football est qu'il est impossible de simuler les conditions de haute pression d'une séance de tirs au but.

Prenez par exemple Didier Deschamps, capitaine des Bleus lors de la Coupe du monde 1998, et entraîneur de l'équipe de France vingt ans plus tard. Il déclarait en 2016 ne s'être jamais entraîné aux tirs au but. Son raisonnement ? « C'est que je pense que tirer des pénaltys à l'entraînement, en toute décontraction, et en match avec une pression énorme, ça n'a rien à voir[1]. »

Après la défaite de la France aux tirs au but contre l'Argentine en finale du Mondial 2022, Deschamps s'est

1. Ricotta (2016).

exprimé plus en détail sur ce sujet : « À l'entraînement, il n'y a personne d'autre que soi-même. On n'arrive jamais à recréer les conditions d'un match. Si c'est une finale, le côté émotionnel, le public, le positionnement des tireurs, rien ne peut être préparé. »

Il a quand même admis que pratiquer les tirs au but à la fin d'une séance d'entraînement pouvait avoir son utilité. Mais tout juste. « Laisser les meilleurs tireurs en tirer un, deux, trois, quatre à l'entraînement, pourquoi pas ? Je ne suis pas convaincu que ça serve à grand-chose, mais ce n'est que mon avis. Voilà pourquoi je n'organise pas de sessions spécifiques. À la fin de la séance, il peut arriver que les joueurs offensifs restent pour tirer, mais c'est tout[2]. »

Deschamps n'est pas le seul Français à être de cet avis, loin de là. Mickaël Landreau, ancien gardien de but 11 fois capé, ne voit pas non plus l'intérêt de s'entraîner aux tirs au but : « Il est impossible de se retrouver dans les mêmes conditions qu'en match. Quand on a 120 minutes de match dans les pattes, avec une pression de malade, ça n'a rien à voir avec l'entraînement. »

Pour mémoire, la France ne brille pas par ses résultats aux tirs au but : elle a perdu ses trois dernières séances (2006, 2016 et 2022) et n'en a gagné que trois sur huit au total depuis sa première séance en Coupe du monde 1982, soit un taux de réussite de 38 %. S'agit-il d'un manque d'entraînement ? Ou simplement de malchance ?

Sur tous les continents, de nombreux entraîneurs réputés partagent la même opinion que Deschamps. En janvier 2023, lorsque Carlo Ancelotti, l'un des plus remarquables entraîneurs de tous les temps, se voit demander si son équipe du Real Madrid s'est préparée à l'éventualité

2. Pardon (2023).

d'une séance de tirs au but pour le match à venir, il répond par la négative : « En vérité, nous ne nous entraînons pas beaucoup aux tirs au but. Il est impossible de reproduire à l'entraînement l'atmosphère réelle d'un pénalty important[3]. »

Le légendaire Johan Cruyff était du même avis : « Je ne pense pas non plus que ça serve à grand-chose de s'entraîner aux tirs au but. La question n'est pas de savoir si vous êtes capable de tirer – ce n'est pas si difficile que ça. Non, il s'agit de savoir si vous pouvez le faire dans un stade plein à craquer, sous une pression énorme. Un environnement qui ne pourra jamais, jamais, être reproduit sur un terrain d'entraînement[4]. »

Avant le huitième de finale de la Coupe d'Allemagne entre le Bayern Munich et le Hertha Berlin, en 2019, l'entraîneur du Bayern, Niko Kovač, était tout aussi catégorique : « Il est absolument impossible de simuler ça. À l'entraînement, vous réussirez tous vos tirs, mais quand vous serez sifflé par 40 000 ou 50 000 personnes[5]... »

D'autres entraîneurs semblent accepter que leurs joueurs s'entraînent à titre personnel aux tirs au but, tout en étant d'avis qu'il est impossible de simuler la pression. Voici ce qu'en dit Pep Guardiola, le disciple de Cruyff : « Écoutez, on peut s'entraîner aux tirs au but, mais on ne peut pas rejouer la tension qui se produit dans la réalité du moment[6]. »

Et il y en a qui croient fermement à l'importance de l'entraînement aux tirs au but et font beaucoup travailler

3. McTear (2023).

4. Cruyff (2012).

5. NTV (2019).

6. Purewal (2021).

leurs joueurs, tout en reconnaissant qu'il est impossible de se préparer à la pression en elle-même. Voici comment Luis Enrique, le sélectionneur de l'Espagne pour la Coupe du monde 2022, s'exprimait à ce sujet au Qatar : « Il y a plus d'un an, lors de nombreux stages de préparation, on a dit aux joueurs : "Vous avez des devoirs à faire avant le Mondial : vous devez tirer au moins 1000 pénaltys en club." Je ne crois pas que ce soit une loterie. Si vous vous entraînez souvent, votre façon de tirer les pénaltys s'améliore. Il est évident qu'on ne peut pas s'entraîner à la pression et à la tension, mais on peut faire avec[7]. »

Cependant, même après 1000 tirs d'entraînement, les joueurs de la Roja n'ont pas été performants lors de la Coupe du monde. Les trois tireurs, Pablo Sarabia, Carlos Soler et Sergio Busquets, ont raté leur frappe, et l'Espagne a perdu la séance de tirs au but contre le Maroc en huitième de finale. Trois mille tirs d'entraînement et pas un seul tir final réussi !

Telles sont les affirmations qui contribuent fortement à renforcer l'idée commune selon laquelle une séance de tirs au but est une loterie. Comment pourrait-il en être autrement puisque l'entraînement semble ne pas payer ? Comment pourrait-il en être autrement lorsque certains des meilleurs entraîneurs au monde se résignent à aborder les séances de tirs au but en étant fondamentalement mal préparés ?

Et si, quand même, tous ces professionnels hautement expérimentés et très intelligents se trompaient sur l'entraînement à la pression ? Et si, contrairement aux idées reçues et largement partagées dans le football, on pouvait simuler la pression au point que cela ait un impact positif sur

7. Nair (2022).

la capacité des joueurs à frapper des tirs au but sous une pression extrême ?

Avant de répondre à cette question, imaginez un instant votre conversation avec le chirurgien qui, le lendemain, va pratiquer sur vous une intervention délicate :

Vous : « Vous vous êtes entraîné, n'est-ce pas ? »

Le chirurgien : « Euh, oui, bien sûr, je me suis un peu exercé par-ci, par-là, après ma journée de travail. Mais pour ce qui est de l'opération dans son ensemble... Vous savez, le truc, c'est qu'il est tout simplement impossible de reproduire la tension inhérente à la situation réelle, quand le patient est sur la table et qu'on a le scalpel en main. Ça ne servirait donc pas à grand-chose, hein ? »

Je peux me tromper, mais je vous vois plutôt espérer que votre chirurgien se sera exercé. Eh bien, tout comme je crois à l'utilité de l'entraînement avec simulation en médecine, je crois que la préparation aux tirs au but peut être utile aux footballeurs. Et je suis heureux de constater que, de temps en temps, un entraîneur est d'accord avec moi.

Par exemple, Thomas Tuchel, qui a entraîné Chelsea, le PSG et le Bayern Munich : « Nous nous entraînons toujours aux tirs au but lorsque nous avons un match qui peut potentiellement en arriver là. Est-ce qu'on peut simuler la pression, la fatigue, le contexte de la situation, ce qu'on ressentira demain ? Non, on ne peut pas. Mais nous pensons quand même qu'il est possible de répéter certains schémas, un certain rythme et certaines habitudes propres aux tirs au but[8]. »

Et voici ce que Lionel Scaloni, l'entraîneur qui a remporté trois grandes séances de tirs au but d'affilée avec l'Argentine, dit de l'entraînement précédant le match contre

8. Purewal (2021).

les Pays-Bas (lequel s'est terminé aux tirs au but) : « Nous tirons toujours des pénaltys[9] » et « Nous nous sommes entraînés aux pénaltys, avant et après l'entraînement[10] ».

Après le Mondial, tout en reconnaissant le problème de simulation de la pression, Scaloni a clairement indiqué qu'il croyait toujours en la valeur de l'entraînement : « Quand il y a des gens derrière les buts... et 80 000 personnes dans le stade, ce n'est pas la même chose que de tirer à l'entraînement. Mais pour moi, ça reste utile. On sent le ballon, on sent la frappe[11]. »

Remontons le temps jusqu'en 2002. À cette date, l'entraîneur néerlandais Guus Hiddink, qui entraînait la Corée pour la Coupe du monde en Corée du Sud et au Japon, a introduit une véritable innovation en matière d'entraînement aux tirs au but. Il y a quelques années, je me suis rendu chez lui, à Amsterdam, pour le rencontrer. C'est un personnage impressionnant, au palmarès international exceptionnel : il a entraîné dans 10 pays et certains des plus grands clubs au monde, dont le Real Madrid et Chelsea. En outre, sa curiosité culturelle et sa conviction que les joueurs sont avant tout et surtout des individus à part entière font de lui un entraîneur qui a beaucoup à offrir en matière d'approche psychologique[12]. Lorsqu'il a évoqué la préparation de la Corée du Sud pour le quart de finale du Mondial 2002 contre l'Espagne, les tirs au but faisaient partie du job[13].

---

9. Victor (2022).

10. GetFootball (2022).

11. Inside FIFA (2023).

12. Pour plus d'informations sur cette conversation, voir Hiddink & Jordet (2019).

13. Van den Nieuwenhof (2006), p. 145.

« La veille au soir, nous avons travaillé les tirs au but. J'ai demandé à chaque joueur d'en tirer un. Un seul. Pas de répétition, rien du tout. »

L'inverse d'Enrique et des 1 000 pénaltys de l'Espagne. En procédant ainsi, selon la théorie de Hiddink, on augmente la pression sur ce tir unique et on se rapproche de ce qui se passe lors d'une séance de tirs au but réelle. Il s'agissait moins de roder la mécanique de cette phase de jeu par la répétition des essais que de trouver un moyen de gérer la pression liée à un tir unique, le grand moment pour un joueur.

Hiddink a également créé un type particulier de simulation de tirs au but : « Sous le regard de tous les autres joueurs, les tireurs devaient traverser tout le terrain pour frapper leur tir au but. Marcher 100 mètres pour tirer, c'est long. Beaucoup de choses vous passent par la tête à ce moment-là. »

Hiddink ne s'est donc pas contenté de faire marcher les joueurs depuis la ligne médiane du terrain, comme le font parfois certaines équipes. Il les a fait partir de la surface de réparation opposée, ce qui exagère un aspect spécifique de la séance de tirs au but et, une fois encore, met l'accent sur la pression plus que sur le tir lui-même : « C'était beau de voir comment leur corps réagissait à la tension, a déclaré Hiddink. Chacun avait sa propre expression, sa propre façon de marcher. »

Dans ce contexte, il n'y avait ni récompense ni punition en cas de réussite ou d'échec du tir : « Si quelqu'un ratait, on faisait comme si de rien n'était. On enchaînait avec le joueur suivant. »

Et le lendemain, comment cela s'est-il passé ?

« Le lendemain, nous avons fini en effet aux tirs au but contre l'Espagne et les cinq tirs ont été cadrés. C'était magnifique. Personne ne voulait tirer, tout le monde a marqué. »

C'est ainsi que la Corée du Sud est devenue la première équipe asiatique à atteindre les demi-finales d'une Coupe du monde (où elle s'est finalement inclinée face à l'Allemagne, sur un but de Ballack à la 75e minute).

Alors, en partant de l'approche de Hiddink, examinons le concept de l'entraînement à gérer la pression, les preuves de ses effets et, enfin, établissons la manière dont ce mode de préparation peut s'appliquer spécifiquement aux tirs au but dans le football.

L'ENTRAÎNEMENT À LA PRESSION MARCHE-T-IL ?

Le cœur de la formation pour gérer la pression repose sur une idée assez simple : l'exposition à un stress léger permettra de tolérer un stress plus intense une fois en situation[14]. Plus précisément, l'entraînement à une forme de pression augmente la capacité d'une personne à résister et à s'épanouir sous une pression plus importante à un moment donné. L'efficacité d'un tel entraînement est avérée par différentes sources.

La biologie, par exemple, montre que lorsqu'un organisme est exposé à une faible dose de stress, sa survie s'en trouve améliorée parce que les mécanismes de protection contre un stress semblable ou plus grave sont activés[15]. L'exemple le plus familier de ce mécanisme en action est celui des vaccins. Inoculer une microdose de virus peut

14. Long (1980) ; Fletcher & Arnold (2021).

15. Calabrese et coll. (2007).

suffire à déclencher le système immunitaire et à créer une protection lorsqu'il est confronté au vrai virus. De la même manière, une petite dose de stress produit une résilience contre une dose semblable ou plus élevée de stress à un moment ultérieur.

Et donc, on pourrait peut-être envisager la formation à la pression comme une sorte de programme de vaccination. En appliquant des microdoses de pression, on se vaccine et on se protège contre les doses plus importantes de pression auxquelles on pourrait se trouver exposé plus tard. De ce point de vue, le stress conduirait ainsi à une croissance post-traumatique plutôt qu'à un traumatisme durable, c'est-à-dire à une amélioration de la capacité de l'individu à faire face au stress. On doit à Nassim Nicholas Taleb – statisticien et auteur à succès – la promotion du concept d'« antifragilité » pour décrire la capacité d'un système à augmenter ses capacités et à prospérer à la suite d'un stress[16]. Dans cette ligne de pensée, le stress nous serait en fait bénéfique.

Les recherches menées sur les animaux ont abouti à des résultats qui vont dans ce sens. Les réactions neurobiologiques, neuroendocrinologiques, cognitives, affectives et comportementales des rongeurs et des primates exposés à des niveaux modérés de stress semblent montrer que ces sujets-là s'adaptent mieux aux facteurs de stress ultérieurs que les sujets qui ont été initialement exposés à un stress élevé ou faible[17]. Par exemple, une étude montre que les singes ayant été brièvement séparés de leur mère pendant la petite enfance non seulement éprouvent moins d'anxiété et de stress après neuf mois, mais présentent également

16. Taleb (2012) ; Kiefer et coll. (2018).

17. Russo et coll. (2012) ; Fletcher & Arnold (2021).

plus tard un contrôle cognitif plus élevé, plus de curiosité et un cerveau plus gros que ceux d'un groupe témoin[18].

Une autre série d'études suggère que le degré de contrôle qu'un animal possède sur le stress auquel il est soumis détermine le résultat de l'expérience. S'il est exposé à des chocs inévitables et imprévisibles, l'animal développe une peur exagérée, une anxiété accrue et une adaptation inefficace, phénomène souvent appelé « impuissance acquise ». En revanche, si les animaux sont capables de modifier leur comportement pour éviter le choc, ils contrôlent beaucoup mieux la situation, ce qui se traduit par une résilience accrue[19].

Les principes observés dans les systèmes biologiques et chez les animaux se retrouvent également chez l'homme. Avoir été exposé à des doses modérées de stress au début de son parcours entraîne généralement une série de conséquences positives plus tard dans la vie, telles qu'une diminution du stress et de l'anxiété, un meilleur fonctionnement cognitif et une meilleure qualité de vie[20]. C'est ce que montre, par exemple, une étude menée sur les jeunes mariés. L'adaptation conjugale après la naissance du premier enfant, avec toutes les contraintes supplémentaires qu'implique la parentalité, a été plus aisée pour les conjoints qui faisaient état d'un stress modéré dans les premiers mois de leur mariage, par rapport à ceux qui n'en mentionnaient aucun sur la même période[21].

---

18. Parker et coll. (2004) ; Parker et coll. (2005) ; Lyons & Parker (2007).

19. Krishnan et coll. (2007) ; Berton et coll. (2007) ; Greenwood & Fleshner (2008).

20. Fletcher & Arnold (2021).

21. Neff & Broady (2011).

En ce qui concerne plus spécifiquement le sport, une série d'études montre que les athlètes de classe mondiale sont plus susceptibles d'avoir connu une adversité ou un traumatisme au début de leur vie que les athlètes de niveau inférieur[22]. Par exemple, des chercheurs ont interrogé 32 anciens athlètes britanniques, dont 16 avaient remporté plusieurs médailles lors de compétitions majeures et 16 étaient des athlètes de très haut niveau, mais non médaillés[23]. Il en est ressorti que les 16 médaillés avaient tous connu un événement crucial négatif important dans leurs jeunes années (comme le décès d'un membre important de la famille, le divorce des parents, un environnement familial instable ou la séparation forcée d'avec les parents), alors que seulement 4 des non-médaillés avaient vécu ce genre d'expérience. Pour 14 médaillés, ce traumatisme est survenu peu avant un événement crucial positif lié au sport (par exemple, la découverte de leur sport, la découverte d'un entraîneur ou d'un mentor important, ou l'expérience d'un moment sportif motivant), ce qui suggère que le sport a en quelque sorte comblé un vide ou que l'expérience négative a peut-être stimulé la motivation et la concentration de ces jeunes athlètes sur leur activité sportive. Quoi qu'il en soit, l'événement traumatique fondateur n'a pas bloqué le développement de ces athlètes ; il les a au contraire aidés.

Une version de ce phénomène a été observée dans le football. Une étude portant sur les joueurs du célèbre centre de formation de l'Ajax Amsterdam a montré que ceux qui finissaient par devenir des footballeurs de très

22. Collins et coll. (2016) ; Hardy et coll. (2017) ; Howells & Fletcher (2015) ; Sarkar et coll. (2015) ; Savage et coll. (2017) ; van Yperen (2009).

23. Hardy et coll. (2017).

haut niveau avaient trois fois plus de probabilités d'avoir eu des parents divorcés que ceux qui n'atteignaient pas ce niveau d'excellence[24]. Dans l'ensemble, même si certaines études ne confirment pas le lien entre traumatisme et développement positif[25], certains chercheurs en développement sportif affirment que le talent a besoin de traumatisme et que le traumatisme peut être utilisé comme outil de développement[26]. Il ne s'agit évidemment pas d'un argument pour exposer sans discernement les athlètes en devenir à des faits horribles afin d'en récolter les dividendes en matière de performance. Mais remplacez le terme « traumatisme » par « défi » et transposez-le dans un contexte purement sportif : il pourrait s'avérer utile d'exposer les aspirants athlètes à de petits défis, comme concourir à un niveau supérieur au leur à un moment sensible, s'échauffer lors d'un événement senior majeur avec des joueurs expérimentés, ou encore tirer des pénaltys à la mi-temps lors d'événements seniors très fréquentés. Soigneusement administrés, selon une périodicité maîtrisée, avec un suivi attentif de ce que les athlètes peuvent encaisser, de tels défis permettraient aux sportifs de se mobiliser, de répéter et d'affiner leurs moyens de faire face à des charges de stress plus élevées, autant d'habitudes que tout athlète gagnerait à acquérir tôt.

Une équipe de chercheurs de l'université libre d'Amsterdam a mené une série d'expériences qui démontrent assez élégamment l'impact de l'entraînement sous stress[27]. Dans l'une de ces expériences, 24 participants ont été répartis de

24. Van Yperen (2009).

25. Collins et coll. (2016).

26. Collins & MacNamara (2012).

27. Oudejans & Pijpers (2009) ; Oudejans & Pijpers (2010).

façon aléatoire entre un groupe expérimental et un groupe témoin. Le groupe expérimental s'est exercé à lancer des fléchettes sous l'effet de faibles doses d'anxiété, induites de différentes manières. Par exemple, les participants ont été informés que les séances d'entraînement étaient filmées en vue d'une émission de télévision dans laquelle des experts analyseraient leurs comportements. Plus sournoisement, on leur a annoncé qu'ils allaient travailler par paires et que les scores combinés du duo donneraient potentiellement lieu à une récompense pour chacun des membres du binôme – le hic étant que le partenaire qu'on leur avait attribué avait déjà lancé toutes ses fléchettes, et qu'il leur revenait donc d'obtenir la récompense pour tous les deux. Dans d'autres épreuves, il a été établi que chaque sixième fléchette compterait double et que leurs scores seraient ensuite communiqués à l'ensemble des participants.

Les mesures d'autoévaluation ont montré que cette formation avait effectivement provoqué un léger niveau d'anxiété chez les participants. À l'étape suivante, on a demandé à tout le monde de lancer ses fléchettes tout en se tenant sur un minuscule point d'appui à quatre mètres de hauteur sur un mur d'escalade intérieur. Les mesures de l'autoévaluation et de la fréquence cardiaque ont confirmé que ce test produisait un niveau d'anxiété élevé chez tous les participants. Toutefois, ceux qui avaient suivi l'entraînement précédent ont pu maintenir leur niveau de performance, tandis que le groupe témoin, qui s'était entraîné dans des conditions d'anxiété zéro, a nettement sous-performé dans cette tâche où la pression était plus intense.

Cette expérience met en évidence un point extrêmement important : il n'est pas nécessaire en entraînement de reproduire à l'identique le niveau de stress élevé d'une situation donnée pour obtenir un effet significatif. S'entraîner avec un niveau de stress léger peut suffire. Il serait utile de refaire cette étude dans des conditions beaucoup plus réalistes, mais ses implications sont évidentes pour l'action qui nous intéresse dans ce livre, à savoir les tirs au but, et le raisonnement des entraîneurs qui choisissent de ne pas travailler les pénaltys sous prétexte que la pression ne peut pas être reproduite à 100 %. Tout comme les soldats des forces spéciales passent des mois et des années à s'entraîner aux opérations militaires sans pouvoir, à aucun moment, simuler parfaitement le véritable stress des tirs réels en zone de guerre, les footballeurs pourraient se livrer à des simulations imparfaites de tirs au but, dans la perspective d'être mieux préparés à l'exercice que ceux qui ne s'entraînent pas du tout.

Que disent les autres recherches ? Une analyse de 47 études sur les interventions conçues pour prévenir l'effondrement sous pression a montré qu'elles étaient généralement bénéfiques pour les performances[28]. Les études analysées se répartissaient en différentes catégories, basées sur des approches théoriques sur l'effondrement. La catégorie la plus pertinente pour nous concernait les tests utilisant l'acclimatation, c'est-à-dire l'entraînement dans des conditions imitant la pression. Au total, 10 études dans ce domaine ont été examinées, et il en est ressorti que l'entraînement dans des conditions de conscience de soi et d'anxiété légère avait des effets positifs.

Une autre analyse de 23 études sur l'efficacité des stratégies de *coping* pour les performances sous pression a examiné diverses catégories de moyens, dont l'éducation, le conseil, la simulation et la régulation des émotions[29].

28. Gröpel & Mesagno (2017).

29. Kent et coll. (2018).

Le résultat le plus pertinent était qu'un entraînement exposant les individus à une simulation de pression apportait de plus grandes améliorations de performance par rapport au groupe témoin. Les chercheurs en ont conclu que la simulation de performance sous pression permettait d'acquérir des compétences et une confiance spécifiques au contexte, et que cela développait des capacités d'adaptation dans un environnement contrôlé.

Enfin, une méta-analyse a été réalisée à partir de 14 études sur la formation par simulation dans le domaine du sport (10 études) et du maintien de l'ordre (4 études)[30]. Dans ces tests, la pression était obtenue par le biais du jugement (par exemple, l'évaluation par les entraîneurs), de la récompense (exemple, un prix en espèces) ou de gages (exemple, le perdant nettoie le vestiaire). L'analyse a montré qu'elle avait un effet positif, de modéré à important, sur les performances, ce qui suggère que les sportifs entraînés à la pression se débrouillaient mieux que les autres. Une très bonne nouvelle. L'entraînement à la pression semble efficace. Il modifie la relation des athlètes à la pression. Il leur permet de se dire : « Oui, la pression que je suis susceptible de subir dans ma partie n'est pas agréable, mais on peut s'y préparer, s'y acclimater et la contrôler[31]. »

Pratiqué régulièrement, l'entraînement à la pression peut apporter des résultats positifs, mais s'il est trop souvent utilisé, ses effets s'amenuisent. De rares séances sous forte pression, entre lesquelles s'intercaleraient des séances occasionnelles de rappel (comme les rappels de vaccin, si l'on veut), semblent constituer la meilleure combinaison possible.

---

30. Low et coll. (2021).

31. Fletcher & Arnold (2021).

Toutefois, la frontière est mince entre l'application délibérée, temporaire et intermittente d'une pression en vue d'accroître la capacité des athlètes en situation de forte pression, et son abus pur et simple[32]. Il est facile d'imaginer des entraîneurs justifiant des régimes d'entraînement excessivement durs sous prétexte d'entraînement à la pression, ce qui ne peut être toléré. Les personnes réagissent différemment à ce type d'entraînement. En fonction de l'âge, de l'expérience et de la personnalité, certains en bénéficieraient grandement quand d'autres en tireraient moins d'avantages, voire auraient du mal à le supporter, estimant même peut-être que cela sape leur confiance en eux, ce qui est exactement le contraire du résultat recherché[33]. Voilà pourquoi le dosage et le choix du moment sont essentiels[34]. Tout comme le consentement des personnes impliquées[35].

ENTRAÎNEMENT À LA PRESSION ET TIRS AU BUT

José Mourinho, qui a entraîné Harry Kane, le spécialiste des coups de pied arrêtés, à Tottenham de 2019 à 2021, a déclaré : « Harry décide quelques jours avant le match de la manière dont il va tirer le pénalty, et il passe ensuite 3-4 jours à s'y entraîner[36]. » Cette approche n'est pas propre à Kane.

32. Owusu-Sekyere & Gervis (2016).
33. Fletcher & Arnold (2021).
34. Stoker et coll. (2016).
35. Fletcher & Arnold (2021).
36. Talk SPORT (2021).

Tous les tireurs compétents avec qui j'ai discuté vantent l'utilité de s'entraîner aux tirs au but. Par exemple, quand j'ai demandé à Robert Lewandowski pourquoi il était si efficace au point de pénalty, il a simplement répondu : « La pratique. L'habitude de tirer des pénaltys plusieurs fois par semaine après l'entraînement. Tout le temps. Ma technique consiste à essayer toujours de trouver la meilleure solution. Corriger quelque chose ou me souvenir de ce que je dois faire. » Martin Ødegaard a dit quelque chose de semblable : « Je tire une à trois fois à l'entraînement, et si ce n'est pas tous les jours, c'est souvent. Ça fait en moyenne peut-être un pénalty par jour. Souvent après la fin de l'entraînement classique. Contre un gardien de but. » Lorsque Maren Mjelde m'a parlé de ce pénalty décisif en prolongation contre Lyon, elle a précisé : « La veille du match, j'avais tiré cinq pénaltys à l'entraînement, de cinq façons différentes, pour savoir avec laquelle j'étais le plus à l'aise. Le geste que j'ai fini par faire, je l'avais pratiqué la veille et j'avais aussi marqué. » C'est peut-être Celso Borges qui résume le mieux l'affaire : « Je n'ai jamais vu de bons spécialistes de tirs au but qui ne s'entraînaient pas. » C'est ce à quoi ils sont habitués. Les joueurs de ce niveau sont des athlètes de premier plan qui acquièrent compétence et confiance grâce à un entraînement quotidien.

Mais une grande question demeure : comment capitaliser sur cette expérience pour s'entraîner à la pression énorme qui va de pair avec les tirs au but ? D'une certaine manière, le simple fait de simuler une séance à l'entraînement agira comme un stimulus en matière de pression. Une telle simulation a été organisée pour l'équipe féminine de Norvège lorsqu'elle s'est préparée en vue de la Coupe du monde 2023, avant son départ pour la Nouvelle-Zélande. Afin d'augmenter la pression, nous avons fait savoir aux joueuses que leurs tirs seraient impitoyablement disséqués et analysés par des entraîneurs et des spécialistes. En tant que spécialiste des tirs au but, je me suis posté à côté du point de pénalty, pour exacerber chez les joueuses l'impression qu'elles étaient observées et jugées au moment où elles s'apprêtaient à tirer. Voici comment Maren Mjelde, la capitaine de cette équipe, décrit l'exercice : « Lorsque vous avez une séance de tirs au but à l'entraînement, votre rythme cardiaque s'accélère, parce que ce n'est pas vraiment agréable d'être placées l'une après l'autre sous les feux de la rampe. Vous faites ce que vous auriez fait en match. Votre prise de décision. Vos routines. Même s'il n'y a personne dans les tribunes et zéro conséquence, il faut bien répéter quelque part. J'en vois les avantages. Beaucoup d'équipes se retrouvant dans cette situation regrettent probablement de ne pas s'être mieux préparées, de ne pas avoir répété. »

Certains collectifs ont commencé à adopter des technologies très sophistiquées pour se préparer. L'entraînement avec neurofeedback de Liverpool en est un bon exemple. Elle consiste à effectuer des tirs au but à l'entraînement en étant connecté à un équipement qui mesure les ondes cérébrales avant et pendant le tir. Le fait de recevoir en temps quasi réel des informations sur leurs ondes cérébrales alors qu'ils sont sur le terrain permet aux joueurs de travailler activement à atteindre un état émotionnel optimal avant de tirer. C'est ce qu'explique Niklas Häusler : « Pendant notre entraînement, nous aidons les joueurs à entrer dans des fréquences cérébrales spécifiques et à y rester plus longtemps et plus profondément juste avant un tir au but ou un coup de pied arrêté. » La réalité augmentée est une autre technologie sans doute appelée à se développer. Dans une étude récente, l'entraînement aux pénaltys mené avec des gardiens holographiques pour travailler systématiquement la frappe dépendante du goal a donné des résultats positifs[37].

Qu'en est-il plus spécifiquement de la séance de tirs au but ? En 2012, nous avons publié une étude qualitative documentant l'expérience subjective de frappe d'un tir au but en Euro[38]. Sur la base des descriptions obtenues, les chercheurs ont établi un protocole en six étapes pour simuler et recréer ce type de pression dans un environnement d'entraînement. Ils ont ensuite testé jusqu'à quel point 16 footballeurs professionnels étaient affectés par cette simulation par rapport à un contexte témoin à faible pression[39].

La simulation à pression élevée impliquait 1) de marcher depuis la ligne médiane et d'y retourner après son tir, 2) de percevoir le bruit de la foule, 3) d'annoncer aux joueurs qu'ils étaient en compétition directe les uns avec les autres, avec classement à la fin, 4) de souligner que la vidéo de leur performance serait évaluée par l'entraîneur, 5) de montrer aux participants des cibles aléatoires à viser avant chaque tir, et 6) d'annoncer aux joueurs que le gardien de but serait informé de la direction du tir pour deux de leurs frappes. (En réalité, les points 3 et 4, la compétition directe et l'évaluation des entraîneurs, étaient bidon et n'ont pas été mis en œuvre. Pour ce test, ce qui importait était d'expérimenter les conséquences potentielles, plutôt que concrètes.)

Les résultats ont montré que les joueurs étaient bel et bien affectés par la simulation sous forte pression. Les tireurs de pénalty soumis à cette simulation de pression

37. Bloechle et coll. (2024).

38. Jordet & Elferink-Gemser (2012).

39. Ellis & Ward (2022).

ressentaient une élévation significative du niveau de stress, faisaient preuve d'une plus grande anxiété cognitive, d'une moins grande confiance en eux, étaient plus distraits et avaient une fréquence respiratoire plus élevée que lorsqu'ils tiraient dans des conditions témoins moins stressantes. Dans l'ensemble, ces résultats suggèrent que la simulation d'une séance de tirs au but peut effectivement avoir un impact psychologique prononcé sur les tireurs, identique aux effets d'une séance en conditions réelles.

En d'autres termes, contrairement à ce que prétendent les sceptiques, il est *possible* de reproduire la pression d'une séance de tirs au but à l'entraînement, du moins jusqu'à un certain point, probablement bénéfique pour les joueurs.

ENTRAÎNEMENT AUX TIRS AU BUT : L'HISTOIRE DU CANADA

L'équipe nationale féminine du Canada était huitième au classement mondial avant le tournoi de football des Jeux olympiques de 2020 à Tokyo, reporté d'un an par la Covid. Bien que leur sélectionneur, Bev Priestman, ait placé la barre très haut en évoquant la finale comme un objectif naturel, les attentes des autres étaient nettement plus pondérées avant la compétition. Et pour cause : sur ses 11 derniers matchs joués contre des nations du top 10, l'équipe comptait 8 défaites et 1 seule victoire.

Lors des phases de groupe des Jeux olympiques, 1 victoire et 2 nuls leur ont permis d'accéder de justesse aux matchs à élimination directe. L'équipe semblait au moins posséder une certaine résilience.

Cette équipe canadienne a alors réalisé l'un des plus grands exploits jamais vus en matière de tirs au but et de pénalty. Elle a commencé par battre le Brésil en quart de finale à l'issue d'une séance de tirs au but. Puis, en demi-finale, les joueuses ont rencontré les grandes favorites du tournoi, les Américaines. Le match était très serré et le score toujours de 0-0 à 15 minutes de la fin, lorsque le Canada a obtenu un pénalty. Jessie Fleming, 23 ans, se dévoue. But. Résultat final : 1-0. Les voilà en finale où elles affrontent la Suède. Menées au score jusqu'à la 67e minute, elles décrochent à nouveau un pénalty. Jessie Fleming s'avance cette fois encore. 1-1. Le match ira aux prolongations, pour se terminer finalement aux tirs au but. Au terme d'un duel au suspense insoutenable, marqué par de nombreux tirs ratés de part et d'autre, le Canada décroche le titre olympique, en grande partie grâce à son savoir-faire au point de pénalty.

Au jeu des tirs au but, les Canadiennes ont dominé tout le monde. Comment s'y sont-elles prises ? Y avait-il une recette secrète ? Ou n'était-ce que de la chance ?

Si l'on ne peut totalement exclure le facteur chance, notamment pour la finale, il y a aussi eu une recette. Lorsque je me suis entretenu avec Alex Hodgins, le préparateur mental de l'équipe, il m'a dit que les joueuses se préparaient depuis longtemps aux tirs au but : « Nous avons toujours eu ce qu'on appelait un protocole de tirs au but, explique Hodgins. Pendant huit ou neuf ans, nous avons élaboré un document évolutif que nous mettions continuellement à jour. Nous avions une stratégie pour les pénaltys et des scénarios pour les tirs au but. Et des protocoles pour les deux. »

Le Canada a continué à affiner ce plan au fil des ans, alors qu'il n'était guère soumis à des séances de tirs au but.

« Avant 2021, au cours des neuf années où j'ai travaillé avec l'équipe, nous n'avons participé qu'à une seule séance. Il s'agissait de la finale d'un petit tournoi, rien de significatif. Mais nous avons toujours veillé à nous préparer, au cas où. »

L'un des aspects sur lesquels ils se sont concentrés avec leurs joueuses était le temps écoulé entre le coup de sifflet de l'arbitre et la course d'élan.

« J'ai adoré la recherche sur le coup de sifflet et le temps d'attente. Les joueurs qui démarrent au quart de tour, je n'ai jamais aimé. Nous encouragions donc nos joueuses à ne pas réagir immédiatement au coup de sifflet, et à ne pas trop traîner non plus. À vraiment travailler ce point précis. »

Ils se sont ensuite attachés aux routines pré-tir des joueuses.

« Nous leur avons fourni des informations sur la routine. On a étudié des sportifs comme les botteurs de la NFL. Ils font quelques pas en arrière puis quelques-uns sur le côté. Personne n'avait la même tactique, mais nous voulions nous assurer que chacune avait son propre mode opératoire. C'est contrôlable dans un monde qui ne l'est pas du tout. »

Jessie Fleming, qui jouait pour Chelsea à l'époque, a frappé quatre fois aux Jeux olympiques : deux pénaltys et deux tirs au but, tous réussis. Pour chacun d'entre eux, sa routine est restée la même.

« Jessie faisait trois pas en arrière. Un sur le côté. Puis elle respirait, et elle se parlait intérieurement. Au coup de sifflet, ce que j'adore, c'est qu'elle prenait une autre grande inspiration. J'imagine que cette respiration décontenançait probablement un peu les gardiennes de but, habituées à ce que les tireuses réagissent rapidement. »

L'attention et l'accent portés par les entraîneurs canadiens sur le temps d'attente et les routines des tireuses avant la frappe ont, semble-t-il, aussi aidé leur propre gardienne.

« Ce que j'ai trouvé très intelligent, c'est que notre gardienne a retenu une grande partie des informations que nous donnions à nos tireuses, comme les délais, et qu'elle en a inversé le mécanisme. Lorsque le ballon arrivait au point de pénalty, elle s'y trouvait, puis reculait lentement, avec un grand sourire. Si j'avais été tireur, ça m'aurait d'emblée super énervé, et peut-être que ça a d'ailleurs déconcentré les tireuses adverses. Notre gardienne a fait un travail remarquable. Et elle a arrêté tellement de pénaltys. »

Cette stratégie s'est également étendue à la gestion des aspects collectifs d'une séance de tirs au but.

« Parmi les choses que nous avons faites, il y en a une... Nous avions une joueuse qui ne voulait pas tirer, mais qui était en quelque sorte le cœur et l'âme de l'équipe. Alors, elle a voulu être celle qui allait à la rencontre des tireuses après leur frappe. Qu'elles aient marqué ou non, elle les rejoignait à mi-chemin, afin qu'elles ne se sentent plus si seules. Ainsi, chacune avait l'impression de continuer à faire partie de quelque chose, et de ne pas se retrouver livrée à elle-même. Parce que c'est long, de parcourir cette distance en silence quand on est seul. »

Cela dit, la victoire canadienne tient tout de même à très peu de chose, en particulier en finale. Si la Suède avait réussi son cinquième tir au but, elle aurait été championne olympique. Ce tir a été effectué par une footballeuse extraordinaire, Caroline Seger, la joueuse européenne la plus capée de tous les temps, avec 221 matchs en équipe nationale. Stéphanie Labbé, la gardienne canadienne, a certainement essayé d'entrer dans sa tête en se positionnant à la limite de la surface de réparation, puis en mettant un temps fou à reculer jusqu'à sa ligne de but. Voyant la stratégie de Labbé, Seger lui a tourné le dos après avoir placé le ballon au point de pénalty, puis elle a couvert la distance correspondant à sa course d'élan et a dû attendre le coup de sifflet pendant plus de 15 secondes. Un intervalle extraordinairement long dans une séance de tirs au but. Au coup de sifflet, Seger a réagi très vite et envoyé le ballon bien au-dessus de la transversale. Raté. Le Canada reste dans la course.

À propos de ce tir, Seger dira plus tard : « J'étais sûre de marquer. La gardienne n'est même pas allée dans la bonne direction, mais le ballon s'est envolé. Après ça, c'est un peu comme si toute ma vie s'écroulait[40]. »

Deanne Rose, 22 ans, lui succède au point de pénalty. Elle tire pour maintenir le Canada dans le match. Reculant de la même manière que Jessie Fleming, sur le modèle des botteurs de la NFL, faisant de longs pas caractéristiques, indiquant une routine délibérée et bien revue, elle attend ensuite quatre secondes après le coup de sifflet. Un temps ni trop court ni trop long. Puis elle envoie le ballon dans la lucarne droite. C'est probablement le ballon le mieux frappé du tournoi, sous la pression la plus forte. Même si la gardienne suédoise a plongé tôt et du bon côté, aucun gardien au monde, homme ou femme, n'aurait pu arrêter ce tir. Le match s'est conclu sur les deux tirs suivants, véritablement haletants – un tir suédois raté et un tir canadien réussi, mais la performance de Rose demeure peut-être la plus grande démonstration par le Canada de la puissance des routines pré-tir. C'est également un témoignage irréfutable de la puissance de l'entraînement.

40. Berander et coll. (2021).

Car ce qui distingue avant tout l'approche canadienne dans la préparation des tirs au but, c'est l'entraînement que les joueuses ont pratiqué.

« Avant la séance de tirs au but de Tokyo, je dirais que nous avons fait quatre répétitions générales. Trois avant le début de la compétition. Puis une juste après la phase de groupe. »

Et comme cette approche était menée avec bon nombre des mêmes joueuses et sur de nombreuses années, elle a permis de recueillir des commentaires, d'apprendre et de s'adapter en conséquence.

« Je dirais que les réactions ont été excellentes. Avant la Coupe du monde 2019, nous avions organisé une répétition générale durant laquelle nous avons essayé de distraire les joueuses. Derrière le filet, quelques membres du staff tapaient sur des objets et entonnaient toutes sortes de chants au hasard. Nous trouvions que c'était une bonne idée, pour travailler la concentration. Mais une des joueuses s'est approchée et a dit : “Les gars, on comprend pourquoi vous faites ça, mais c'est tellement calme pendant une séance de tirs au but. Presque le silence. Alors, ça n'aide pas beaucoup.” Excellent retour d'information. Nous avons arrêté de faire du bruit et leur avons accordé ce long silence vraiment gênant. »

Cette approche impliquait également les entraîneurs et l'encadrement.

« Nous avons fait beaucoup de répétitions générales pour que le staff sache où se tenir, qui faisait quoi, afin que les rôles et les responsabilités soient clairs. »

L'un dans l'autre, l'approche de l'équipe canadienne pour les JO de 2021 a consisté à mettre en œuvre plusieurs thématiques issues de mes recherches, dont je parle dans ce livre. Mais le principal message à retenir est que, contrairement à l'idée si répandue dans le monde footballistique, il est possible de s'entraîner aux tirs au but et aux pénaltys. L'équipe féminine du Canada l'a prouvé en remportant une médaille d'or olympique.

CHAPITRE 6

GÉRER LA PRESSION

« Dans la vie d'aujourd'hui, il est essentiel d'être bon et de prêter attention aux gens qui travaillent avec vous, parce que ça les rapproche de vous ; sinon, ça les éloignera. Or on a plus que jamais besoin de beaucoup de contacts personnels. »

Lionel Scaloni, sélectionneur de l'Argentine

Lionel Scaloni, qui est né en 1978 à Santa Fe, en Argentine, a connu une carrière honnête, jouant principalement en Espagne et en Italie, avec une brève période en Premier League quand il a été prêté à West Ham United. Il faisait partie de l'équipe d'Argentine du Mondial 2006, même s'il n'a pas participé au quart de finale perdu aux tirs au but contre l'Allemagne. Sa carrière d'entraîneur a débuté au club espagnol de Séville, comme assistant de Jorge Sampaoli, qui l'a emmené avec lui lorsqu'il a pris les rênes de l'Albiceleste en vue de la Coupe du monde 2018 en Russie. À la suite des résultats décevants de l'Argentine à ce Mondial-là, Scaloni et Pablo Aimar ont succédé à Sampaoli en tant qu'entraîneurs intérimaires, arrangement qui a été prolongé pour aller jusqu'à la Copa América 2019. Cette décision n'a pas fait l'unanimité en Argentine, et Diego Maradona s'est fait particulièrement entendre dans le concert de voix qui s'est élevé contre la nomination de quelqu'un qui n'avait jamais été un grand joueur.

« Je ne veux pas de lui dans mon équipe, a déclaré Maradona. Il ne serait même pas capable de faire la circulation[1]. »

Une troisième place à cette Copa América n'a pas vraiment suffi à faire taire les critiques, mais Scaloni est resté et le vent a tourné lorsqu'il a emmené l'Argentine en finale de la Copa América 2021, que l'Albiceleste a remportée contre le Brésil, obtenant son premier trophée depuis 28 ans. Dès lors, les gens se sont davantage intéressés à Scaloni et se sont demandé quel genre de personne c'était. Il donnait dans les interviews l'impression d'une extrême humilité, à l'opposé de ce que l'on pourrait attendre du titulaire d'un tel poste. « Le jour où j'ai été confirmé à la tête de l'équipe nationale, a-t-il déclaré un jour, on m'a dit qu'à partir de maintenant, j'allais être la personne la plus importante d'Argentine... C'est fou. Honnêtement, ça ne m'intéresse pas. Il y a une vie en dehors du football. La famille et les amis. Je ne pense pas être plus ou moins important parce que je suis sélectionneur. Je suis l'entraîneur d'un groupe de footballeurs et voilà tout[2]. »

Le Mondial 2022 a commencé on ne peut plus mal pour l'Argentine de Scaloni. Lors du match d'ouverture, elle s'est inclinée 2-1 face à l'Arabie saoudite, dans une

1. Tribuna (2019).

2. Noticias & Protagonistas (2022).

défaite qualifiée de plus grande surprise de l'histoire de la Coupe du monde[3]. Et puis les choses ont pris une autre tournure. Une vidéo a été diffusée ultérieurement montrant Scaloni dans une voiture juste après le match contre l'Arabie saoudite, il s'adresse vraisemblablement à l'un de ses collaborateurs.

« C'est bien de savoir qu'on peut perdre. Primo, parce que ça fait un paquet d'années qu'on n'a rien gagné. Deuxio, parce que ça façonne notre jeu et notre faculté à apprendre... Si après ce coup sur la tête, on se relève... mon pote, rien ne pourra nous arrêter[4]. »

Scaloni entraîne des hommes, il ne gère pas seulement des joueurs. Ángel Di María, l'un des principaux membres de son équipe, le décrit ainsi : « C'est notre père, le capitaine du navire. C'est quelqu'un de très affectueux, très attaché au joueur. » Les experts argentins en leadership surnomment Scaloni « le leader paisible[5] ». D'autres le qualifient de leader « féminin[6] ». Voilà des étiquettes rarement appliquées aux entraîneurs de foot. Et pourtant, l'impact de son style de gestion n'a peut-être jamais été aussi fort et évident que lors de la finale du Mondial 2022 contre la France, quand il a amené son équipe à traverser les conditions de pression extrême des tirs au but.

Lorsque le coup de sifflet marquant la fin de la prolongation a retenti, les joueurs argentins avaient toutes les raisons de se sentir découragés. Quelques instants auparavant, ils étaient sur le point d'être sacrés champions du monde – 3-2 à trois minutes de la fin des prolongations.

3. Phillips (2022).

4. All about Argentina (2024).

5. Noticias & Protagonistas (2022).

6. Chiatorrini (2022).

La Coupe leur tendait les bras. Mais les Français ont déboulé dans la surface de réparation de l'Argentine et Mbappé a frappé un tir croisé. Main argentine. Pénalty. Mbappé n'ayant pas flanché au point de pénalty, les prolongations se terminent sur un 3-3. C'est parti pour les tirs au but. Pour l'Argentine, tout est à refaire.

Après le coup de sifflet, Scaloni reste assis sur le banc de touche pendant 30 secondes, à discuter avec un assistant. Puis il se lève et se dirige vers le terrain, incitant du geste les traînards qui reviennent épuisés vers la ligne de touche : « Allez ! Dépêchez-vous ! » Il se place au milieu des premiers arrivés et se penche, les mains sur les genoux, tandis que les autres font cercle autour de lui.

Certains joueurs boivent de l'eau, d'autres se tiennent voûtés, tête basse, d'autres encore posent une main sur le dos d'un coéquipier en signe de soutien. Personne ne parle. Tous sont fourbus. Beaucoup d'entre eux sentent probablement la pression monter. Dans quelques minutes, ils vont retourner sur le terrain pour frapper des tirs au but, avec la Coupe du monde en ligne de mire. Tous le savent : il n'y a rien de plus extrême que cela.

Un joueur semble particulièrement désemparé : Gonzalo Montiel, le défenseur latéral droit. À voir son langage corporel, on dirait qu'il est en deuil, ou plutôt qu'il est à son enterrement. Cela peut se comprendre, c'est lui qui a commis la faute de main offrant à la France le pénalty de la dernière chance. Il doit se sentir responsable de la situation.

Scaloni parle à ses joueurs de manière extrêmement concise – moins de 10 secondes. Aucune émotion visible. Puis il se redresse et quitte le cercle, laissant un moment aux joueurs pour réfléchir et se ressaisir seuls. Lorsque Scaloni s'éloigne, Luis Martín, le préparateur physique, qui observait le groupe, se dirige aussitôt vers lui et lui chuchote quelques mots à l'oreille. Dans la foulée, Scaloni revient d'un pas ferme vers les joueurs, les yeux rivés sur Gonzalo Montiel.

Comme Montiel est placé de l'autre côté du groupe, il faut environ 12 secondes à Scaloni pour l'atteindre. Il lui donne alors une solide bourrade de l'épaule, puis lui adresse un ou deux mots très rapides, auxquels le joueur répond par un minuscule signe de tête. Sur quoi Scaloni repart, laissant un Montiel manifestement encore bouleversé. Le coup d'épaule affectueux n'a pas suffi. Mais Scaloni veille. Tout en faisant les cent pas autour du groupe de joueurs, il garde constamment un œil sur Montiel. Au bout d'une quinzaine de secondes, il se penche à nouveau vers le défenseur, le prend par l'épaule, lui murmure quelques mots à l'oreille tout en se cachant la bouche de son autre main, puis il s'éloigne après lui avoir donné une tape de soutien sur le torse. On a su par la suite que Scaloni a, à ces deux occasions, demandé à Montiel s'il était prêt à participer aux tirs au but, ce à quoi le joueur a répondu par l'affirmative la seconde fois.

Ensuite, Scaloni reprend immédiatement position au milieu de ses joueurs. Il les invite à se pencher à nouveau et prononce un autre petit discours. Celui-ci est plus émotionnel que le premier, accompagné d'un visage résolu et scandé par des mouvements de la main. Il est aussi un peu plus long, mais pas de beaucoup : au total, seulement 15 secondes. Et c'est tout pour les consignes. Aucune autre information n'est communiquée au groupe.

Mais, une fois encore, alors que le sélectionneur sort du cercle, l'un de ses assistants, cette fois Walter Samuel, le rattrape et lui chuchote quelque chose à l'oreille. Scaloni réagit aussitôt : il se redresse et se fraie un chemin à travers un groupe de joueurs pour atteindre Emi Martínez, le gardien. Une accolade, deux ou trois mots de soutien, et le goal est prêt à y aller. Les joueurs argentins se dirigent alors vers le rond central et prennent leur place.

Avant de décortiquer ce qui va se passer là-bas, voyons ce qui s'est passé pendant cette phase dans le camp français. Au coup de sifflet final, la France a des raisons d'être à la fois soulagée et déçue. Soulagée parce qu'elle a été menée 0-2 et 2-3, et que les pénaltys de Mbappé lui ont permis de rester en lice alors que la Coupe du monde semblait lui échapper. Mais aussi déçue parce qu'après cela, à quelques secondes de la fin, seul le pied tendu d'Emi Martínez a empêché Randal Kolo Muani de réaliser un étonnant retournement de situation et de voler complètement la victoire. Mbappé ne cache d'ailleurs pas sa frustration. Au coup de sifflet, il se prend la tête dans les mains et lance un tonitruant : « Putain ! » Il passe ensuite 10 secondes penché en avant, les mains sur les genoux, avant qu'un coéquipier ne lui tende la main et qu'il se dirige lentement vers la ligne de touche.

Lorsque Mbappé rejoint le groupe français, Didier Deschamps, le sélectionneur, suivi de près par Guy Stéphan, son adjoint, s'adresse tout de suite à lui. Deschamps parle en se masquant la bouche de la main. L'échange dure environ 15 secondes avant qu'ils se séparent. Mbappé tirera en premier.

Deschamps et son assistant se dirigent ensuite vers Kingsley Coman, à côté de qui se tient Aurélien Tchouaméni. Deschamps parle, Stéphan, qui reste à portée de main, prend des notes. On demande quelque chose à Coman : il y a un rapide échange et un hochement de tête. Coman tirera en second.

Pendant ce temps, Tchouaméni boit à sa bouteille, le regard dans le vide. Deschamps se tient à 30 centimètres de lui. Dans un premier temps, le sélectionneur se détourne, puis revient à lui et le regarde. Il fait ensuite un demi-tour complet, dit quelque chose à Stéphan et se tourne à nouveau vers Tchouaméni pour l'observer. Apparemment toujours pas décidé, Deschamps fait un tour complet sur lui-même pour scruter tout le groupe de joueurs, avant de finalement revenir à Tchouaméni pour la troisième fois. Enfin, il lui pose la question. Tchouaméni sera le tireur numéro trois.

Pendant ce drame silencieux mais légèrement douloureux, Kolo Muani se tient à l'extérieur du cercle, face à ses coéquipiers, à environ sept mètres de distance. Tous les membres du cercle semblent faire quelque chose – étreindre un coéquipier, prononcer des paroles galvanisantes, taper dans ses mains ou chercher du regard quelqu'un à aider ou à soutenir. Kolo Muani, lui, reste immobile, en silence. Il ne dit pas un mot, se contentant de regarder calmement un point très haut dans les tribunes – loin de Deschamps, à qui il jette tout de même un regard de temps à autre, conscient qu'une question peut lui être posée et qu'il sera probablement invité lui aussi à prendre part à l'événement extrême et décisif sur le point de se dérouler.

Son intuition est la bonne. Après un nouvel échange avec Stéphan et ses notes, Deschamps marche vers lui. Kolo Muani l'a senti, car il reporte toute son attention sur son entraîneur en train de s'approcher. Ce dernier avance d'un pas hésitant et indécis, tout en regardant autour de lui à la recherche d'autres joueurs. Il lui faut sept secondes pour parcourir cinq mètres, pendant lesquelles il ne jette pas moins de sept regards circulaires. Lorsqu'il arrive près de Kolo Muani, la question fuse. Un regard, un signe de tête, quelques mots, et c'est tout. Kolo Muani, comme Tchouaméni avant lui, accepte la proposition apparemment improvisée, impersonnelle et peut-être même, selon les apparences, peu convaincue de son boss. Il sera le tireur numéro quatre.

Toute cette affaire dure près de deux minutes à partir du coup de sifflet final. Les joueurs français semblent impatients, tandis qu'ils font cercle autour de Deschamps et de son assistant. Le groupe est mûr pour des paroles de dernière minute de la part de son entraîneur, et Deschamps s'exécute. Tout en consultant continuellement Stéphan et son bloc-notes, il s'est accroupi et prononce un discours de 30 secondes, plein de gestes et d'émotion. Puis il se relève, certains joueurs frappent des mains et le groupe se sépare.

Deschamps a mis deux minutes et demie pour conclure la préparation finale de son équipe à la phase décisive du plus grand match du football mondial. Un temps en grande partie consacré à la localisation, à l'approche et à la confirmation des tireurs. C'est le jour et la nuit par rapport à l'Argentin Scaloni. Ce dernier avait sûrement un plan clair et préétabli, de sorte qu'il y avait très peu d'informations à transmettre à l'équipe à ce moment-là de pression, et la communication en a été brève – juste ces deux discours, courts, presque staccato. Les rôles des joueurs ont paru rapidement confirmés, voire déjà connus. À ce stade de notre description, il faut rappeler que l'Albiceleste avait déjà, contrairement aux Français, participé à une séance de tirs au but dans le tournoi, lors du quart de finale contre les Pays-Bas : cela peut avoir constitué une sorte de répétition générale pour eux. Néanmoins, les questions logistiques cruciales ayant été réglées au préalable, Scaloni a pu se concentrer sur deux objectifs : 1) faire passer les informations tactiques nécessaires de manière efficace, lors d'interventions brèves et percutantes, et 2) gérer et soutenir ses joueurs dans leurs besoins psychologiques. Il a de fait passé la majeure partie de son temps disponible à s'occuper de Montiel, celui qui avait probablement le plus besoin de son appui à ce moment-là.

En outre, ses assistants ont joué le rôle d'yeux et d'oreilles supplémentaires, en se concentrant aussi sur les aspects émotionnels : « Ce joueur a besoin de soutien », « As-tu parlé à ce joueur ? ». Il y a donc eu délégation de tâches, mais elle concernait la collecte d'informations. Les joueurs, eux, n'ont entendu qu'une seule voix, celle de l'autorité suprême, à savoir l'entraîneur.

Scaloni a souvent expliqué – comme dans la citation qui inaugure ce chapitre – à quel point son style de gestion était axé sur l'individu. Toutefois, ce principe est souvent plus facile à énoncer qu'à appliquer. À ce moment-là de la finale du Mondial, nous avons vu Scaloni mettre ces paroles en actes, et cela dans des conditions de pression parmi les plus élevées que le sport puisse produire. Ces quelques minutes de pause avant les tirs au but constituent à bien des égards une leçon parfaite et réaliste sur l'exercice du leadership en situation de pression élevée et fournissent aussi une liste des pratiques clés pour gérer une équipe dans des conditions de stress extrême, à savoir :

- Une préparation minutieuse ;
- La prise en amont du maximum de décisions clés, ce qui permet à l'instant T de se concentrer sur la gestion émotionnelle de son équipe, et la sienne propre ;
- Une communication concise et efficace ;
- L'aptitude et la disposition à recevoir les commentaires ;
- La souplesse et la célérité à communiquer efficacement avec ceux qui en ont le plus besoin dans l'instant.

Lors de la séance de tirs au but, l'Argentine a marqué ses quatre tirs au but et son gardien, Emi Martínez, est devenu un héros grâce à ses deux arrêts. Côté français, Mbappé et Kolo Muani ont transformé leurs tirs, tandis que Coman et Tchouaméni, choisi après bien des hésitations, ont manqué les leurs.

Et Gonzalo Montiel, si mortifié, qui préoccupait tant Scaloni entre ses deux petits discours ? Qu'en est-il du joueur portègne qui avait offert le pénalty égalisateur à la France après sa faute de main, celui à qui Scaloni a consacré une bourrade et ces cinq secondes de consultation privée au moment le plus bas et le plus tendu de sa carrière ?

Eh bien, Montiel a marqué le quatrième et dernier tir au but de l'Argentine, devenant celui dont le tir restera à jamais dans les annales du football comme LE tir qui a permis à l'Argentine de remporter la Coupe du monde 2022, sa première victoire depuis 1986.

LE LEADERSHIP SOUS PRESSION

Les tirs au but ne sont pas aussi rares qu'on le croit. Dans les phases à élimination directe des grands tournois, 20 % à 30 % des matchs font l'objet d'une séance de tirs au but. À partir de 2026, les équipes en finale de la Coupe du monde joueront leur cinquième match consécutif à élimination directe dans ce tournoi. La probabilité qu'au moins l'un d'entre eux se termine aux tirs au but est relativement élevée. Ainsi, lorsque les entraîneurs communiquent, avant un match à élimination directe, qu'ils ont choisi de préparer dans l'optique d'une victoire dans le temps réglementaire, et non aux tirs au but, cela ne paraît pas seulement amateur, cela va à l'encontre des pronostics.

Les chercheurs qui s'intéressent au leadership en situation extrême (contexte militaire ou médical, maintien de l'ordre, lutte contre les incendies, gestion de crises, etc.) définissent un événement extrême comme un « épisode ou un événement anodin susceptible d'entraîner des conséquences physiques, psychologiques ou matérielles considérables et intolérables pour les membres de l'organisation[7] ». Pour moi, cela ressemble bien à une séance de tirs au but. Les dirigeants jouent un rôle essentiel en veillant à ce que leur structure soit préparée à de tels événements. Une partie de cette préparation consiste à dépasser la tendance humaine à penser « ça ne peut pas nous arriver ». Un dirigeant se doit de prendre en compte toutes les possibilités, il se doit de planifier et de se préparer, même aux scénarios en apparence les moins probables.

Il existe ce que j'appellerais une « crise du comportement » dans le domaine de la psychologie académique, un champ que la recherche ignore largement depuis des décennies, celui des comportements authentiques en situation réelle[8]. Il y a des dizaines d'années qu'on accumule une montagne de documentation sur les perceptions, les souvenirs et les convictions des gens concernant les situations de haute pression, mais très peu d'observations objectives sur ce que les gens *font* réellement dans ces situations. On rencontre le même problème dans la recherche sur le leadership. L'examen récent de 214 études sur le comportement des dirigeants montre que moins d'une sur cinq inclut des données chiffrées sur ce qu'elles prétendent

7. Hannah et coll. (2009).

8. Baumeister et coll. (2007) ; Dolinski (2018).

examiner : les comportements réels des dirigeants[9]. En outre, à peine 3 % des variables examinées dans ces études sont comportementales – le reste concerne généralement la prise de conscience et l'évaluation des comportements. Il en va de même dans la recherche sportive. Un examen de 610 études sur le coaching sportif a montré que moins d'une sur cinq comportait dans sa méthodologie une observation des comportements réels[10]. Ce qui veut dire fondamentalement qu'on dispose de peu d'éléments sur ce que font réellement les entraîneurs sportifs pendant l'entraînement et la compétition.

Ce manque d'informations se retrouve évidemment dans les tirs au but. Il n'existe pas une seule étude publiée sur le comportement des entraîneurs avant ou pendant les tirs au but. D'une certaine manière, ce n'est pas tellement étonnant. En dehors de plans occasionnels, les réalisateurs de télévision se concentrent rarement sur les entraîneurs et l'encadrement pendant les tirs au but, de sorte qu'il est très difficile d'étudier leurs comportements à partir de vidéos télédiffusées accessibles au grand public, aussi ne disposons-nous que d'une documentation rare et inadaptée. Cela signifie que les experts, les supporters, et même les professionnels, ont tendance à ne pas accorder beaucoup d'attention à ces domaines.

J'ai réussi à accéder à des vidéos d'amateurs de chacune des cinq séances de tirs au but du Mondial 2022. Ces séquences montrent tout ce qui s'est passé sur le terrain sous plusieurs angles, sans coupe, et même des gros plans sur les joueurs des deux équipes. Cela m'a au moins permis des observations systématiques sur ce que font exactement

9. Banks et coll. (2023).

10. Gilbert & Trudel (2004).

les entraîneurs durant les deux à trois minutes dont ils disposent pour communiquer avec leur équipe et la soutenir juste avant les tirs au but[11].

Qu'ai-je constaté ?

Eh bien, une chose saute immédiatement aux yeux : lors d'une séance de tirs au but de Mondial au XXIe siècle, personne ne manque d'eau. Des bouteilles d'eau, il y en avait à revendre, à chaque fois, pour chaque équipe. De même pour les serviettes, les compléments énergétiques, les massages... Des hordes de médecins, kinés et assistants semblaient être instantanément à la disposition des joueurs pour leur offrir tout ce dont leur corps avait besoin. Le football de très haut niveau semble vraiment maîtriser le soutien physiologique.

Côté soutien psychologique, en revanche... on peut dire qu'il y a place à l'amélioration.

FAIRE PASSER LE MESSAGE

Dans le cas de la France contre l'Argentine, nous avons vu comment un entraîneur prenait un temps relativement long pour arrêter des décisions logistiques et tactiques, puis les communiquer à son équipe (Deschamps), et comment un

11. Gérer des individus et communiquer avec eux est exceptionnellement complexe, bien sûr, et loin de moi l'idée que je suis sur le point d'identifier un style unique de gestion sous pression qui fonctionnera avec tous les managers et tous les groupes, à tous les niveaux, dans toutes les cultures et dans toutes les situations. De plus, l'échantillon est trop étroit (cinq séances de tirs au but, mais seulement huit entraîneurs et équipes différents, car l'Argentine et la Croatie ont participé à deux séances chacune).

autre faisait part de ses plans et décisions de manière bien plus expéditive (Scaloni).

La mesure du temps que chacun des 10 sélectionneurs impliqués dans les séances de tirs au but du Mondial 2022 a mis pour donner ses instructions tactiques et logistiques a permis de dégager un schéma très clair (voir le diagramme ci-dessous) : les équipes qui y ont consacré le moins de temps ont remporté la séance de tirs au but. Celles qui ont pris plus de temps ont perdu. Sans exception. Et la différence était assez nette : même l'équipe gagnante ayant pris le plus de temps (le Maroc) en avait consacré moins que l'équipe perdante ayant été la plus brève dans son passage de consignes (la France).

TEMPS CONSACRÉ AU PASSAGE DES CONSIGNES APRÈS LES PROLONGATIONS

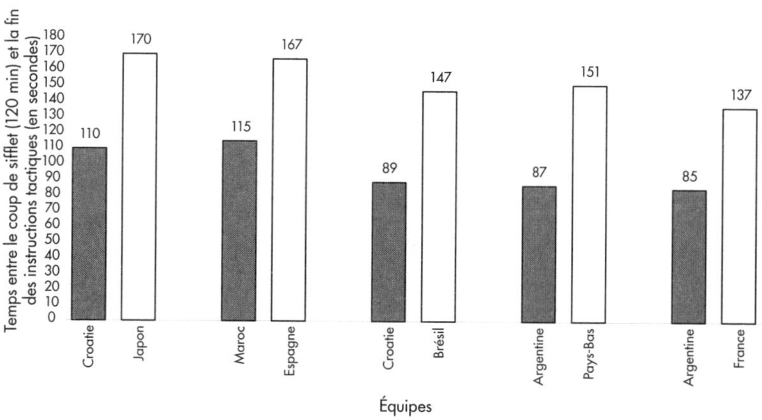

Les cinq séances de tir au but de la Coupe du monde 2022

Devant ces observations, une première interprétation logique s'impose : les équipes qui ont transmis le plus rapidement leurs consignes sont aussi celles qui avaient le plus ou le mieux préparé les tirs au but. Si vous avez arrêté avant le match la plupart de vos décisions concernant le choix des joueurs, les tirs et la tactique, il vous sera plus facile d'être succinct le moment venu. Pour preuve, l'Argentine qui affiche les deux passages de consignes les plus rapides, celui contre la France étant le plus court devant celui contre les Pays-Bas. Cela dit, concernant le match contre la France, les Argentins avaient eu le luxe de traverser précédemment dans le tournoi une épreuve de tirs au but, ce qui a pu accroître leur efficacité la seconde fois. Il s'est passé la même chose pour la Croatie, qui a gagné plus de 20 secondes sur son temps de consignes la seconde fois (contre le Brésil) par rapport à la première (contre le Japon). Cela signifie clairement que, comme on ne dispose pas toujours d'une séance de tirs au but pour s'exercer en amont, il est judicieux d'organiser des matchs d'entraînement avec tirs au but ou de procéder à des simulations réalistes de tirs au but incluant le passage de consignes de l'entraîneur et de l'encadrement.

D'un autre côté, certaines équipes qui semblaient avoir un plan prédéfini ont mis plus de temps à l'exécuter. Par exemple les Pays-Bas, qui ont perdu contre l'Argentine. Lorsque les joueurs sont arrivés sur la ligne de touche, Louis van Gaal est passé relativement vite d'un joueur à l'autre pour demander/confirmer qui allait tirer. Frans Hoek, l'entraîneur des gardiens, semblait avoir une responsabilité supplémentaire pour les tirs au but. Lorsque le groupe s'est finalement rassemblé, Hoek a visiblement lu au groupe 11 noms figurant sur le papier qu'il tenait à la main. Très probablement l'ordre de passage de tous les tireurs possibles – un choix très minutieux, si c'est le cas, parce que la plupart des équipes ne prévoient généralement que les cinq premiers, tout au plus six ou sept joueurs. Jusqu'ici, tout va bien.

Cependant, une discussion musclée s'est ensuivie entre entraîneurs et joueurs : Frenkie de Jong et Davy Klaassen, notamment. Van Gaal a également émis une remarque, à laquelle Hoek et Danny Blind, son entraîneur adjoint, ont paru s'opposer, ou qu'ils ont du moins discutée. Cet échange choral a duré 40 secondes, une éternité, jusqu'à ce que joueurs et encadrement cassent le cercle et se dispersent tout en s'encourageant sporadiquement. Il est tentant de se demander si le style typique (ou stéréotypé) du management à la néerlandaise, consistant à donner la parole à tout le monde, n'a pas compliqué le choix des joueurs et des tactiques. Les Néerlandais sont connus pour leur structure très souple, où statut et titres sont considérés comme inutiles, où personne ne suit aveuglément, où chacun parle franchement et sans détour, et où tout le monde veut être impliqué[12]. Résultat, la discussion entre les joueurs et les entraîneurs a pris beaucoup de temps. Temps pendant lequel les Argentins avaient vite fait, bien fait, ce qui a peut-être induit un sentiment de panique chez les Oranje, car voir à côté d'eux l'Albiceleste rompre le cercle les incitait à se dépêcher de terminer. Van Gaal a certainement manqué d'une marge de temps supplémentaire pour apporter un soutien individuel à ceux qui en avaient besoin.

Il y a d'autres avantages potentiels à faire court lors des passages de consignes de dernière minute dans des situations de forte pression. Premièrement, la simplicité, la clarté et l'absence d'ambiguïté ont leurs propres vertus. Aucun entraîneur ne souhaite noyer ses joueurs sous des

---

12. Crossculture2go (2024).

plans et d'ultimes instructions susceptibles de tout compliquer, de semer le doute, d'interférer avec les processus de préparation individuelle, et d'inciter à trop réfléchir.

Deuxièmement, des communications précises et succinctes peuvent favoriser le sentiment de contrôle, en donnant aux joueurs l'impression rassurante d'un plan solide et d'une stratégie claire. L'Argentine constitue à nouveau un excellent exemple à cet égard. Pour les deux séances de tirs au but, Scaloni a manifestement mené une opération de communication incroyablement fluide et bien huilée, donnant à tous les participants l'impression que la personne en charge savait ce qu'elle faisait. Même si cette impression donnée par Scaloni n'avait été qu'une illusion (ce que je ne crois pas), elle aurait été utile : la simple image d'ordre et de contrôle émanant du responsable peut avoir un impact positif sur les exécutants dans une situation de forte pression.

Enfin, une communication rapide libère du temps pour d'autres choses, notamment le soutien émotionnel, ce qui n'est pas rien, comme nous l'avons vu dans les échanges entre Scaloni et Montiel. Si l'on accorde trop de temps à l'expression de groupe, il n'y a plus d'espace pour le reste.

FAIRE LES BONS CHOIX

Comment les sélectionneurs communiquent-ils à l'équipe la liste des joueurs lors d'une séance de tirs au but ? Très souvent, ils combinent sélection et communication de la sélection en demandant ouvertement des volontaires. Plusieurs entraîneurs de la Coupe du monde 2022 ont utilisé cette approche, y compris deux des équipes gagnantes :

la Croatie et le Maroc. Dans ces deux cas, les sélectionneurs, respectivement Zlatko Dalić et Walid Regragui, ont réuni leurs groupes en cercle autour d'eux et ils ont dû poser une question du genre « Qui veut en tirer un ? », car on peut voir les joueurs lever la main ou le doigt, l'un après l'autre, et les entraîneurs répondre en levant leurs propres doigts pour indiquer la position du tireur dans l'ordre de passage. Était-ce spontané ou bien la répétition de quelque chose que les joueurs concernés connaissaient déjà dans une certaine mesure ? Difficile à dire. Cependant, les tireurs semblaient au minimum déjà informés, car les mains se levaient rapidement, et à aucun moment il n'y a eu de confusion ou de désaccord visible. Au contraire, tout s'est déroulé de manière assez efficace.

Parmi les équipes perdantes, c'est aussi la stratégie choisie par le Japon. L'entraîneur, Hajime Moriyasu, a clairement demandé des volontaires, ce qui a provoqué un moment de flottement collectif. Moriyasu y répond en écartant les bras. Geste de frustration à l'égard de ses joueurs non volontaires, ou signe montrant qu'il était ouvert à n'importe quel candidat ? Ou bien les deux ? En tout cas, Takumi Minamino lève la main pour devenir le tireur numéro un, et quelques secondes plus tard, Kaoru Mitoma fait de même, devenant le numéro deux. Après ces deux joueurs, les plus renommés de l'équipe, il a fallu un certain temps pour que d'autres se manifestent. Il y a même un moment, gênant, où personne ne bougeant, l'un des remplaçants désigne un coéquipier, comme pour le nommer. Ainsi, pour le Japon, la méthode du volontariat s'est révélée plus lente et maladroite que pour les deux équipes mentionnées précédemment. Lors de la séance de tirs au but, Minamino et Mitoma ont tous deux raté, ainsi que Maya Yoshida, ce qui fait que le Japon n'a réussi qu'un seul tir au but sur quatre. Après la Coupe du monde, ce système de nomination « à main levée » a été largement débattu au Japon, et Moriyasu a annoncé qu'il procéderait différemment la prochaine fois : « Les joueurs qui échouent s'en veulent et sont blessés, alors à partir de maintenant, c'est moi qui déciderai[13]. »

L'Espagne et son entraîneur, Luis Enrique, ont également fait appel à des volontaires, mais d'une manière très inhabituelle. Enrique a choisi les trois premiers tireurs, puis a laissé aux joueurs, en tant que groupe, le soin de sélectionner les autres[14]. Ce jour-là, le capitaine était Sergio Busquets. Après avoir été désigné par Luis Enrique pour tirer en numéro trois, il s'est vu remettre le papier et le stylo du coach, à charge pour lui de trouver les deux derniers tireurs. Voilà une bien lourde tâche à confier à un joueur qui s'apprête à effectuer le tir peut-être le plus important de sa vie, surtout lorsque ce joueur n'est pas un tireur expérimenté. (Busquets ne tire jamais de pénalty, mais il avait participé à la grande séance de tirs au but contre la Suisse lors de l'Euro 2021, séance durant laquelle il avait raté son tir.) En outre, bien qu'il fasse partie de l'équipe d'Espagne depuis un moment déjà, il ne pouvait pas se prévaloir d'une longue expérience en tant que capitaine de la Roja, n'en portant le brassard que depuis la fin du mois d'octobre 2020. Quoi qu'il en soit, Busquets a relevé ce défi peu charitable, il a rassemblé l'équipe et a utilisé la méthode la plus simple pour compléter la liste : demander des volontaires. Heureusement, Aymeric Laporte et Pedri González se sont rapidement dévoués. Malheureusement pour l'Espagne, les trois joueurs choisis

13. Yomiuri (2023).

14. Quaile (2022).

par Enrique, y compris Busquets, ont manqué leurs tirs, de sorte que les deux tireurs volontaires n'ont jamais eu l'occasion de montrer ce qu'ils savaient faire.

Je n'ai jamais trouvé beaucoup d'avantages à la méthode du volontariat, ce que j'ai écrit dans plusieurs articles[15]. Selon toute vraisemblance, les entraîneurs choisissent cette voie parce qu'ils trouvent important que les tireurs veuillent tirer, et que c'est un moyen de s'assurer un groupe de participants consentants. J'en soupçonne également certains de procéder ainsi parce que c'est plus pratique et plus facile pour eux. Cependant, lorsque l'entraîneur demande publiquement, devant tout le groupe, des volontaires, cela crée une situation sociale qui se traduit dans la pratique par un amalgame de conséquences négatives involontaires :

1. Les joueurs que l'entraîneur amène à se porter volontaires ne seront pas nécessairement ceux qui veulent vraiment tirer, mais des joueurs qui estiment de leur responsabilité de le faire. Or, ceux qui pensent cela et qui osent lever la main ne sont pas forcément les meilleurs tireurs.
2. Un joueur qui lève la main clame également, haut et fort : « J'assume la responsabilité de ce tir ! » Ainsi, lorsqu'un entraîneur demande des volontaires, il leur transfère dans les faits la responsabilité (et la pression). Or on sait, grâce aux nombreuses démonstrations développées dans les chapitres précédents, que plus de pression sur les épaules des joueurs se traduit par moins de tirs réussis. L'entraîneur doit s'efforcer d'alléger la pression des joueurs, et non de l'accroître.
3. Lorsque l'entraîneur demande des volontaires, cela revient à clairement montrer et communiquer qu'il

15. Jordet & Elferink-Gemser (2012) ; Furley et coll. (2020).

n'y a pas de ligne directrice pour la séance de tirs au but, à part faire appel aux bonnes volontés.

4. Demander aux joueurs non seulement d'estimer s'ils sont prêts à tirer, mais aussi de le faire savoir au groupe et ensuite de se placer devant les autres dans la file d'attente, c'est ajouter un poids important à leur charge cognitive en ce moment crucial. En posant cette question, l'entraîneur crée une situation sociale complexe, imprévisible et incertaine, à un moment où les joueurs ont besoin d'une direction simple et prévisible.
5. Quand personne ne se porte volontaire (comme dans le cas du Japon, apparemment), la situation ne se limite plus seulement à un défi logistique, cela devient un défi psychologique plus profond. Tout le monde voit que personne ne veut y aller, ce qui peut facilement créer une atmosphère pessimiste, anxiogène et délétère dans un groupe. Car si la volonté de prendre des risques est contagieuse (cela a été prouvé dans d'autres contextes)[16], il est probable qu'*a contrario* le fait de voir des coéquipiers *refuser* de se risquer à tirer rende les autres plus réticents à s'engager, et déclenche possiblement une réaction d'évitement et de l'angoisse.

Hope Powell, sélectionneuse de l'équipe féminine d'Angleterre lors de la Coupe du monde 2011, a opté pour le volontariat lors de la séance de tirs au but contre la France, et elle s'est heurtée à ce problème : « J'ai dû demander trois fois des volontaires avant qu'une seule joueuse lève la main.

16. Mavletova & Witte (2016).

Je n'en revenais pas. Ohé, où êtes-vous[17] ? » Elle a fini par obtenir ses cinq joueuses, mais c'est finalement la France qui a remporté la séance. Lorsque j'ai abordé le sujet avec elle, Powell avait complètement revu son approche quant à la manière de procéder à la sélection et à la désignation des joueuses pour une séance de tirs au but : « Surtout ne pas demander de volontaires ! Dans un moment de pression, il ne faut pas croire que les gens vont s'engager, généralement ils font trois pas en arrière. » Fondamentalement, elle a reconnu s'être trompée sur ses joueuses en 2011 : « Dans la même situation, je ferais un pas en avant. Donc j'ai supposé que ce serait facile pour les autres de faire pareil, ce qui était une erreur. » Elle conclut : « Je dois assumer la responsabilité de ne pas avoir préparé les joueuses comme elles auraient dû l'être. Je n'aurais pas dû demander des volontaires. » Si elle devait diriger une équipe dans une nouvelle séance de tirs au but, elle établirait une liste avec un ordre des tireuses basé sur les statistiques à l'entraînement – « qui a marqué le plus et qui n'a pas marqué » – et elle s'entretiendrait à l'avance avec les footballeuses pour savoir si elles se sentent prêtes à le faire : « Il faut que les joueuses soient d'accord. »

Souvent, les entraîneurs ne demandent pas ouvertement des volontaires, mais identifient et interrogent les joueurs un par un, lors du rassemblement en cercle juste avant les tirs au but. Poser cette question ouvertement et attendre la réponse est à peine mieux que de recourir au volontariat. Elle risque d'entraîner toutes les conséquences énumérées ci-dessus. L'entraîneur se décharge de ses propres responsabilités sur les joueurs qui disent oui. En outre, que se passe-t-il si un ou plusieurs joueurs refusent ? D'après

17. Powell (2016).

les entretiens que nous avons menés avec des joueurs au sujet des tirs au but, nous savons qu'un certain nombre (jusqu'à 30 %) déclinent[18]. Dire non est difficile, le joueur peut avoir l'impression d'abandonner ses coéquipiers, et c'est aussi une réponse difficile à entendre pour les autres joueurs. Ces derniers peuvent être affectés par les angoisses qui sous-tendent le refus et commencer, du même coup, à douter de leurs propres capacités. De plus, les séances de tirs au but comptant parfois plus de cinq tirs, même ceux qui, lors du passage de consignes, ont exprimé ouvertement leur refus de tirer peuvent se trouver amenés par les circonstances à le faire. À ce moment-là du jeu, le fait de devoir quand même tirer, après avoir réfléchi, décidé que non et l'avoir fait publiquement savoir, voilà qui peut compliquer le tir.

Cela ne veut pas dire que les entraîneurs ne doivent pas s'enquérir de ce que pensent et ressentent leurs joueurs à l'idée de réaliser un tir au but. La question peut être posée, mais, comme l'a dit Powell, elle doit l'être de manière anticipée et sans doute en privé. À écouter Scaloni, ses joueurs avaient été sondés sur la question : « Lorsque nous avons fait le tour des joueurs pour savoir qui voulait tirer un pénalty, nous avions deux joueurs de trop[19]. » La démarche avait clairement été faite en amont. Par conséquent, s'il est une recommandation à retenir pour les entraîneurs, ce serait : bien avant un match susceptible d'aller jusqu'aux tirs au but, demandez à tous les joueurs de l'équipe comment ils se positionnent par rapport à cette phase de jeu. Il faudrait que la question soit ouverte, et ne se réduise pas seulement à savoir s'ils en ont envie ou non, car personne n'en a vraiment envie. Interrogez-les sur

---

18. Jordet & Elferink-Gemser (2012).
19. Tembah (2023).

leur niveau de confiance face à cet exercice spécifique, leurs expériences passées, les détails de leur technique et de leur routine pré-tir. Selon le déroulement de la conversation, on peut se faire une idée de l'état d'esprit du joueur en rapport avec cette tâche, et l'utiliser comme un élément d'information parmi d'autres pour étayer la sélection finale.

Il demeurera néanmoins toujours une inconnue incompressible qui tient du défi pour les entraîneurs : on ne peut jamais savoir à l'avance qui se trouvera sur le terrain après 120 minutes. Cela complique *de facto* l'établissement préalable d'une liste complète de tireurs. Deschamps a évoqué ce problème après la finale de la Coupe du monde : « Aucun des tireurs prévus n'était plus sur le terrain. » On peut y remédier de plusieurs façons. D'abord en planifiant l'éventualité des tirs au but d'une manière complètement différente de ce qui se fait aujourd'hui dans la plupart des équipes. La plupart des entraîneurs consacrent beaucoup de temps à choisir les joueurs qui commenceront le match. Ils devraient en passer presque autant à réfléchir sur qui doit le terminer. Certes, il leur faut composer avec les impondérables du match (blessures, conjoncture du jeu, force de l'équipe adverse), qui influent notamment sur les changements de joueurs. Mais ils devraient garder à l'esprit la fin du match, et donc réfléchir en amont à ceux qu'ils voudraient voir sur le terrain au cas où la rencontre se conclurait aux tirs au but. Dans cette éventualité, ils devraient établir, sur la base de toutes les informations recueillies auparavant, une liste des tireurs classés par ordre de compétence, de façon à pouvoir, à la 120e minute, vérifier en quelques secondes lesquels sont encore sur la pelouse. Il y aura toujours des imprévus à prendre en compte, mais il devrait être possible d'arriver assez rapidement, et de manière informée, à un classement des cinq meilleurs tireurs pour l'occasion. C'est ce que je soupçonne Scaloni et son équipe d'avoir fait.

Idéalement, les décisions concernant les tirs au but devraient être communiquées à l'avance. Pour moi, les avantages liés à la prévisibilité l'emportent sur le risque de voir les joueurs sélectionnés redouter le tir à venir. Dans sa communication, l'entraîneur pourrait signaler aux tireurs qu'ils auront toujours le droit de refuser si, pour une raison ou une autre, ils ne se sentent pas prêts le jour J. Mais il devrait aussi souligner que si le joueur a été choisi, c'est parce qu'il est susceptible de faire du bon travail dans des circonstances extrêmement difficiles. Et qu'en cas d'échec, ce sera lui, l'entraîneur, qui assumera la responsabilité du résultat et communiquera en ce sens à la presse après le match.

D'une façon générale, la tâche peut-être la plus importante de l'entraîneur consiste à réduire la pression qui pèse sur ses joueurs. Or il est parfois étonnant de constater à quel point ce peut être simple. Lors des huitièmes de finale de la Coupe du monde féminine 2019, le sélectionneur norvégien, Martin Sjögren, a dit ceci à son équipe juste avant les tirs au but contre l'Australie : « Peu importe le résultat, je suis super fier de vous, quoi que vous fassiez. » L'internationale norvégienne et joueuse du FC Barcelone, Caroline Graham Hansen, a déclaré après coup qu'avec ces mots, « toute la pression [s'était] envolée ». La Norvège a réussi l'intégralité de ses tirs au but et s'est qualifiée.

LE MANAGEMENT VERTICAL

Dans les recherches sur le leadership, on affirme d'habitude qu'en cas de contrainte de temps, les membres d'une équipe sont singulièrement réceptifs aux directives de leur supérieur[20]. Et que, dans des conditions de pression, les équipes réagiraient mieux à la prise de décision en solo d'un grand chef qu'à la délégation de responsabilité[21]. Dans ces situations, un responsable dominant, même agressif, peut se révéler être un atout[22]. Certaines études suggèrent classiquement que dans des conditions extrêmes, les chefs autoritaires sont plus susceptibles d'être suivis[23]. Toutefois, ces études datent un peu, et la perception du leadership efficace peut avoir changé depuis leur publication. Cependant, une étude allemande plus récente montre aussi que dans des contextes d'urgence sous forte pression (lutte contre les incendies, par exemple), requérant une action immédiate, les comportements de leadership autoritaires génèrent plus de confiance parmi le personnel que les comportements démocratiques[24]. La tendance s'inverse lorsque la prise de décision a lieu dans un contexte moins urgent : les comportements de leadership démocratique inspirent davantage confiance. On peut en déduire que la confiance établie avant les événements extrêmes est essentielle pour la manière dont les individus se comporteront lors des événements en question[25]. Autrement dit : un leadership faible en temps de paix conduit à un leadership encore plus faible en temps de guerre. C'est ainsi que les dirigeants avisés établissent une réserve de confiance

20. James & Wooten (2010).
21. Vroom & Yetton (1973).
22. Fodor (1978).
23. Mulder et coll. (1986).
24. Rosing et coll. (2022).
25. Hannah et coll. (2009).

en dehors des situations de haute pression, réserve de confiance sur laquelle ils peuvent s'appuyer lorsque la pression se fait sentir.

Reprenons l'exemple de Scaloni. Lors du rassemblement précédant la séance de tirs au but, c'est lui qui a pris toutes les décisions et qui a parlé aux joueurs, la plupart de ses communications se limitant apparemment à des ordres directs. Cependant, il est clair qu'il avait invité son staff à donner son avis avant, avis qu'il a également reçu, instantanément pris en compte et mis en œuvre sur-le-champ. Tout cela correspond aux idées exprimées publiquement par Scaloni sur la gestion des joueurs. « Pour moi, imposer quelque chose n'est pas envisageable, point final, a-t-il déclaré un jour. Je ne peux pas dire à un joueur de faire quelque chose dont il n'est pas convaincu. C'est impossible. C'est mauvais pour l'équipe, et mauvais pour lui. Souvent, à la fin d'un exercice tactique, je leur demande comment ils voient les choses, s'ils sont à l'aise et convaincus de [la façon de] le faire. "Imposer" ne me convient pas. Il faut être authentique dans ce qu'on fait, ça me correspond mieux. Il est essentiel que le joueur vous croie[26]. » On notera avec intérêt que sur les huit sélectionneurs impliqués dans une séance de tirs au but lors du Mondial 2022, celui qui a été le plus autoritaire et le plus direct dans son passage de consignes avant la séance de tirs au but (Scaloni) s'avère être le plus démocratique dans d'autres aspects de son travail. Ce qui est logique. Quand on passe toutes ses journées à s'intéresser à l'avis et aux retours d'expérience de ses joueurs, on peut se montrer plus direct lorsque survient une situation exigeant autorité, rapidité et communication précise.

26. New Paradigm (2022).

En tout cas, il est clair que juste avant une situation de haute pression, telle qu'une séance de tirs au but, le management gagne à parler d'une seule voix. Les dernières minutes précédant l'entrée des joueurs dans le rond central doivent être dirigées par l'entraîneur, et non par d'autres membres de l'encadrement. De même, ce n'est pas le moment de déléguer des responsabilités aux joueurs, pas plus qu'aux entraîneurs adjoints.

Tous les sélectionneurs des équipes sorties victorieuses des séances de tirs au but du Mondial 2022 ont respecté à la lettre ce principe. Tous sans exception. Les entraîneurs des équipes d'Argentine, de Croatie et du Maroc ont délivré eux-mêmes l'intégralité des consignes pré-tirs au but et leur voix a été la seule que les joueurs ont entendue directement. Aucun des sélectionneurs des équipes perdantes n'a respecté ce principe. Aucun. L'entraîneur de l'équipe perdante qui s'est le plus rapproché d'une prise de responsabilité totale est le Français Deschamps. Il a parlé individuellement aux joueurs et fait un discours à l'équipe. Mais il était suivi comme son ombre et assisté par son adjoint, Stéphan, qui, à plusieurs reprises, a également discuté avec les joueurs. Qu'en est-il des autres ? Le sélectionneur du Japon, Hajime Moriyasu, a mené le processus de sélection, mais ensuite, un assistant a pris le relais, transmettant des informations plus techniques aux joueurs à partir de sa tablette. Côté espagnol, Enrique s'est bien adressé à l'équipe, mais Busquets, le capitaine, s'est vu confier un rôle clé dans la sélection des tireurs et dans le discours de motivation, tandis qu'Enrique s'entretenait avec les arbitres ou traînait du côté du banc de touche. Dans le cas des Pays-Bas, van Gaal a approché certains joueurs individuellement et il a assuré une partie du speech à l'équipe, mais c'est l'entraîneur des gardiens, Hoek, qui a pris le relais pour communiquer la sélection des tireurs, et avant la fin du rassemblement, d'autres entraîneurs adjoints et des joueurs étaient également intervenus.

Enfin, concernant le Brésil, le sélectionneur, Tite, s'est complètement retiré du processus, laissant ses assistants tout gérer. Pendant que ces derniers s'adressaient à l'équipe, lui-même faisait nerveusement les cent pas, ou bien se tenait à 20 mètres de là, près du banc de touche. À un moment, il s'est même assis, visiblement angoissé et quasi paralysé par la situation. Mais il y a des raisons à ce comportement apparemment bizarre. Tite faisait partie de l'équipe du FC Guarani qui affrontait Sao Paolo en finale du Campeonato Brasileiro Serie A en 1986. Le match retour s'étant achevé sur le score de 3-3, il s'était soldé par une séance de tirs au but, que Guarani avait perdue. Même s'il n'avait pas tiré, Tite en avait été affecté, et cela se comprend. Cette nuit-là, incapable de dormir, il avait décidé avec sa femme de quitter l'hôtel au petit matin et de rentrer à la maison en voiture. Tite s'en souvient : « Nous sommes montés dans la voiture et avons pris la direction de Caxias. À mi-chemin, j'ai dérapé sur la route. La voiture a fait deux têtes-à-queue et fini dans le ravin. Nous aurions pu perdre la vie ce jour-là. Ça m'a traumatisé, grave[27]. »

C'est pour cette raison, semble-t-il, que l'assistant de Tite, Cléber Xavier, a été chargé de gérer les tirs au but pour le Brésil. Xavier a expliqué : « Je fais une liste des meilleurs tireurs. Lors des séances d'entraînement et en général, je communique cette liste à l'encadrement. Sauf à Tite. Tite ne s'occupe pas des tirs au but[28]. »

---

27. Gilberto (2020).
28. *Ibid.*

Compte tenu de tous ces éléments, le briefing de l'équipe brésilienne apparaît comme le moins structuré de toutes les sélections de 2022. À aucun moment, Xavier n'a eu toute l'attention des joueurs. Il semble plutôt mener un brainstorming collectif un peu brouillon sur la question de savoir qui assurera tel ou tel tir au but. Certains joueurs, comme Neymar, Marquinhos et Antony, se sont régulièrement détachés du groupe. Le fait que l'entraîneur se promène en arrière-plan peut également avoir contribué à la concentration manifestement inégale des joueurs à ce moment-là.

Je considère comme logique que le top management soit fortement impliqué dans la préparation et la conduite d'une séance de tirs au but. L'entraîneur qui s'investit dès la phase préparatoire fait de ce sujet une priorité. Et en assurant lui-même la communication avant la séance de tirs au but, il transmet cette priorité aux joueurs, augmentant ainsi les chances que ceux-ci s'impliquent et s'engagent pleinement. Lorsque la pression se fait sentir, le fait que l'entraîneur communique personnellement avec vous peut avoir un impact psychologique énorme. Cette opportunité ne devrait pas être gâchée.

ÉTABLIR LE LIEN

Tout le monde sait à quel point le contact visuel est important pour la communication. Et si on l'ignore, la recherche neuropsychologique est là pour nous montrer que le contact visuel direct facilite la connexion, la rend plus rapide, plus durable et plus émotionnelle[29]. On pourrait

29. Senju & Johnson (2009).

donc penser que les entraîneurs s'empresseraient d'utiliser cet outil de base pour communiquer dans les minutes de forte pression précédant une séance de tirs au but. Eh bien, pas tous. C'est étonnant, mais certains préfèrent recourir à des supports qui attirent, en fait, l'attention des joueurs et suppriment la connexion directe qui peut s'établir quand on communique face à face.

Blocs-notes, tablettes, morceaux de papier – ces objets prolifèrent souvent avant les tirs au but, et pas toujours à bon escient. Je répète qu'il n'y a pas d'absolu en ce qui concerne les probabilités des événements futurs, mais il est néanmoins intéressant d'observer qu'au Mondial 2022, aucune des équipes gagnantes aux tirs au but n'a utilisé un quelconque support lors du passage final des consignes aux joueurs, alors que toutes les équipes perdantes l'ont fait.

Ainsi, on a vu les perdants utiliser : une feuille de papier avec une liste de tireurs (Enrique/Espagne, Hoek/Pays-Bas, Stéphan/France), une liste de joueurs sur laquelle on ajoutait des numéros pour indiquer les tireurs (Xavier/Brésil), et une tablette montrant des données sur les tireurs et les gardiens de but de l'équipe adverse (Japon). Lorsque papiers et tablettes sont manipulés, une partie au moins de l'attention des joueurs se porte inévitablement sur l'accessoire, et le contact visuel, voire la connexion, avec l'orateur s'en ressent. Au contraire, dans les équipes gagnantes, on s'est regardés droit dans les yeux en ayant aussi recours à la communication non verbale – gestes, contacts – pour étayer les messages, sans passer par le papier ou la tablette. Tous les entraîneurs gagnants ont paru pleinement présents, accordant toute leur attention aux joueurs, sans qu'aucun appareil externe vienne rompre le lien.

La présence ou l'absence d'un bout de papier à un moment crucial peut-elle vraiment affecter l'issue d'une séance de tirs au but et d'un match de football ? J'ai conscience que cela peut sembler improbable. Mais songez à l'impact sur votre conversation si votre interlocuteur est constamment sur son téléphone. Dans ce registre, penchons-nous sur ce qui est arrivé à la sélection brésilienne une fois sortie du terrain à la fin du temps réglementaire contre la Croatie. Comment a-t-elle occupé les deux minutes environ qu'elle aurait pu passer avec son encadrement sur la ligne de touche, avant de revenir vers le rond central ? Tout d'abord, les joueurs ont dû attendre 15 à 20 secondes que les entraîneurs adjoints, Cléber Xavier et Matheus Bachi, terminent leur conciliabule. C'est un moment que Tite aurait pu mettre à profit pour communiquer avec l'équipe, mais, pour des raisons qui lui sont propres, il l'a passé debout, seul, dans la zone technique près du banc brésilien. Lorsque ses adjoints ont terminé leur aparté, Xavier est entré dans le cercle plutôt relâché des joueurs, un carnet dans une main et le stylo dans l'autre. Il a ensuite passé 20 à 30 secondes à demander à certains joueurs s'ils voulaient tirer. Lorsqu'il obtenait une réponse, il notait quelque chose dans le carnet. Très vite, celui-ci a acquis des propriétés magnétiques, devenant l'élément central de l'événement. Plusieurs joueurs se sont penchés pour essayer de voir ce qui était griffonné. Certains, comme Thiago Silva, ont fini par le fixer pendant plus d'une minute. On peut dire que la plupart l'ont regardé au cours des 40 secondes qui ont suivi – ou ont *essayé* de le faire, car le carnet avait manifestement attiré beaucoup de monde. Enfin, Xavier a posé le carnet et les joueurs se sont vite rapprochés les uns des autres pour clore le rassemblement par un cercle soudé qui a duré 15 secondes, animé par certains, dont Neymar. Au total, les joueurs ont passé près de la moitié du temps disponible à lire, ou essayer de lire, des noms et des chiffres sur un bout de papier. Est-ce l'activité cognitive idéale juste avant un tir au but ? Sans doute pas, d'après moi. Mais ce qui est sûr, c'est que cette minute passée à lire a empêché toute autre connexion ou interaction utile qui aurait pu avoir lieu à cet instant.

Je ne veux pas dire qu'il est complètement impossible de gagner une séance de tirs au but quand l'entraîneur tient un papier à la main, ou un volume entier de notes, pour le même prix. Mais l'emploi de supports a ses revers. Dans certains cas, l'absence de contact visuel risque de compromettre la connexion vitale entre l'entraîneur et les joueurs, et peut même avoir un impact négatif sur la disposition mentale des joueurs pour la séance de tirs au but. Les entraîneurs doivent à tout le moins réfléchir aux accessoires qu'ils apportent lors de ces briefings sous haute pression et se demander s'il ne vaudrait pas mieux les laisser sur le banc de touche.

NE PAS OUBLIER LE GARDIEN DE BUT

Dans quelle mesure les gardiens ont-ils été inclus dans la communication des entraîneurs avant chaque séance de tirs au but ? Le gardien de but est un poste unique, qui dispose normalement de sa propre équipe d'entraîneurs, or on a coutume de voir ces joueurs traités séparément du reste de l'équipe. Pourtant, lors d'une séance de tirs au but, le goal est le joueur le plus important de la formation, le seul à avoir un rôle à jouer à chacun des tirs. Cependant, mon analyse des séances du Mondial 2022 a montré qu'un seul entraîneur s'est adressé personnellement au gardien de but lors du rassemblement précédant la séance de tirs au but. Oui, vous avez deviné : il s'agit de Lionel Scaloni, pour l'Argentine. Aucun des autres entraîneurs ne l'a fait. Le seul qui s'en est approché est le sélectionneur espagnol, Luis Enrique, qui a serré la main à chacun de ses joueurs quand ils sont sortis du terrain après les prolongations, y compris au goal, Unai Simón, mais à aucun moment après cela il n'y a eu de contact entre les deux hommes. Les autres entraîneurs n'ont pas eu la moindre interaction avec leurs gardiens, et même, à quelques reprises (je pense ici au Croate Zlatko Dalić), on aurait dit que l'entraîneur faisait tout pour *ignorer* son goal. Ce n'est pas le cas des coéquipiers des gardiens. Dans toutes les équipes, ils étaient nombreux à venir lui donner une accolade et à lui glisser quelques mots, ce qui semble la chose la plus naturelle et humaine à faire lorsque votre ami et collègue s'apprête à jouer un rôle de première importance et potentiellement décisif dans un événement hypertendu. Sur ce plan-là, les entraîneurs auraient peut-être pu prendre exemple sur leurs joueurs.

LA RÉVOLUTION EST ENCORE À VENIR

On peut aller plus loin dans la réflexion sur le leadership et la communication. Une vidéo merveilleuse montre la réaction sur le vif de Scaloni lorsque Montiel marque le tir qui permet à l'Argentine de remporter le Mondial. Il vient de devenir champion du monde avec son pays, pourtant vous seriez bien en peine de le dire. Il n'y a pas de triomphalisme. Pas de sauts ni de coups de poing dans le vide. Aucune manifestation machiste. Avant que la balle entre dans le but, l'expression du visage de Scaloni est concentrée et calme. Lorsque le ballon entre dans le but, son expression reste calme, mais l'ombre d'un minuscule sourire flotte sur ses lèvres, et au cours des 30 secondes suivantes, une toute petite larme se forme au coin de l'œil. Il ne m'a pas souvent été donné au foot de voir une image aussi parlante du pouvoir de la vulnérabilité.

Depuis l'an 2000, le football a connu quelques révolutions. Le jeu lui-même a énormément évolué, sous l'impulsion d'une série d'entraîneurs pionniers, certains diraient révolutionnaires, qui ont changé la façon de jouer par leur sophistication tactique. Il y a eu une révolution physique, les équipes adoptant et poussant la science du sport et de l'entraînement physique à un degré sans précédent. Et plus récemment, il y a eu une révolution analytique : les équipes s'appuient de plus en plus sur des données pour prendre ou appuyer des décisions tactiques sur le terrain. Mais qu'en est-il de la quatrième révolution annoncée par certains, dont Arsène Wenger : la révolution psychologique ?

Lors d'une conférence à Londres en 2010, l'ancien entraîneur d'Arsenal a déclaré : « Au cours des 10 à 15 dernières années, nous nous sommes concentrés sur les aspects physiques et techniques. Dans les 10 à 15 prochaines années, nous progresserons certainement au niveau du mental. Ce champ-là n'est pas seulement lié au désir de gagner, mais aussi à la vision, à la rapidité de compréhension du jeu, et c'est certainement le nouveau domaine de développement de notre sport. »

Mais pour l'instant, il n'y a guère de signes allant dans ce sens. Certes, des progrès ont été réalisés et de nombreux joueurs reconnaissent aujourd'hui l'intérêt de faire appel à des préparateurs mentaux. Mais dans l'ensemble, le management du football en reste au même point. La révolution psychologique est encore à venir. Ou pour reprendre les mots de Wenger, lorsque j'en ai reparlé avec lui en 2024 : « Sur le plan du mental, oui, nous avons progressé, mais il nous reste encore beaucoup à découvrir. Y a-t-il eu des progrès concernant les performances sous pression ? Je ne pense pas. »

Les tirs au but illustrent dans un microcosme le problème général. Pour de nombreux entraîneurs, à condition qu'ils dépassent dans leur esprit le stade de la « loterie », une séance de tirs au but demeure une affaire essentiellement technique – dans laquelle les analyses alimentent les décisions sur les tirs et les arrêts, et où les dernières minutes, potentiellement vitales pour la communication, sont grignotées par la logistique de base plutôt que par le soutien aux joueurs sélectionnés. Or, comme j'espère l'avoir clairement expliqué dans les pages de ce livre, en définitive, manager une séance de tirs au but, ce n'est pas seulement gérer des footballeurs, c'est aussi gérer des individus. Des individus peut-être sur le point de donner le coup de pied le plus important de leur vie.

Ou, comme le dit Lionel Scaloni : « La distance entre le joueur de football et les gens ne devrait pas exister. En fin de compte, le footballeur n'est qu'un joueur de foot, et il reste un être humain[30]. »

30. Noticias & Protagonistas (2022).

ÉPILOGUE

« Vous pourriez me parler de la préparation aux tirs au but ? » On me fait souvent des demandes de ce genre. Elles émanent parfois de personnes travaillant pour des équipes de football, parfois de journalistes. Cet e-mail particulier provenait de l'entraîneur adjoint d'une équipe nationale, quelqu'un que je connaissais, mais à qui je n'avais pas parlé depuis un certain temps. Le côté insolite du message, c'était le timing. Je l'avais reçu en début de soirée, la veille du jour où son équipe devait jouer un quart de finale de la Coupe du monde.

On apprécie le fait que le football soit avant tout ancré dans l'ici et maintenant. Les équipes se préparent pour le prochain match. « Un match après l'autre » est un mantra footballistique, pour le meilleur ou pour le pire. Les gens me contactent lorsqu'ils réalisent soudain que leur prochain match pourrait se jouer aux tirs au but. Je leur suis reconnaissant de faire appel à moi, et heureux de les aider, bien sûr. Mais la veille d'un quart de finale de la Coupe du monde ? Peut-être aurait-il été utile d'y penser un peu plus tôt...

Et puis il y a eu ce mail qui disait : « Salut Geir, serais-tu libre la semaine prochaine pour discuter ? » L'expéditeur travaillait pour un club qui jouait la Ligue des champions cette saison-là. Cette fois, le timing était bon. La phase à élimination directe de la compétition ne commençait qu'à quelques mois de là, ce qui laissait suffisamment de temps pour mettre en pratique ce dont nous pourrions parler, si le club le souhaitait.

À l'heure prévue pour notre conversation, je me suis connecté au lien Teams. J'ai brièvement aperçu le visage de l'ami qui m'avait contacté, et avant même que je puisse le saluer, il s'est excusé et l'écran est devenu noir. Après quelques instants, l'image est revenue et cet ami a brièvement balayé de sa caméra la pièce où il se trouvait. Elle était bondée. « Tous les entraîneurs de l'équipe première sont là, me dit-il, et ils veulent tout savoir sur les tirs au but. Que peux-tu nous dire ? On a 45 minutes. »

Voilà pour notre échange personnel ! Après coup, mon ami s'est excusé : on ne l'avait informé que cinq minutes avant la réunion que tous les coachs voulaient participer. Il m'a demandé de lui envoyer une facture pour le temps que je leur avais consacré.

Ce n'était pas la première fois que ce genre de chose se produisait. Quelques années plus tôt, j'avais rencontré le directeur du centre de formation d'un club pour « discuter » et il m'avait joyeusement fait entrer dans une salle bondée, m'avait fait asseoir et avait commencé par cette phrase terrifiante : « Montrez-nous ce que vous avez dans le ventre ! »

Et puis il y a eu la fois où on m'avait fixé rendez-vous avec l'un des entraîneurs de l'équipe nationale dans l'imposant siège d'une grande fédération européenne de football. L'entraîneur était en retard, donc j'ai attendu. Quand il est entré, il m'a annoncé d'un ton sec qu'il ne pouvait m'accorder que 30 minutes. Pas idéal, mais je le savais très pris et cela laissait assez de temps pour faire passer quelque chose. Il m'a alors dit qu'il voulait commencer par m'expliquer sa vision des tirs au but. Naturellement, j'ai accepté, et il s'est mis à parler. Et à parler. Au bout de 28 minutes, il avait exposé toute sa pensée par le menu. En guise de conclusion, il m'a demandé : « Qu'en pensez-vous ? »

Il ne restait pas beaucoup de temps pour dire quoi que ce soit, vraiment pas. Je l'ai remercié pour sa présentation et la réunion s'est terminée là-dessus. Nous n'avons pas eu d'autres contacts par la suite.

Ces histoires donnent une idée de l'attitude qui prévaut encore aujourd'hui dans le football à propos de la préparation aux tirs au but. Le football est chaotique, éruptif et axé sur le court terme. La priorité est toujours donnée à ce qui est perçu comme essentiel pour gagner le prochain match, tout le reste est remis à plus tard, y compris les tirs au but. Ce sport brasse des milliards, et pourtant, cet aspect précis, potentiellement crucial du jeu, que sont les tirs au but reste étrangement dans le flou, l'improvisation et le réactionnel. Cette absence de priorité et de structure peut aussi être interprétée comme un évitement fondamental. Il y a des exceptions, j'en ai évoqué plusieurs dans ce livre. Mais dans l'ensemble, directeurs, entraîneurs et autres décideurs n'ont jamais envisagé de parler des tirs au but et de s'y préparer. Le sujet est évité ou ignoré.

C'est un problème. Il est évident que lorsque les équipes ne consacrent pas de temps ou d'effort à la préparation d'une tâche, son exécution s'en ressent. Mais il y a plus grave : un grand nombre des joueurs sélectionnés pour les tirs au but ne reçoivent jamais la formation ou le soutien adéquats, or le fait de ne pas prendre au sérieux les tirs au but finit par les exposer, les blesser et les sacrifier. Ce n'est pas que les tirs au but soient trop durs, ni que les joueurs risquent de rater. Les tirs au but sont extrêmement exigeants et il y aura des ratés – c'est normal. Le problème réside plutôt dans le fait d'exiger des joueurs qu'ils supportent cette pression extrême sans aide aucune. Trop de footballeurs n'ont pas appris les techniques d'adaptation appropriées à la situation, n'ont pas reçu d'entraînement à la pression et n'ont certainement pas été soutenus de manière adéquate par leurs managers et entraîneurs dans les minutes précédant l'événement. Ils sont envoyés dans la gueule du loup sans préparation et sans protection.

Il serait facile de blâmer les entraîneurs. Didier Deschamps, Luis Enrique, Hajime Moriyasu et leurs pareils ont placé leurs joueurs dans des situations difficiles, en les armant visiblement très mal pour lutter contre la pression qu'ils subissaient, mais ces entraîneurs eux-mêmes n'ont pas été formés à ces situations. Lorsqu'ils étaient joueurs, il en allait ainsi. Personne ne leur a montré comment entraîner efficacement, préparer à fond et soutenir de manière optimale des joueurs sur le point de participer à une séance de tirs au but. Le problème ne vient pas des entraîneurs, pas plus que des joueurs. Le problème est culturel. Le football se caractérise par son traditionalisme et son conservatisme. De toute éternité, la pensée établie veut que le joueur ait ou n'ait pas la confiance et le courage nécessaires pour cette tâche. Il n'est jamais question des outils concrets permettant de les acquérir, de les perfectionner et de les appliquer. Il faut rompre ce cycle.

Historiquement, le football s'est concentré sur d'autres aspects. Cela ne veut pas dire que les choses n'ont pas évolué depuis les premières séances de tirs au but des années 1970 et 1980, évoquées au début de ce livre. Ce qui s'est clairement figé au début, c'est le sentiment de gravité et de terreur lié à cet exercice sous pression à nul autre pareil, auquel il était, par conséquent, impossible de se préparer.

Les joueurs ont rapidement compris que rater un tir au but avait le potentiel de vous coller à la peau pour toujours. Que l'échec pouvait vous faire un tort à jamais irréparable. Et pourtant, le talent seul ne peut pas vous sauver. Les plus grandes stars du football ont raté des tirs au but sur les plus grandes scènes – Michel Platini et Zico lors de la Coupe du monde 1986, Diego Maradona lors de la Coupe du monde 1990, Marco van Basten lors de l'Euro 1992, Franco Baresi et Roberto Baggio lors du Mondial 1994, Paolo Maldini et toute l'équipe néerlandaise (ou presque) lors de l'Euro 2000, pour n'en citer que quelques-uns. Et comme les meilleurs joueurs ont souvent et spectaculairement échoué[1], avec des conséquences dévastatrices, la leçon à en tirer pour tout le monde était évidente : personne ne peut contrôler une séance de tirs au but. C'est une loterie. On s'en sort ou on s'écroule.

Pas étonnant que ces premières décennies aient été une période d'escapologie collective. Lors des séances de tirs au but, les joueurs dans leur immense majorité cherchaient à gérer l'immense stress en choisissant la voie la plus simple : l'évitement – la mentalité du « en finir au plus vite ». Le sport lui-même semblait être dans une sorte de déni par rapport aux tirs au but, et il a cherché pendant longtemps à les éviter par les moyens les plus radicaux, en essayant de s'en débarrasser complètement. Sepp Blatter, secrétaire général de la FIFA de 1981 à 1998 et président de cette même FIFA de 1998 à 2015, n'a jamais été un adepte des tirs au but. « Le football est un sport d'équipe, a-t-il déclaré une fois, or les tirs au but ne concernent pas une équipe, mais des individus. » Un point de vue certes répandu, mais vous me permettrez de ne pas le partager : un tir au but est

1. Les joueurs très médiatisés ratent plus de tirs que les joueurs de niveau comparable, mais moins médiatisés (Jordet, 2009b).

un événement collectif. Puis Blatter a repris son souffle et a livré le fond de sa pensée : « Quand il s'agit de la finale de la Coupe du monde, c'est la passion, et quand il y a des prolongations, c'est un drame. Mais quand on en arrive aux tirs au but, c'est une tragédie[2]. »

Tout au long de son mandat, Blatter a mené une campagne assidue pour remplacer les tirs au but en tant que moyen officiel de départager les équipes. C'est ainsi qu'en 1993, la FIFA a introduit le « but en or » : le premier but marqué dans les prolongations mettait immédiatement fin au match. Ce format a été utilisé lors des Euros masculins de 1996 et 2000, et pendant les Coupes du monde masculines 1998 et 2002. La finale de la Coupe du monde féminine 2003 s'est terminée sur un but en or à la 98e minute. Mais dans l'ensemble, le système a semblé introduire une extrême prudence et paralyser le jeu dans les prolongations plutôt que de l'ouvrir. Le format a donc été abandonné, sans plaintes particulières des supporters.

Cela dit, l'instance dirigeante du football ayant répété à l'envi que les tirs au but n'étaient pas la bonne façon de décider d'un match – et que, donc, leur existence serait peut-être temporaire –, il n'est guère surprenant que les équipes de cette époque ne se les soient pas davantage appropriés. Jusque dans les années 2000, la plupart des entraîneurs faisaient ce qu'ils pouvaient pour éviter de penser aux tirs au but et de les planifier. On pensait même qu'en parler avec les joueurs, au lieu de résoudre le problème, en créerait un plus important et ne ferait qu'augmenter leur angoisse déjà énorme à cette perspective.

---

2. Doyle (2006).

Pourtant, au tournant du siècle, les séances de tirs au but sont devenues monnaie courante dans les compétitions les plus prestigieuses du football, bon nombre des matchs les plus importants se terminant de cette manière. Les tirs au but sont devenus incontournables. Et des tendances de performance ont émergé, évidentes pour tout le monde, : l'Allemagne remportait plus souvent les tirs au but que l'Angleterre, les Pays-Bas et, dans une certaine mesure, l'Espagne. Ces constatations ont amené scientifiques, analystes et auteurs à s'intéresser à cette phase de jeu ainsi qu'aux pénaltys. D'où la production d'études et la publication d'ouvrages sur le sujet. À l'époque, la recherche scientifique se concentrait principalement sur la capacité des gardiens de but à anticiper la frappe. On se focalisait sur les tirs eux-mêmes – gauche/droite/centre ; puissance ou précision –, et sur la quête du tir parfait. Sur mon étagère ne se trouvent pas moins de six livres sur la question, publiés entre 1998 et 2005[3]. Les chercheurs et les auteurs avaient en commun la ferme conviction, parfois très controversée[4], que les pénaltys et les tirs au but n'étaient pas une loterie, et que l'entraînement serait profitable pour les tireurs et les gardiens de but.

---

3. En anglais : *He Always Puts It to the Right: A History of the Penalty Kick* (par Clark Miller, malheureusement décédé alors qu'il achevait le dernier chapitre, publié en 1998), *On Penalties* (Andrew Anthony, 2000) et *How to Take a Penalty: The Hidden Mathematics of Sport* (Rob Eastaway & John Haigh, 2005) ; en néerlandais : *De strafschop: Zoektocht naar de ultieme penalty* (Gyuri Vergouw, 2000) et *Penalty! : Het trauma van Oranje* (Henri van der Steen, 2004); en allemand : *Elfmeter! Kleine Geschichte einer Standardsituation* (René Martens, 2003).

4. Le plus virulent étant l'auteur néerlandais Gyuri Vergouw.

L'idée prévaut toujours, notamment parmi les intellectuels autoproclamés du football. Toutefois, ce rejet inconditionnel du caractère incontrôlable des tirs au but ou pénaltys est à double tranchant. Si cette conviction anticonformiste selon laquelle les tirs au but ne sont *pas* une loterie met en exergue la valeur de la compétence et remet l'accent sur la préparation, elle néglige indirectement la perception tout aussi correcte selon laquelle certains aspects du tir au but échappent, de fait, au contrôle du joueur. Le hasard joue un rôle plus important dans l'issue d'un tir au but ou d'un pénalty que dans l'issue d'un match entier, et à moins d'être au niveau des meilleurs tireurs, on peut tout faire correctement et quand même rater. Bien sûr, pour les tireurs qui sont debout face au ballon, mieux vaut croire à 100 % en soi et en ses compétences, et rejeter complètement l'intervention du hasard. Néanmoins, en ce qui concerne la préparation et l'entraînement, il convient de reconnaître cette part de hasard et l'impression de ne pas maîtriser grand-chose qui peut s'insinuer à ce moment-là, afin d'aider les joueurs à mieux faire face et à se préparer à l'aspect psychologique des tirs au but. Les entraîneurs qui utilisent la « métaphore de la loterie » après une séance de tirs au but perdue, au cours de laquelle un ou plusieurs footballeurs ont échoué, font au moins quelque chose pour protéger leurs tireurs. Faute d'avoir pu agir en amont (il est évident qu'ils auraient dû anticiper davantage cette phase de jeu), ils font ce qu'ils peuvent pour ne pas faire porter la responsabilité de l'échec aux tireurs. Si cela perpétue l'idée qu'on ne contrôle pas les tirs au but, au moins quelqu'un défend les joueurs.

La révolution des données qui balaie le sport professionnel depuis une dizaine d'années a donné lieu à une nouvelle vague de publications de recherches et d'ouvrages sur les tirs au but[5], vague qui a sans aucun doute aussi eu un impact sur la pratique : le tir placé, le positionnement du gardien de but et la dynamique tireur-gardien (théorie du jeu). Mais ces analyses tendent à fournir des chiffres sans explicitation du contexte et de la psychologie. Paradoxalement, d'après mon expérience, certains des plus fervents défenseurs des données et de l'analyse en matière de tirs au but ont une réflexion encore plus biaisée que ceux qui sont restés bloqués au stade du « les tirs au but sont une loterie ». Je suppose que c'est normal et humain, et que la solution consiste, comme toujours, à identifier ses propres préjugés et à agir en les gardant à l'esprit (comme j'ai essayé de le faire au cours de la rédaction de ce livre avec certains de mes propres biais ; par exemple, ma fascination pour l'analyse du comportement, qui pourrait m'amener à attribuer une signification à des comportements qui, en fait, sont arbitraires).

Pour une démonstration claire du danger d'adopter une analyse seulement basée sur les données, il suffit de se pencher sur le concept populaire dans le milieu footballistique de « l'avantage au premier qui tire », notion définie à l'origine par l'économiste espagnol Ignacio Palacios-Huerta. Il a établi que 61 % des équipes qui tiraient en premier lors d'une séance de tirs au but la remportaient. Depuis la publication de sa découverte en 2010, rares sont les

5. En anglais : *Twelve Yards: The Art and Psychology of the Perfect Penalty* (par Ben Lyttleton, 2014) et *Beautiful Game Theory : How Soccer Can Help Economics* (Ignacio Palacios-Huerta, 2014 ; un livre qui n'est pas entièrement consacré aux tirs au but, mais qui comporte des sections prometteuses à leur sujet) ; en néerlandais : *Duel in de zestien: De penalty wetenschappelijke ontleed* (Geert Savelsbergh & John van der Kamp, 2014) ; en allemand : *Elfmeter: Die Psychologie des Strafstosses* (Daniel Memmert & Benjamin Noël, 2017).

capitaines d'équipe qui décident de *ne pas* tirer en premier s'ils gagnent au pile ou face. En outre, cette recherche a failli entraîner un changement de format des tirs au but, l'argument étant qu'il serait plus équitable de remplacer les tirs alternés (le format AB) par un format ABBA, dans lequel, après la première frappe, les équipes tirent deux fois consécutivement. Toutefois, des études portant sur des échantillons de données plus importants et actualisés ont été publiées, qui ont progressivement et considérablement entamé ledit avantage au « premier qui tire » : l'une de ces études montre en effet que 55 % de ceux qui passent en premier remportent la victoire[6] ; dans une autre, ce taux est de 51 %[7] ; et dans la troisième, la plus importante, aux données les plus récentes, il n'est plus que de 49 %[8]. Il n'y a plus d'avantage à passer en premier. Sur le terrain, les équipes semblent avoir trouvé un moyen de compenser et d'éliminer l'impact du « premier qui tire » et de neutraliser le hasard du tirage à pile ou face. La question du changement de format a été discrètement retirée de l'ordre du jour. Les êtres humains ne sont jamais aussi simples que les chiffres qui sortent des logiciels de statistiques. Les gens adoptent et s'adaptent plus vite aujourd'hui qu'autrefois. Ainsi, ce qui passait pour des découvertes essentielles il y a quelques années n'est plus nécessairement d'actualité. Les anciennes observations se démodent très vite, les données doivent être constamment remises à jour et les conclusions revues. Mes recherches ne font pas exception. J'invite les chercheurs disposant de meilleurs ensembles de données, d'analyses plus fines et d'outils statistiques

6. Rudi et coll. (2020).

7. Santos (2023).

8. Vollmer et coll. (2023).

plus sophistiqués que les miens à remettre en question et à réactualiser les observations présentées dans ce livre. Je m'attends à ce que certaines conclusions et certains principes résistent au temps, mais que d'autres ne tiennent pas le coup.

Cela dit, la psychologie a maintenant fait timidement son entrée dans le tableau. Aujourd'hui, certains tireurs ne se concentrent plus uniquement sur leur technique. Ils ont trouvé des moyens de se donner un sentiment de contrôle au point de pénalty. De leur côté, les gardiens ont identifié des méthodes pour manipuler et perturber leurs adversaires d'une manière qui en remontrerait à Machiavel lui-même – ce grand tacticien en sortirait de sa tombe pour en prendre de la graine. Les joueurs, quant à eux, ont découvert des moyens ingénieux de protéger leurs coéquipiers de ces tactiques machiavéliques. De nombreuses équipes européennes de premier plan établissent désormais non seulement une liste de tireurs prioritaires (la plupart le font depuis un certain temps), mais aussi une liste de deux ou trois joueurs assignés à la protection du tireur. Certains entraîneurs pionniers ont inventé des méthodes pour simuler la pression à l'entraînement, et ils ont trouvé des moyens de communiquer de manière optimale lorsqu'ils envoient leurs joueurs dans la zone de guerre que sont les tirs au but. Les équipes et les organisations se sont donné les moyens d'intégrer la recherche à la pratique, d'en communiquer le dosage adéquat à leurs joueurs et d'exécuter l'ensemble pour un impact maximal.

Le moment est cependant venu d'étendre et d'appliquer aux tirs au but cette approche psychologique nouvellement prise en compte. Cela ne veut pas dire supprimer la pression ou l'intensité du duel entre le tireur et le gardien de but. Il ne s'agit pas non plus de parvenir à ce que les joueurs ne ratent plus aucun tir. Le jeu psychologique consiste plutôt à accepter d'être exposé et vulnérable à ce type de pression, puis à prendre les mesures nécessaires pour y faire face et être performant malgré tout. Cela implique le développement des compétences, des stratégies de contrôle, du travail d'équipe, une formation de qualité à la pression, ainsi qu'une communication et un soutien attentifs de la part des entraîneurs. Heureusement, la nouvelle génération de footballeurs de haut niveau et de jeunes entraîneurs progressistes est bien outillée pour y arriver. Ils ont un accès aux ressources en ligne, aux séquences de jeu et aux meilleures pratiques sans commune mesure avec celui des générations passées. Ce sont des observateurs passionnés du jeu. Tout comme les meilleures organisations. Ainsi, étant donné que certaines équipes, lors de la décennie passée, ont considérablement haussé le niveau de leurs coups de pied arrêtés et remises en jeu (corners, coups francs, touches) au point d'atteindre des degrés inédits de sophistication et d'efficacité grâce à des entraîneurs spécialisés et au temps consacré à des pratiques de qualité, je pense que nous allons voir quelque chose de similaire avec les tirs au but.

La psychologie va jouer un rôle de plus en plus prégnant dans tout cela. Nous en viendrons à apprécier pleinement le fait qu'une séance de tirs au but ne se résume pas à une simple série de tirs, mais qu'elle concerne également les comportements pré-tir, le langage corporel, la relation avec les coéquipiers, la communication. C'est un événement global, à la fois cognitif, émotionnel et social. Les joueurs de premier plan actuels sont beaucoup plus à l'aise avec la psychologie que leurs prédécesseurs. Ils ne craignent pas de montrer leur vulnérabilité et sont donc ouverts à ce que la psychologie peut leur révéler et leur apprendre dans ce domaine. Comme nous l'avons vu, lorsque Erling Haaland parle de tirs au but importants, il n'hésite pas à expliquer à quel point il est nerveux. Cette aisance à exprimer son anxiété aurait été impensable pour les attaquants de pointe des générations antérieures.

Mais cela nous ramène aussi à une vérité première sur les tirs au but – peut-être l'une des raisons clés pour lesquelles ce spectacle nous touche aussi fortement : c'est qu'à l'heure où tout se joue, où la tension dramatique atteint des sommets, le tireur quitte ses coéquipiers et se tient seul face au ballon. À ce moment-là, il nous apparaît avant tout comme un être humain – sous pression, sujet à tout le spectre des émotions possibles, et qui fait de son mieux pour gérer et traverser l'épreuve. Nous pouvons tous nous identifier à cela, au plus profond de notre être. Leur pression est la nôtre.

REMERCIEMENTS

Ce livre pourrait sembler, à l'instar de son héros, le tir au but, n'être qu'une réalisation en solo, mais il s'agit en fait d'un travail d'équipe, qui a bénéficié de contributions essentielles de la part de nombreuses personnes.

Je suis avant tout très reconnaissant à Rebecca Nicolson et à New River Books d'avoir initié l'échange. D'autres se sont battus pour faire naître ce livre avec moi, mais personne n'a été aussi persuasif et convaincant que Rebecca. C'était un honneur et un plaisir de collaborer avec elle.

Je remercie également Aurea Carpenter et Giles Smith pour l'aide qu'ils m'ont apportée à différentes étapes de la rédaction du texte, ainsi que Susanna Lea et son équipe, qui ont permis de faire connaître ce livre à un public international plus large.

Arsène Wenger est un pionnier mondial de la psychologie dans le football et a été une source d'inspiration pendant des décennies. Je suis reconnaissant et fier de ses contributions.

Les personnes impliquées dans le football au plus haut niveau peuvent se montrer très fermées et discrètes quant à ce qu'elles pensent, ressentent et font, en particulier lorsqu'il s'agit de secrets professionnels que d'autres pourraient exploiter. Et donc, merci à Celso Borges, Yasuhito Endō,

Erling Braut Haaland, Niklas Häusler, Alex Hodgins, Robert Lewandowski, Chris Markham, Maren Mjelde, Zećira Mušović, Ørjan Nyland, Fabi Otte, Hope Powell et Martin Ødegaard pour avoir pris le risque de partager vos points de vue avec moi.

Je tiens à remercier pour leur aide Frank Abrahamsen, Kaori Araki, Aksel Bergo, Christine Bolger, Lars Brotangen, Jan-Erik Buskerud, Thomas Cooper, Maud Craigie, Kuba Galanty, Peter Haberl, Thomas Elinam Jenssen, Pål Arne Johansen, Filip Kopeć, Bjørn Mannsverk, Alan McCall, Scott McLachlan, Anders Meland, Gareth Morgan, Barry Pauwels, Hans Erik Ramberg, Hege Riise, Jaeson Rosenfeld, Atle Røsseland, Christian Schönsberg, Sebastian Høyvik Skjold, Kenny Stamatopoulos, Viggo Strømme, Leif Gunnar Smerud, Bjørn Frode Strand, Rachel Vickery, Krzysztof Waloszczyk, Tania Wight, Takuma Yamanaka et Egil Østen stad, ainsi que Lone Friis Thing, Kristin Andersen et mes excellents collègues du Département du sport et des sciences sociales de l'École norvégienne des sciences du sport.

Ce livre est par ailleurs l'aboutissement d'années de recherche universitaire, à laquelle ont contribué de manière notable Marije Elferink-Gemser, Esther Hartman, Chris Visscher, Koen Lemmink, Gert-Jan Pepping, Tjerk Moll, Einar Sigmund stad, Philip Furley, Matt Dicks et Foppe de Haan.

Mais ce livre n'existerait même pas sans la brillante Yanique Fletcher, dont la vision d'ensemble, le sens du détail et l'incroyable soutien ont été constants.

BIBLIOGRAPHIE

60 Minutes (11 décembre 2023). « Il n'y a pas de contact physique au tennis, mais il y a beaucoup de contact visuel. », dit Novak Djokovic. [Tweet]. X. https://twitter.com/60Minutes/status/1734022929141158153?s=20

Ahmed, M. (17 mars 2017). How to save a penalty: The truth about football's toughest shot. *Financial Times*. https://www.ft.com/penalties

AFP (10 décembre 2022). "Van Gaal says World Cup exit on penalties 'in credibly painful'". *New Straits Times*. https://www.nst.com.my/sports/football/2022/12/859466/van-gaal-says-world-cup-exit-penalties-incredibly-painful

All About Argentina (22 janvier 2024). Vidéo non montée de Lionel Scaloni juste après le match perdu contre l'Arabie saoudite, avec sous-titres en anglais. You can't [...]. [Tweet]. X. https://twitter.com/AlbicelesteTalk/status/1749326028433186832?s=20

Almeida, C. H., & Volossovitch, A. (2023). Multifactorial analysis of football penalty kicks in the Portuguese First League: A replication study. *International Journal of Sports Science & Coaching*, 18(1), 160-175. https://doi.org/10.1177/17479541221075722

Anthony, A. (2000). *On penalties*. Yellow Jersey Press.

Arrondel, L., Duhautois, R., & Laslier, J.-F. (2019). Decision under psychological pressure: The shooter's anxiety at the penalty kick. *Journal of Economic Psychology*, 70, 22-35. https://doi.org/10.1016/j.joep.2018.10.008

Baggio, R. (19 mai 2002). My penalty miss cost Italy the World Cup? *The Guardian*. https://www.theguardian.com/sport/2002/may/19/worldcupfootball2002.football

Bakker, F. C., Oudejans, R. R. D., Binsch, O., & Kamp, J. V. D. (2006). Penalty shooting and gaze behavior: Unwanted effects of the wish not to miss. *International Journal of Sport Psychology*, 37(2-3), 265-280.

Balban, M. Y., Neri, E., Kogon, M. M., Weed, L., Jo, B., Holl, G., Zeitzer, J. M., Spiegel, J. M., & Huberman, A. D. (2023). Brief structured respiration practices enhances mood and reduce physiological arousal. *Cell Reports Medicine*, 4(1). https://doi.org/10.1016/j.xcrm.2022.100895

Balk, Y. A., Adriaanse, M. A., de Ridder, D. T., & Evers, C. (2013). Coping under pressure: Employing emotion regulation strategies to enhance performance under pressure. *Journal of Sport & Exercise Psychology*, 35(4), 408-418. https://doi.org/10.1123/jsep.35.4.408

Ball, P. & Shaw, P. (1996). *The Umbro book of football quotations*. Ebury.

Banks, G. C., Woznyj, H. M., & Mansfield, C. A. (2023). Where is "behavior" in organizational behavior? A call for a revolution in leadership research and beyond. *The Leadership Quarterly*, 34(6), 101581.

Bar-Eli, M., Azar, O. H., Ritov, I., Keidar-Levin, Y., & Schein, G. (2007). Action bias among elite soccer goalkeepers: The case of penalty kicks. *Journal of Economic Psychology*, 28(5), 606-621. https://doi.org/10.1016/j.joep.2006.12.001

Baumeister R. F. (1984). Choking under pressure: Self-consciousness and paradoxical effects of incentives on skillful performance. *Journal of Personality and Social Psychology*, 46(3), 610-620. https://doi.org/10.1037//0022-3514.46.3.610

Baumeister, R. F., & Leary, M. R. (1995). The need to belong: Desire for interpersonal attachments as a fundamental human motivation. *Psychological Bulletin*, 117(3), 497-529.

Baumeister, R. F., Vohs, K. D., & Funder, D. C. (2007). Psychology as the science of self-reports and finger movements: Whatever happened to actual behavior? *Perspectives on Psychological Science*, 2(4). https://doi.org/10.1111/j.1745-6916.2007.00051.x

Beilock, S. L., Carr, T. H., MacMahon, C., & Starkes, J. L. (2002). When paying attention becomes counterproductive: Impact of divided versus skill-focused attention on novice and experienced performance of sensorimotor skills. *Journal of Experimental Psychology: Applied*, 8(1), 6-16. https://doi.org/10.1037//1076-898x.8.1.6

Ben, T., & Gabe, T. (Producteurs) (30 décembre 2023). Captains of the world. [Série télévisée], Netflix.

Benz, L. (26 décembre 2019). Does Arizona State's curtain of distraction work? Luke Benz. https://lukebenz.com/post/asu_curtain/

Berander, M., Rydén, A., & Asahara, A. (6 août 2021). Segers besvikelse efter OS-silvret: "Allt är brutalt". *Aftonbladet.* https://www.aftonbladet.se/sportbladet/fotboll/a/jaBdmw/segers-besvikelse-efter-os-silvret-allt-ar-brutalt

Berns, G. S., Chappelow, J., Cekic, M., Zink, C. F., Pagnoni, G., & Martin-Skur ski, M. E. (2006). Neurobiological substrates of dread. *Science*, 312(5774), 754-758. https://doi.org/10.1126/science.1123721

Berry, S. M., Column Edi, & Wood, C. (2004). A statistician reads the sports pages: The cold-foot effect. *Chance*, 17(4), 47-51.

Berton, O., Covington 3rd, H. E., Ebner, K., Tsankova, N. M., Carle, T. L., Ulery, P., Bhonsle, A., Barot, M., Krishnan, V., Singewald, G. M., Singewald, N., Birnbaum, S., Neve, R. L., & Nestler, E. J. (2007). Induction of FosB in the peri aqueductal gray by stress promotes active coping responses. *Neuron*, 55, 289-300.

Bijlstra, G., Furley P., & Nieuwenhuys, A. (2020). The power of nonverbal behavior: Penalty-takers' body language influences impression formation and anticipation performance in goalkeepers in a simulated soccer penalty task. *Psychology of Sport and Exercise*, 21(2), 137-151.

Binsch, O., Oudejans, R. R. D., Bakker, F. C., Hoozemans, M. J. M., & Savels berg, R. A. H. (2010). Ironic effects in a penalty shooting task: Is the negative wording in the instruction essential? *International Journal of Sport Psychology*, 41, 118-133.

Bloechle, J.-l., Audiffren, J., Le Naour, T., Alli, A., Simoni, D., Wüthrich, G., & Bresciani, J.-P. (2024). It's not all in your feet:

Improving penalty kick performance with human-avatar interaction and machine learning. *The Innovation*, 5. https://doi.org/10.1016/j.xinn.2024.100584

Brimmell J., Parker J., Wilson M. R., Vine S. J., Moore L. J. (2019). Challenge and threat states, performance, and attentional control during a pressurized soccer penalty task. *Sport, Exercise, and Performance Psychology*, 8(1), 63-79.

Brinkschulte, M., Wunderlich, F., Furley, P., & Memmert, D. (2023). The obligation to succeed when it matters the most: The influence of skill and pressure on the success in football penalty kicks. *Psychology of Sport and Exercise*, 65. https://doi.org/10.1016/j.psychsport.2022.102369

Budgen, S. (17 juin 2022). Hero Socceroos goalkeeper Andrew Redmayne reveals the toll throwing away Peruvian goalkeeper's water bottle took on him: "It goes against every moral fibre in my body". *Daily Mail*. https://www.dailymail.co.uk/sport/football/article-10925559/Andrew-Redmayne-reveals-throwing-away-Peruvian-goalkeepers-water-bottle-took-huge-toll-him.html

Calabrese, E. J., Bachmann, K. A., Bailer, A. J., Bolger, P. M., Borak, J., Cai, L., Cedergreen, N., Cherian, M. G., Chiueh, C. C., Clarkson, T. W., Cook, R. R., Diamond, D. M., Doolittle, D. J., Dorato, M. A., Duke, S. O., Feinendegen, L., Gardner, D. E., Hart, R. W., Hastings, K. L., … Mattson, M. P. (2007). Biological stress response terminology: Integrating the concepts of adaptive response and preconditioning stress within a hormetic dose-response framework. *Toxicology and Applied Pharmacology*, 222(1), 122-128. https://doi.org/10.1016/j.taap.2007.02.015

Chelsea FC (13 février 2022). Azpilicueta reveals how he helped Havertz and expresses pride at completing the set. Chelsea FC. https://www.chelseafc.com/en/news/article/azpi-reveals-how-he-helped-havertz-and-expresses-pride-at-comple

Chitarroni, C. (15 décembre 2022). Scaloni's leadership. *Rosario Nuestro*. https://rosarionuestro.com/el-liderazgo-de-scaloni-2/

Observatoire du football CIES (2022). Penalty stats across Europe : Manchester United stands out. CIES. https://football-observatory.com/IMG/sites/b5wp/2021/ wp364/en/

Cohn, P. J. (1990). Preperformance routines in sport: Theoretical support and practical applications. *The Sport Psychologist*, 4(3), 301-312. https://doi.org/10.1123/tsp.4.3.301

Collins, D., & MacNamara, Á. (2012). The rocky road to the top: Why talent needs trauma. *Sports Medicine*, 42, 907-914.

Collins, D., MacNamara, Á., & McCarthy, N. (2016). Super champions, champions, and almosts: Important differences and commonalities on the rocky road. *Frontiers in Psychology*, 6, 171615.

Conmy, O. B. (2005). Investigating a conceptual framework for trash talk: Cognitive and affective states [mémoire de master inédit]. Florida State University.

Conmy, B., Tenenbaum, G., Eklund, R., Roehrig, A., & Filho, E. (2013). Trash talk in a competitive setting: Impact on self-efficacy and affect. *Journal of Applied Social Psychology*, 43(5), 1002-1014. https://doi.org/10.1111/jasp.12064

Cotterill, S. (2010). Pre-performance routines in sport : Current understanding and future directions. *International Review of Sport and Exercise Psychology*, 3(2), 132-153. https://doi.org/10.1080/1750984X.2010.488269

Coyle, D. (2018). *The culture code: The secrets of highly successful groups*. Bantam.

Crooks, G. (3 février 2022). Ronny Deila l'avait appris il y a 10 ans, quand il était à @godset & ça avait aidé #nycfc à gagner la Coupe #MLS. [Tweet]. X. https://twitter.com/GlennCrooks/status/1489305722684907521?s=20

Crossculture2go (2024). Country guide Netherlands. https://crossculture2go.com/leadership-in-the-netherlands/

Cruyff, J. (2012). *Voetbal*. Schuyt Nederland.

Deux-Zero (2023). Penalties – Classement des tireurs de la saison. Deux-Zero. https://www.deux-zero.com/ligue-1/penalties-tireurs-epreuve/edition/2022-2023

Dicks, M., Button, C., & Davids, K. (2010). Examination of gaze behaviors under in situ and video simulation task constraints reveals differences in information pickup for perception and action. *Attention, Perception, & Psychophysics*, 72, 706-720.

Ditzen, B., Schmidt, S., Strauss, B., Nater, U. M., Ehlert, U., & Heinrichs, M. (2008). Adult attachment and social support interact to reduce psychological but not cortisol responses to stress. *Journal of Psychosomatic Research*, 64(5), 479-486. https://doi.org/10.1016/j.jpsychores.2007.11.011

Dolinski, D. (2018). Is psychology still a science of behavior? *Social Psychology Bulletin*, 13(2).

Doms, K. (2017). ESSEVEE bedankt noorse psycholoog voor bekerwinst. *HLN*. https://www.hln.be/zulte-waregem/essevee-bedankt-noorse-psycholoog-voor-bekerwinst~a214a366/

Doyle, P. (27 septembre 2006). Blatter suggests scrapping shoot-outs. *The Guardian*. https://www.theguardian.com/football/2006/sep/27/newsstory.sport3

Eastaway, R., & Haigh, J. (2005). *How to take a penalty: The Hidden Mathematics of Sport*. Robson.

Edgar, B. (2022). A history of scorelines in English football: 95 different results in 203,229 matches. *The Times*.

Eisenberger, N. I., & Cole, S. W. (2012). Social neuroscience and health: Neuro physiological mechanisms linking social ties with physical health. *Nature Neuroscience*, 15(5), 669-674. https://doi.org/10.1038/nn.3086

Ellis, L., & Ward, P. (2022). The effect of a high-pressure protocol on penalty shooting performance, psychological, and psychophysiological response in professional football: A mixed methods study. *Journal of Sports Sciences*, 40(1), 3-15.

Engber, D. (6 janvier 2005). How a Slate scientist changed the NBA forever – or at least a week. *Slate*. https://slate.com/culture/2005/01/how-a-slate-scientist changed-the-nba-forever.html

Engber, D. (17 février 2015). Is ASU's bizarre new technique the holy grail of free-throw distraction? *Slate*. https://slate.com/culture/2015/02/asu-curtain-of-distraction-has-arizona-state-university-discovered-the-holy-grail-of-free-throw distraction.html

Eysenck, M. W., Derakshan, N., Santos, R., & Calvo, M. G. (2007). Anxiety and cognitive performance: Attentional control theory. *Emotion*, 7(2), 336-353. https://doi.org/10.1037/1528-3542.7.2.336

Farkas, F. (4 juillet 2023). Liverpool : Dominik Szoboszlai's secret weapon re vealed, proving Neymar wrong. ClutchPoints.

https://clutchpoints.com/liverpool-news-dominik-szoboszlai-secret-weapon-neymar-wrong

FIFA (2023). One Month On: 5 billion engaged with the FIFA World Cup Qatar 2022™. FIFA. https://inside.fifa.com/tournaments/mens/worldcup/qatar2022/news/one-month-on-5-billion-engaged-with-the-fifa-world-cup-qatar-2022-tm

FIFA (2022). The long walk. [Série télévisée]. FIFA plus. https://www.plus.fifa.com/en/content/the-long-walk/cfb1f47c-42aa-4c9c-a906-766ae87afe69

Fletcher, D., & Arnold, R. (2021). Stress and pressure training. In R. Arnold, & D. Fletcher (Eds.), *Stress, well-being, and performance in sport*. Routledge.

Fodor, E. M. (1978). Simulated work climate as an influence on choice of leadership style. *Personality and Social Psychology Bulletin*, 99, 20-35.

Fox, J. G., & Sobol, J. J. (2000). Drinking patterns, social interaction, and barroom behavior: A routine activities approach. *Deviant Behavior*, 21(5), 429-450. https://doi.org/10.1080/01639620050085834

Furley, P., Dicks, M., & Jordet, G. (2020). The psychology of penalty kicks: The influence of emotions on penalty taker and goalkeeper performance. In J. G. Dixon, J. B. Barker, R. C. Thelwell, & I. Mitchell (Eds.), *The Psychology of Soccer* (p. 29-43). Routledge.

Furley, P., Dicks, M., & Memmert, D. (2012). Nonverbal behavior in soccer: The influence of dominant and submissive body language on the impression of success of soccer players. *Journal of Sport & Exercise Psychology*, 34(1), 61-82.

Furley, P., Dicks, M., Stendtke, F., & Memmert, D. (2012). Get it out the way. The wait's killing me: Hastening and hiding during soccer penalty kicks. *Psychology of Sport and Exercise*, 13(4), 454-465. https://doi.org/10.1016/j.psychsport.2012.01.009

Furley, P., Moll, T., & Memmert, D. (2015). "Put your hands up in the air?" The interpersonal effects of pride and shame expressions on opponents and teammates. *Frontiers in Psychology*, 6, 1361. https://doi.org/10.3389/fpsyg.2015.01361

Furley, P., Noël, B., & Memmert, D. (2017). Attention towards the goalkeeper and distraction during penalty shootouts in association football: A retrospective analysis of penalty shootouts from 1984 to 2012. *Journal of Sports Sciences*, 35(9), 873-879. https://doi.org/10.1080/02640414.2016.1195912

Furley, P., & Roth, A. (2021). Coding body language in sports: The nonverbal behavior coding system for soccer penalties. *Journal of Sport & Exercise Psychology*, 43(2), 140-154. https://doi.org/10.1123/jsep.2020-0066

Gardner, F. L., & Moore, Z. E. (2004). A mindfulness-acceptance-commitment-based approach to athletic performance enhancement: Theoretical considerations. *Behavior Therapy*, 35(4), 707-723.

Geleit, L. (2022). "It was discussed weeks prior": Aussie hero Redmayne opens up on water bottel tactic. SEN. https://www.sen.com.au/news/2022/06/16/it-was-discussed-weeks-prior-redmayne-opens-up-on-water-bottle-tactic/

Gerrard, S. (2006). *Gerrard: My autobiography*. Bantam Press.

GetFootball (8 décembre 2022). Argentina coach : "We're ready for penalties, all 8 teams are good enough for the final". *GetFootball.*

Giancamilli, F., Galli, F., Chirico, A., Chirico, A., Fegatelli, D., Mallia, L., Palom bi, T., Cordone, S., Alivernini, F., Mandolesi, L., & Lucidi, F. (2022). When the going gets tough, what happens to quiet eye? The role of time pressure and performance pressure during basketball free throws. *Psychology of Sport and Exercise*, 58, 102057.

Gilbert, W. D., & Trudel, P. (2004). Analysis of coaching science research published from 1970-2001. *Research Quarterly for Exercise and Sport*, 75(4), 388-399.

Gilberto, T. (Producteur). (2020). All or nothing: Brazil national team. [Série télévisée].

Goldschmied, N., Nankin, M., & Cafri, G. (2010). Pressure kicks in the NFL: An archival exploration into the deployment of TOs and other environmental correlates. *The Sport Psychologist*, 24(3), 300-312.

Graham, K. (2000). Preventive interventions for on-premise drinking: A promising but underresearched area of prevention. *Contemporary Drug Problems*, 27, 593-668.

Graham, K., Bernards, S., Osgood, W., Homel, R., & Purcell, J. (2005). Guardians and handlers: The role of bar staff in preventing and managing aggression. *Addiction*, 100(6), 755-766.

Gray, R. (2020). Attentional theories of choking under pressure revisited. In G. Tenenbaum, & R. C. Eklund (Eds.), *Handbook of Sport Psychology* (p. 595-610). John Wiley & Sons.

Greenlees, I., Leyland, A., Thelwell, R., & Filby, W. (2008). Soccer penalty takers' uniform colour and pre-penalty kick gaze affect the impressions formed of them by opposing goalkeepers. *Journal of Sports Sciences*, 26(6), 569-576. https://doi.org/10.1080/02640410701744446

Greenwood, B. N., & Fleshner, M. (2008). Exercise, learned helplessness, and the stress-resistant brain. *NeuroMolecular Medicine*, 10(2), 81-98.

Gröpel, P., & Mesagno, C. (2017). Choking interventions in sports: A systematic review. *International Review of Sport and Exercise Psychology*, 12(1), 176-201. https://doi.org/10.1080/1750984X.2017.1408134

Guardian Sport (2021). Marcus Rashford sorry for penalty but says "I will never apologise for who I am". *The Guardian.* https://www.theguardian.com/football/2021/jul/12/marcus-rashford-sorry-for-penalty-but-says-i-will-never-apologise-for-who-i-am

Gucciardi, D. F., Longbottom, J. L., Jackson, B., & Dimmock, J. A. (2010). Experienced golfers' perspectives on choking under pressure. *Journal of Sport & Exercise Psychology*, 32(1), 61-83. https://doi.org/10.1123/jsep.32.1.61

Hannah, S. T., Uhl-Bien, M., Avolio, B. J., & Cavarretta, F. L. (2009). A frame work for examining leadership in extreme contexts. *The Leadership Quarterly*, 20(6), 897-919.

Hardy, L., Barlow, M., Evans, L., Rees, T., Woodman, T., & Warr, C. (2017). Great British medalists: Psychosocial biographies of super-elite and elite athletes from Olympic sports. *Progress in Brain Research*, 232, 1-119.

Hayes, S. C., Wilson, K. G., Gifford, E. V., Follette, V. M., & Strosahl, K. (1996). Experimental avoidance and behavioral disorders: a functional dimensional approach to diagnosis and treatment. *Journal of Consulting and Clinical Psychology*, 64(6), 1152-1168. https://doi.org/10.1037//0022-006x.64.6.1152

HaytersTV (25 juin 2018). Harry Kane | How to take the perfect penalty – England v Belgium. [Vidéo]. YouTube.

Hazell, J., Cotterill, S. T., & Hill, D. M. (2014). An exploration of pre-performance routines, self-efficacy, anxiety and performance in semi-professional soccer. *European Journal of Sport Science*, 14(6), 603-610. https://doi.org/10.1080/17461391.2014.888484

Helmreich R. L. (2000). On error management : lessons from aviation. *BMJ*, 320(7237), 781-785. https://doi.org/10.1136/bmj.320.7237.781

Henderson, J. (2022). *Jordan Henderson : The autobiography*. Michael Joseph Ltd.

Heshmat, S. (2022). 10 sources of a courageous mindset: Courage is an antidote to anxious mind. *Psychology Today*. https://www.psychologytoday.com/intl/blog/science-choice/202207/10-sources-courageous-mindset

Hiddink, G., & Jordet, G. (2019). The coach nomad. In D. Collins, A. Cruick shank, & G. Jordet (Eds.), *Routledge handbook of elite sport performance*. Routledge.

Hill, D. M., Hanton, S., Matthews, N., & Fleming, S. (2010). A qualitative exploration of choking in elite golf. *Journal of Clinical Sport Psychology*, 4(3), 221-240. https://doi.org/10.1123/jcsp.4.3.221

Hobbs, D., Hadfield, P., Lister, S., & Winslow, S. (2002). "Door lore". The art and economics of intimidation. *The British Journal of Criminology*, 42(2), 352-370. https://doi.org/10.1093/bjc/42.2.352

Honigstein, R. (19 août 2021). Robert Lewandowski: My game in my words. *The Athletic*. https://theathletic.com/2775337/2021/08/19/robert-lewandowski-my-game-in-my-words/

Horn, M., de Waal, S., & Kraak, W. (2021). In-match penalty kick analysis of the 2009/10 to 2018/19 English Premier League competition. *International Journal of Performance Analysis in Sport*, 21(1), 139-155. https://doi.org/10.1080/24748668.2020.1855052

Horsinek, J., & Barth, J.C. (2019). Emil (20) var den siste som reddet en Haaland-straffe. TV2. https://www.tv2.no/sport/fotball/emil-20-var-den-siste-som-reddet-en-haaland-straffe/10972183/

Howells, K., & Fletcher, D. (2015). Sink or swim: Adversity-and growth-related experiences in Olympic swimming champions. *Psychology of Sport and Exercise*, 16, 37-48.

Hsu, K. E., Man, F. Y., Gizicki, R. A., Feldman, L. S., & Fried, G. M. (2008). Experienced surgeons can do more than one thing at a time: Effect of distraction on performance of a simple laparoscopic and cognitive task by experienced and novice surgeons. *Surgical Endoscopy*, 22(1), 196-201. https://doi.org/10.1007/s00464-007-9452-0

Hsu, N. W., Liu, K. S., & Chang, S. C. (2019). Choking under the pressure of competition: A complete statistical investigation of pressure kicks in the NFL, 2000-2017. *PLOS ONE*, 14(4), e0214096. https://doi.org/10.1371/journal.pone.0214096

Hustad, T. (15 avril 2018). Haaland tok ballen fra Aursnes: Jeg er best på straffespark. *Aftenposten*. https://www.aftenposten.no/sport/fotball/i/xPJ0dj/haaland-tok-ballen-fra-aursnes-jeg-er-best-paa-straffespark

IFAB (2023). Law Changes 23/24. IFAB. https://www.theifab.com/law-changes/latest/

Inside FIFA (9 mai 2023). Argentina coach Lionel Scaloni talks to Coaches Forum about FIFA World Cup™ campaign. InsideFIFA. https://www.fifa.com/technical/news/argentina-coach-lionel-scaloni-talks-to-coaches-forum-about-fifa world-cup-campaign

Jackson, P., & Delehanty, H. (1995). *Sacred hoops: Spiritual lessons of a hardwood warrior*. Hachette Books.

Jackson R. C. (2003). Pre-performance routine consistency : Temporal analysis of goal kicking in the Rugby Union World Cup. *Journal of Sports Sciences*, 21(10), 803-814. https://doi.org/10.1080/0264041031000140301

Jafari, Z., Kolb, B. E., & Mohajerani, M. H. (2017). Effect of acute stress on auditory processing: A systematic review of human studies. *Reviews in the Neurosciences*, 28(1), 1-13. https://doi.org/10.1515/revneuro-2016-0043

James, E. H., & Wooten, L. P. (2010). *Leading under pressure. From surviving to thriving before, during and after a crisis.* Routledge.

Johnson, C., & Taylor, J. (2020). More than bullshit: Trash talk and other psychological tests of sporting excellence. *Sport, Ethics, and Philosophy*, 14(1), 47-61.

Jordet, G. (2009a). Why do English players fail in soccer penalty shootouts? A study of team status, self-regulation, and choking under pressure. *Journal of Sports Sciences*, 27(2), 97-106. https://doi.org/10.1080/02640410802509144

Jordet, G. (2009b). When superstars flop: Public status and choking under pressure in international soccer penalty shootouts. *Journal of Applied Sport Psychology*, 21(2), 125-130. https://doi.org/10.1080/10413200902777263

Jordet, G., & Elferink-Gemser, M. T. (2012). Stress, coping, and emotions on the world stage: The experience of participating in a major soccer tournament penalty shootout. *Journal of Applied Sport Psychology*, 24(1), 73-91. https://doi.org/10.1080/10413200.2011.619000

Jordet, G., Elferink-Gemser, M. T., Lemmink, K. A. P. M., & Visscher, C. (2006). The "Russian roulette" of soccer?: Perceived control and anxiety in a major tournament penalty shootout. *International Journal of Sport Psychology*, 37(2-3), 281-298.

Jordet, G., Elferink-Gemser, M. T., Lemmink, K. A. P. M., & Visscher, C. (2008). Emotions at the penalty mark: An analysis of elite players performing in an international penalty shootout. In T. Reilly, & F. Korkusuz (Eds.), *Science and football VI: The proceedings of the sixth world congress on science and football.* Routledge.

Jordet, G., & Hartman, E. (2008). Avoidance motivation and choking under pressure in soccer penalty shootouts. *Journal of Sport & Exercise Psychology*, 30(4), 450-457.

Jordet, G., Hartman, E., & Vuijk, P. J. (2011). Team history and choking under pressure in major soccer penalty shootouts. *British Journal of Psychology*, 103(2), 268-283. https://doi.org/10.1111/j.2044-8295.2011.02071.x

Jordet, G., Hartman, E., & Sigmundstad, E. (2009). Temporal links to performing under pressure in international soccer penalty shootouts. *Psychology of Sport and Exercise*, 10(6), 621-627.

Kelly, C. (21 mars 2023). Keylor Navas penalty twist revealed as he fails to get in yet another Newcastle player's head. *Chronicle Live*. https://www.chroniclelive.co.uk/sport/football/football-news/newcastle-penalty-keylor-navas-twist-26519563

Kent, S., Devonport, T. J., Lane, A.M., Nicholls, W., & Friesen, A. P. (2018). The effects of coping interventions on ability to perform under pressure. *Journal of Sport Science and Medicine*, 17, 40-55.

Kershnar, S. (2015). The moral rules of trash talking: Morality and ownership. *Sport, Ethics and Philosophy*, 9(3), 303-323. https://doi.org/10.1080/17511321.2015.1099117

Kershnar, S. (2018). For ownership theory: A response to Nicholas Dixon. *Sport, Ethics and Philosophy*, 12(2), 226-235. https://doi.org/10.1080/17511321.2018.1428148

Kiefer, A. W., Silva, P. L., Harrison, H. S., & Araújo, D. (2018). Antifragility in sport: Leveraging adversity to enhance performance. *Sport, Exercise, and Performance Psychology*, 7(4), 342-350. https://doi.org/10.1037/spy0000130

Krishnan, V., Han, M.-H., Graham, D.L., Berton, O., Renthal, W., Russo, S. J., LaPlant, Q., Graham, A., Lutter, M., Lagace, D. C., Ghose, S., Reister, R., Tanous, P., Green, T. A., Neve, R. L., Chakravarty, S., Kumar, A., Eisch, A. J., Self, D. W., ... Nestler, E. J., (2007). Molecular adaptations underlying susceptibility and resistance to social defeat in brain reward regions. *Cell*, 131, 391-404.

Laurin, R., & Pellet, J. (2024). Affective responses mediate the body language of penalty taker – decision-making relationship from soccer goalkeepers. *Research Quarterly for Exercise and Sp*ort, 95(1), 227-234. https://doi.org/10.1080/02701367.2023.2189466

Lebeau, J. C., Liu, S., Sáenz-Moncaleano, C., Sanduvete-Chaves, S., Chacón-Moscoso, S., Becker, B. J., & Tenenbaum, G. (2016). Quiet eye and performance in sport: A meta-analysis. *Journal of Sport & Exercise Psychology*, 38(5), 441-457. https://doi.org/10.1123/jsep.2015-0123

LFC History (2023). Dynasty: The Joe Fagan years 1983-1985 (Basé sur le livre *Dynasty* de Paul Tomkins). LFChistory. https://www.lfchistory.net/Articles/Article/898/2

Lin, L.-L., Gu, H.-Y., Yao, Y.-Y., Zhu, J., Niu, Y.-M., Luo, J., & Zhang, C. (2019). The association between watching football matches and the risk of cardiovascular events: A meta-analysis. *Journal of Sports Sciences*, 37(24), 2826-2834.

Long, B. C. (1980). Stress management for the athlete: A cognitive-behavioral model. In C. H. Nadeau, W. R. Halliwell, K. M. Newell, & G. C. Roberts (Eds.), *Psychology of motor behaviour and sport, 1979* (p. 73-83). Human Kinetics.

Lonsdale, C., & Tam, T. M. J. (2008). On the temporal and behavioural consistency of pre-performance routines: An intra-individual analysis of elite basketball players' free throw shooting accuracy. *Journal of Sports Sciences*, 26(3), 259-266. https://doi.org/10.1080/02640410701473962

Low, W. R., Sandercock, G. R. H., Freeman, P., Winter, M. E., Butt, J., & Maynard, I. (2021). Pressure training for performance domains: A meta-analysis. *Sport, Exercise, and Performance Psychology*, 10, 149-163.

Lyons, D., & Parker, K. J. (2007). Stress inoculation-induced indications of resilience in monkeys. *Journal of Traumatic Stress*, 20(4), 423-433.

Lyttleton, B. (2014). *Twelve yards: The art and psychology of the perfect penalty*. Bantham Press.

Lyttleton, B. (14 juillet 2021). Frank de Boer and Dutch penalty trauma. Twelve Yards. https://twelveyards.substack.com/p/frank-de-boer-and-dutch-penalty-trauma

Maheshwari, A. (8 juillet 2021) How Emiliano Martinez resorted to dirty mind games during penalties against Columbia | Watch. India.com. https://www.india. com/sports/copa-america-how-emiliano-martinez-resorted-to-dirty-mind-games-during-penalties-against-columbia-watch-4797671/

Martens, R. (2003). *Elfmeter! Kleine Geschichte einer Standardsituation*. Eichborn.

Martens, R., Burton, D., Vealey, R. S., Bump, L.A., & Smith, D. E. (1990). Development and validation of the Competitive State Anxiety Inventory-2 (CSAI-2). In R. Martens, R. S. Vealey, & D. Burton (Eds.), *Competitive anxiety in sport* (p. 117-190). Human Kinetics.

Masters, R. S., van der Kamp, J., & Jackson, R. C. (2007). Imperceptibly off-center goalkeepers influence penalty-kick direction in soccer. *Psychological Science*, 18(3), 222-223. https://doi.org/10.1111/j.1467-9280.2007.01878.x

Masters, R., Poolton, J., & van der Kamp, J. (2010). Regard and perceptions of size in soccer: Better is bigger. *Perception*, 39(9), 1290-1295. https://doi.org/10.1068/p6746

Mavletova, A., & Witte, J. (2016). Is the willingness to take risks contagious? A comparison of immigrants and native-born in the United States. *Journal of Risk Research*, 20(7), 827-845.

McDermott, K. C. P., & Lachlan, K. A. (2021). Emotional manipulation and task distraction as strategy: The effects of insulting trash talk on motivation and performance in a competitive setting. *Communication Studies*, 72(5), 915-936. https://doi.org/10.1080/10510974.2021.1975139

McTear, E. (10 janvier 2023). Ancelotti: “We have things to work on, but we don't have training time to work on them”. Managing Madrid. https://www.managingmadrid.com/2023/1/10/23548250/ancelotti-press-conference-valencia-super-cup

Memmert, D., & Noel, B. (2017). *Elfmeter: Die psychologie des strafstoßes*. Hogrefe.

Memmert, D., Noël, B., Machlitt, D., van der Kamp, J., & Weigelt, M. (2020). The role of different directions of attention on the extent of implicit perception in soccer penalty kicking. *Human movement science*, 70, 102586. https://doi.org/10.1016/j.humov.2020.102586

Miller, C. (1998). *He always puts it to the right: A history of the penalty kick*. Orion.

Mischel, W., Grusec, J., & Masters, J. C. (1969). Effects of expected delay time on the subjective value of rewards and punishments. *Journal of Personality and Social Psychology*, 11, 363-373.

Moll, T., Jordet, G., & Pepping, G.-J. (2010). Emotional contagion in soccer penalty shootouts: Celebration of individual success is associated with ultimate team success. *Journal of Sports Sciences*, 28(9), 983-992. https://doi.org/10.1080/02640414.2010.484068

Moore, L. J., Vine, S. J., Freeman, P., & Wilson, M. R. (2013). Quiet eye training promotes challenge appraisals and aids performance under elevated anxiety. *International Journal of Sport and Exercise Psychology*, 11(2), 169-183. https://doi.org/10.1080/1612197X.2013.773688

Morrison, I. (2016). Keep calm and cuddle on: Social touch as a stress buffer. *Adaptive Human Behavior and Physiology*, 2(4), 344-362. https://doi.org/10.1007/s40750-016-0052-x

MrFandefoot (23 novembre 2009). C2: Finale 1980 : Valencia – Arsenal : 0-0 Pen. [Vidéo]. YouTube. https://www.youtube.com/watch?v=C_DBNAc4FdE

Mulder, M., de Jong, R. D., Koppelaar, L., & Verhage, J. (1986). Power, situation, and leaders' effectiveness: An organizational field study. *Journal of Applied Psychology*, 71, 566-570.

Mukherjee, S. (10 avril 2022). What is Diego Maradona's record in penalties? Goal. https://www.goal.com/en/news/what-is-diego-maradona-s-record-in-penalties/blt8308abdd6b4e890b

Nair, R. (5 décembre 2022). I told my players to take 1000 penalties – Spain's Luis Enrique. Reuters. https://www.reuters.com/lifestyle/sports/i-told-my-players-take-1000-penalties-spains-luis-enrique-2022-12-05/

Navia, J. A., van der Kamp, J., Avilés, C., & Aceituno, J. (2019). Self-control in aiming supports coping with psychological pressure in soccer penalty kicks. *Frontiers in Psychology*, 10, 1438. https://doi.org/10.3389/fpsyg.2019.01438

Neff, L. A., & Broady, E. F. (2011). Stress resilience in early marriage: Can practice make perfect? *Journal of Personality and Social Psychology*, 101(5), 1050.

New Paradigm (2022). Los líderes y la conducción de un equipo. https://presscoaching.com/los-lideres-y-la-conduccion-de-un-equipo/

Nicol, S. (2023). Vidéo sur X. https://x.com/adamkeys_/status/1708885240108740934?s=20

Noël, B., van der Kamp, J., & Memmert, D. (2015). Implicit goalkeeper influences on goal side selection in representative penalty kicking tasks. *PLOS ONE.* https://doi.org/10.1371/journal.pone.0135423

Noël, B., van der Kamp, J., Masters, R., & Memmert, D. (2016). Scan direction influences explicit but not implicit perception of a goalkeeper's position. *Attention, Perception & Psychophysics*, 78(8), 2494-2499. https://doi.org/10.3758/s13414-016-1196-2

Noticias & Protagonistas (11 décembre 2022). Lionel Scaloni: The peaceful leader. https://noticiasyprotagonistas.com/editoriales/lionel-scaloni-el-lider-pacifico/

NTV (6 février 2019). Pokal-krimis: Antwort auf Kovac "Druck beim elfmeter kann man simulieren". NTV. https://www.n-tv.de/sport/fussball/Druck-beim-Elfmeter-kann-man-simulieren-article20845498.html

Oettingen, G., Marquardt, M. K., & Gollwitzer, P. M. (2012). Mental contrasting turns positive feedback on creative potential into successful performance. *Journal of Experimental Social Psychology*, 48(5), 990-996. https://doi.org/10.1016/j.jesp.2012.03.008

Oudejans, R. R., & Pijpers, J. R. (2009). Training with anxiety has a positive effect on expert perceptual-motor performance under pressure. *Quarterly Journal of Experimental Psychology*, 62(8), 1631-1647.

Oudejans, R. R., & Pijpers, J. R. (2010). Training with mild anxiety may prevent choking under higher levels of anxiety. *Psychology of Sport and Exercise*, 11(1), 44-50.

Owusu-Sekyere, F., & Gervis, M. (2016). In the pursuit of mental toughness: Is creating mentally tough players a disguise for emotional abuse ? *International Journal of Coaching Science*, 10(1), 3.

Pardon, J. (30 novembre 2023). EdF : Didier Deschamps ne compte toujours pas travailler les tirs au but. Footmercato. https://www.footmercato.net/a6788749745195094769-edf-didier-deschamps-ne-compte-toujours-pas-travailler-les-tirs-au-but

Palacios-Huerta, I. (2014). *Beautiful game theory: How soccer can help economics*. Princeton University Press.

Parker, K. J., Buckmaster, C. L., Justus, K. R., Schatzberg, A. F., & Lyons, D. M. (2005). Mild early life stress enhances prefrontal-dependent response inhibition in monkeys. *Biological Psychiatry*, 57, 848-855.

Parker, K. J., Buckmaster, C. L., Schatzberg, A. F., & Lyons, D. M. (2004). Prospective investigation of stress inoculation in young monkeys. *Archives of General Psychiatry*, 61, 933-941.

Pearce, S. (2000). *Psycho : The autobiography of Stuart Pearce*. Headline.

Perry, I. S., & Katz, Y. J. (2015). Pre-performance routines, accuracy in athletic performance and self-control. *Athens Journal of Sports*, 2(3), 137-151. https://doi.org/10.30958/ajspo.2-3-1

Phillips, M. (2022). Saudi Arabia win is statistically biggest World Cup shock, say Gracenote. Reuters.

Powell, H. (2016). *Hope : My life in football*. Bloomsbury Sport.

Purewal, N. (29 mai 2021). Pep Guardiola and Thomas Tuchel prepared for penalties in Champions League final. Breaking news.ie. https://www.breakingnews.ie/sport/pep-guardiola-and-thomas-tuchel-prepared-for-penalties-in-champions-league-final-1134792.html

Quaile, K. (6 décembre 2022). Luis Enrique : “I chose the first three penalty takers and the rest were decided by the players”. Get Football News Spain. https://getfootballnewsspain.com/luis-enrique-i-chose-the-first-three-penalty-takers-and-the-rest-were-decided-by-the-players/

Rashford, M., & Anka, C. (2021). *You are a champion – How to be the best you can be*. Macmillan Children’s Books.

Reason, J. (2000). Human error: Models and management. *BMJ*, 320(7237), 768-770. https://doi.org/10.1136/bmj.320.7237.768

Ricotta, J. (6 juillet 2016). Euro 2016 : ne pas s’entraîner aux tirs au but, une erreur des Bleus ? Europe 1. https://www.europe1.fr/sport/euro-2016-ne-pas-sentrainer-aux-tirs-au-but-une-erreur-des-bleus-2791987

Robazza, C., Bortoli, L., & Nougier, V. (1998). Physiological arounsal and performance in elite archers: A field study. *European Psychologist*, 3(4), 263-270.

Roberts, J. C. (2009). Bouncers and barroom aggression: A review of the research. *Aggression and Violent Behavior*, 14(1), 59-68.

Rogers, T. J., Alderman, B. L., & Landers, D. M. (2003). Effects of life-event stress and hardiness on peripheral vision in a real-life stress situation. *Behavioral Medicine*, 29(1), 21-26.

Rohleder, N., Beulen, S. E., Chen, E., Wolf, J. M., & Kirschbaum, C. (2007). Stress on the dance floor: The cortisol stress response to social-evaluative threat in competitive ballroom dancers. *Personality and Social Psychology Bulletin*, 33(1), 69-84. https://doi.org/10.1177/0146167206293986

Rosing, F., & Boer, D. (2022). When timing is key: How autocratic and democratic leadership relate to follower trust in emergency contexts. *Frontiers in Psychology*, 13, 904605.

Rotella, R. J., & Lerner, J. D. (1993). Responding to competitive pressure. In R. N. Singer, M. Murphy, & L. K. Tennant (Eds.), *Handbook of research on sport psychology* (p. 528-541). Macmillan.

Roth, A.M., Reig, S., Bhatt, U., Shulgach, J., Amin, T., Doryab, A., Fang, F., & Veloso, M. (2019). *A robot's expressive language affects human strategy and perceptions in a competitive game.* IEEE International Workshop on Robot and Human Communication (ROMAN).

Rupprecht, A. G. O., Tran, U. S., & Gröpel, P. (2021). The effectiveness of pre-performance routines in sports: A meta-analysis. *International Review of Sport and Exercise Psychology.* https://doi.org/10.1080/1750984X.2021.1944271

Rudi, N., Olivares, M., & Shetty, A. (2020). Ordering sequential competitions to reduce order relevance: Soccer penalty shootouts. *PLOS ONE.* https://doi.org/10.1371/journal.pone.0243786

Russell, G., & Lightman, S. (2019). The human stress response. *Nature Reviews Endocrinology*, 15(9), 525-534. https://doi.org/10.1038/s41574-019-0228-0

Russo, S. J., Murrough, J. W., Han, M. H., Charney, D. S., & Nestler, E. J. (2012). Neurobiology of resilience. *Nature Neuroscience*, 15(11), 1475-1484. https://doi.org/10.1038/nn.3234

Santos, R. M. (2023). Effects of psychological pressure on first-mover advantage in competitive environments: Evidence from penalty shootouts. *Contemporary Economic Policy*, 41(2), 354-369.

Sarkar, M., Fletcher, D., & Brown, D. J. (2015). What doesn't kill me...: Adversity-related experiences are vital in the development of superior Olympic performance. *Journal of Science and Medicine in Sport*, 18(4), 475-479.

Savage, J., Collins, D., & Cruickshank, A. (2017). Exploring traumas in the development of talent: What are they, what do they do, and what do they require? *Journal of Applied Sport Psychology*, 29(1), 101-117.

Senju, A., & Johnson, M. H. (2009). The eye contact effect: mechanisms and development. *Trends in Cognitive Sciences*, 13(3), 127-134.

Shields, G. S., Sazma, M. A., & Yonelinas, A. P. (2016). The effects of acute stress on core executive functions: A meta-analysis and comparison with cortisol. *Neuroscience and Biobehavioral Reviews*, 68, 651-668. https://doi.org/10.1016/j.neubiorev.2016.06.038

Sky Sports (23 décembre 2009). Capello knows penalty takers. Sky Sports. https://www.skysports.com/football/news/12016/5794402/capello-knows-penal-ty-takers

Sky Sport Austria (28 octobre 2019). Salzburg holte gegen Rapid „ganz wich tige" drei Punkte. Skysportaustria. https://www.skysportaustria.at/salzburg-holte-gegen-rapid-ganz-wichtige-drei-punkte/

Slutter, M. W., Thammasan, N., & Poel, M. (2021). Exploring the brain activity related to missing penalty kicks: An fNIRS study. *Frontiers in Computer Science*, 3(32). https://doi.org/10.3389/fcomp.2021.661466

Soccer Illustrated (1994). 1994 FIFA World Cup... by the numbers. *Soccer Illustrated*. https://www.rsssf.org/wk94/numbers.html

Southgate, G., Woodman, A., & Walsh, D. (2003). *Woody and Nord: A football friendship*. Michael Joseph.

Sports Illustrated (13 février 2012). Fine art of the free throw distraction. *Sports Illustrated*. https://www.si.com/college/2012/02/13/13fine-art-of-the-free-throw-distraction#gid=ci0255c94190042515&pid=utah-state-fans

Stein, M. (1997). *Chris Waddle: The authorised biography*. Simon & Schuster.

Stephenson, M. D., Schram, B., Canetti, E. F. D., & Orr, R. (2022). Effects of acute stress on psychophysiology in armed tactical occupations: A narrative review. *International Journal of Environmental Research and Public Health*, 19(3), 1802. https://doi.org/10.3390/ijerph19031802

Stoker, M., Lindsay, P., Butt, J., Bawden, M. & Maynard, I. (2016). Elite coaches' experiences of creating pressure training environments for performance enhancement. *International Journal of Sport Psychology*, 47(3), 262-281.

Story, G. (2014). *Anticipating pain is worse than feeling it*. Harvard Business Review.

Svenson, O. (1981). Are we all less risky and more skillful than our fellow drivers? *Acta Psychologica*, 47(2), 143-148.

Talk SPORT (29 juin 2021). José Mourinho REVEALS the secrets behind Harry Kane's penalty technique. [Vidéo]. YouTube. https://www.youtube.com/watch?v=5wPZmXQ8lwY

Taleb, N. N. (2012). *Antifragile: Things that gain from disorder*. Allen Lane.

Tartaglione, N. (2022). World Cup ratings: Epic final sets all-time viewing record in France. Deadline. https://deadline.com/2022/12/world-cup-ratings-final-all-time-viewing-record-france-tf1-1235202220/

Tembah (10 mai 2023). Argentina coach Scaloni reveals the change in Argentina's style! https://tembah.net/en/news?nid=32126

Tracy, J. L., Mercadante, E., & Hohm, I. (2023). Pride: The emotional foundation of social rank attainment. *Annual Review of Psychology*, 74(1), 519-545. https://doi.org/10.1146/annurev-psych-032720-040321

Tribuna (2019). Maradona fumes about Argentina coach Scaloni : Messi's return comforts me, but where's Aguero? https://tribuna.com/en/news/fcbarcelona-2020-03-06-maradona-fumes-about-argentina-coach-scaloni-messis-return-comforts-me-but-wheres-aguero/?utm_source=copy

Uchino, B. N., & Garvey, T. S. (1997). The availability of social support reduces cardiovascular reactivity to acute psychological stress. *Journal of Behavioral Medicine*, 20(1), 15-27. https://doi.org/10.1023/A:1025583012283

UEFA (2021). UEFA EURO 2020 impresses with 5.2 billion cumulative global live audience. UEFA. https://www.uefa.com/insideuefa/news/026d-132519672495-56a014558e80-1000--uefa-euro-2020-impresses-with-5-2-billion-cumulative-globa/

Van de Vooren, J. (2006). Het verbrande penaltyboekje van Reker. https://www.nu.nl/jurryt/769085/het-verbrande-penaltyboek-je-van-reker.html

Van den Nieuwenhof, F. (2006). *Hiddink: Dit is mijn wereld.* Eindhoven DeBoek en Makers.

Van der Kamp, J., & Savelsbergh, G. J. P. (2014). *Duel in de zestien. De penalty wetenschappelijk ontleed.* 2010 Uitgevers.

Van der Steen, H. (2004). *Penalty ! Het trauma van Oranje.* Tirion Uitgevers.

Van Yperen, N. W. (2009). Why some make it and others do not: Identifying psychological factors that predict career success in professional adult soccer. *The Sport Psychologist*, 23(3), 317-329.

Veldkamp, J., & Koning, R. H. (2023). Waiting to score. Conversion probability and the video assistant referee (VAR) in football penalty kicks. *Journal of Sports Sciences*, 41(18), 1692-1700. https://doi.org/10.1080/02640414.2023.2292893

Vergouw, G. S. (2000). *De strafschop : zoektocht naar de ultieme penalty.* Funsultancy.

Vickers J. N. (1996). Visual control when aiming at a far target. *Journal of Experimental Psychology. Human perception and performance*, 22(2), 342-354. https:// doi.org/10.1037//0096-1523.22.2.342

Victor, J. M. (8 décembre 2022). Scaloni: "¿Pensar ahora en penales? Eso es de mediocres". *AS Argentina.* https://argentina.as.com/futbol/scaloni-pensar-ahora-en-penales-eso-es-de-mediocres-n/

Vignolo, S.(Producer). (2023). *Campeones, un año después* [TV-series]. Star+.

Vollmer, S., Schoch, D., & Brandes, U. (2023). Penalty shootouts are tough, but the alternating order is fair. Arxiv. https://doi.org/10.48550/arXiv.2310.04797

Vroom, V. H., & Yetton, P. W. (1973). *Leadership and decision-making* (Vol. 110). University of Pittsburgh Press.

Wang, H., Liang, L., Cai, P., Zhao, J., Guo, L., & Ma, H. (2020). Associations of cardiovascular disease morbidity and mortality in the populations watching ma jor football tournaments: A systematic review and meta-analysis of observational studies. *Medicine*, 99(12), e19534.

Watzlawick, P., Beavin, J. H., & Jackson, D. D. (1967). *Pragmatics of human communication: Study of interactional patterns, pathologies and paradoxes*. WW Norton.

Wegner, D. M., Ansfield, M., & Pilloff, D. (1998). The putt and the pendulum: Ironic effects of mental control in action. *Psychological Science*, 9(3), 196-199.

Weick, K. E., & Sutcliffe, K. M. (2007). *Managing the unexpected: Resilient performance in an age of uncertainty* (2nd ed.). Jossey-Bass.

Weigelt, M., & Memmert, D. (2012). Goal-side selection in soccer penalty kicking when viewing natural scenes. *Frontiers in Psychology*, 3, 312. https://doi.org/10.3389/fpsyg.2012.00312

Weigelt, M., Memmert, D., & Schack, T. (2012). Kick it like Ballack: The effects of goalkeeping gestures on goal-side selection in experienced soccer players and soccer novices. *Journal of Cognitive Psychology*, 24(8), 942-956. https://doi.org/10.1080/20445911.2012.719494

White, J., & Murphy, D. (2023). talkSport. [Radio]. talkSPORT. https://twitter.com/talkSPORT/status/1414533241835458568

Wilbert-Lampen, U., Leistner, D., Greven, S., Pohl, T., Sper, S., Völker, C., Güthlin, D., Plasse, A., Knez, A., Küchenhoff, H., & Steinbeck, G. (2008). Cardiovascular events during World Cup soccer. *The New England Journal of Medicine*, 358(5), 475-483. https://doi.org/10.1056/NEJMoa0707427

Wilson, M. R., & Richards, H. (2011). Putting it together: Skills for pressure performance. In D. Collins, A. Button, & H. Richards (Eds.), *Performance psychology: A practitioner's guide* (p. 337-360). Churchill.

Wilson, M. R., Vine, S. J., & Wood, G. (2009). The influence of anxiety on visual attentional control in basketball free throw shooting. *Journal of Sport & Exercise Psychology*, 31(2), 152-168. https://doi.org/10.1123/jsep.31.2.152

Witte, D. R., Bots, M. L., Hoes, W. W., & Grobbee, D. E. (2000), Cardiovascular mortality in Dutch men during 1996 European football championship: Longitudinal population study. *British Medical Journal*, 321, 1552-1554.

Wolfers, J. (13 février 2015). How Arizona State reinvented free-throw distraction. *The New York Times*.

Wood, G., & Wilson, M. R. (2010). A moving goalkeeper distracts penalty takers and impairs shooting accuracy. *Journal of Sports Sciences*, 28(9), 937-946. https://doi.org/10.1080/02640414.2010.495995

WorldRugby (2021). Amazing and nail biting World Cup conversions! [Vidéo]. YouTube. https://www.youtube.com/watch?v=nJheKNA8C8M

Wunderlich, F., Berge, F., Memmert, D., & Rein, R. (2020). Almost a lottery: The influence of team strength on success in penalty shootouts. *International Journal of Performance Analysis in Sport*, 20(5), 857-869.

Yip, J. A., Schweitzer, M. E., & Nurmohamed, S. (2018). Trash-talking : Competitive incivility motivates rivalry, performance, and unethical behavior. *Organizational Behavior and Human Decision Processes*, 144, 125-144. https://doi.org/10.1016/j.obhdp.2017.06.002

Yomiuri (2023). https://www.yomiuri.co.jp/sports/soccer/worldcup/20230219-OYT1T50076/

Alisio s’engage pour une fabrication écoresponsable !
« Des livres pour mieux vivre »,
c’est la devise de notre maison. Et vivre mieux,
c’est vivre en impactant positivement le monde
qui nous entoure ! C’est pourquoi nous avons
fait le choix de l’écoresponsabilité.
Pour en savoir plus, rendez-vous sur notre site.

Alisio s'engage pour une édition plus durable :

Cet ouvrage est composé de matériaux issus
de forêts bien gérées certifiées FSC®, de matériaux
recyclés et de matériaux issus d'autres sources contrôlées.

Le Forest Stewardship Council® est une organisation
internationale non gouvernementale qui encourage une
gestion écologiquement adaptée, socialement bénéfique
et économiquement viable des forêts de la planète.
Pour en savoir plus, consultez le site www.fsc.org

FSC www.fsc.org MIXTE Papier | Pour une gestion forestière responsable FSC® C022829

Achevé d'imprimer en avril 2025
sur les presses de la Nouvelle Imprimerie Laballery
58500 Clamecy
Dépôt légal : mai 2025
N° d'impression : 502389

Imprimé en France

La Nouvelle Imprimerie Laballery est titulaire
de la marque Imprim'Vert®.